张 治 /等著

教育信息化
走进自适应学习时代

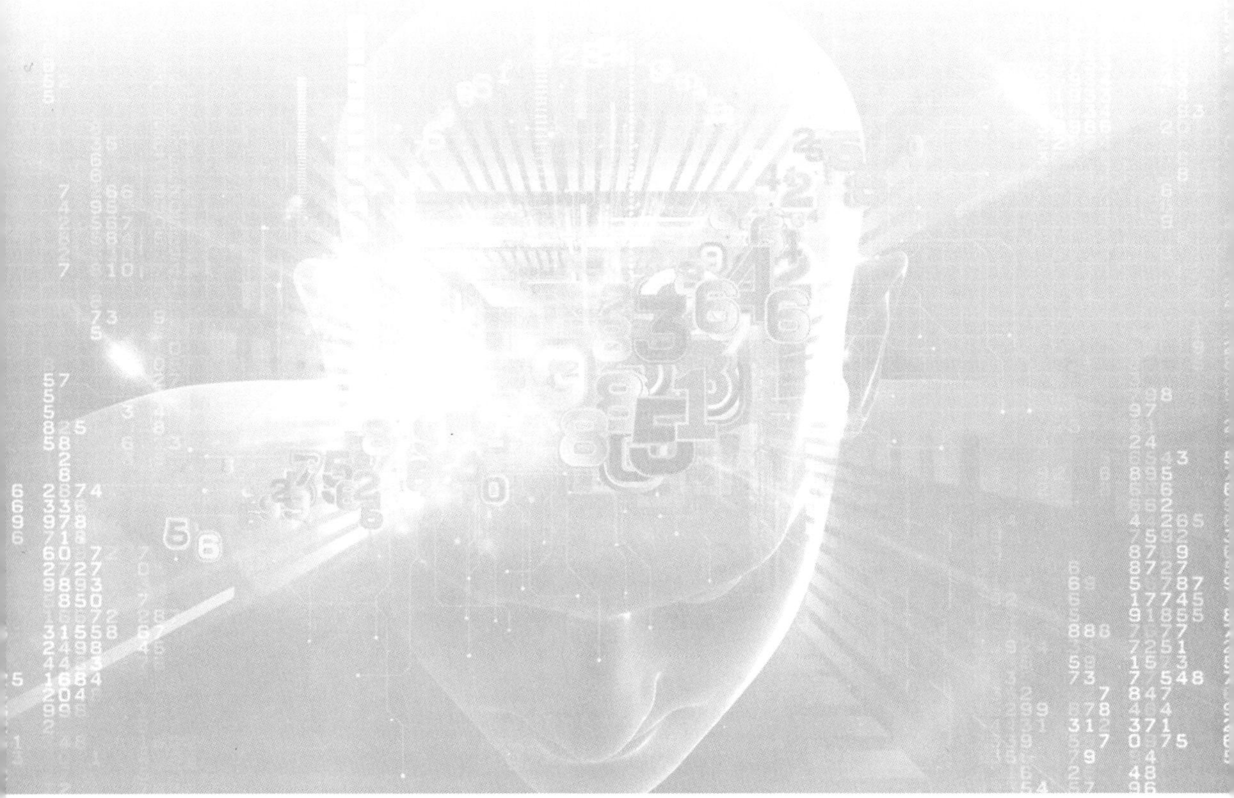

上海教育出版社

《上海教育丛书》编委会

1994 年至 2001 年编委会

主　　编　　吕型伟
副 主 编　　姚庄行　袁　采　张民生　刘元璋（常务）
编　　委　　于　漪　刘期泽　俞恭庆　江晨清
　　　　　　陆善涛　陈　和　樊超烈

2002 年至 2007 年编委会

主　　编　　吕型伟
副 主 编　　姚庄行　袁　采　张民生　刘元璋
　　　　　　夏秀蓉　樊超烈
编　　委（以姓氏笔画为序）
　　　　　　于　漪　王厥轩　尹后庆　冯宇慰
　　　　　　刘期泽　江晨清　陆善涛　陈　和
　　　　　　俞恭庆　袁正守

2008 年至 2014 年编委会

顾　　问　李宣海　薛明扬

主　　编　吕型伟

执行主编　夏秀蓉

副 主 编　姚庄行　袁　采　张民生　尹后庆
　　　　　　刘期泽　于　漪

编　　委（以姓氏笔画为序）
　　　　　　王厥轩　王懋功　仇言瑾　史国明
　　　　　　包南麟　宋旭辉　张跃进　陈　和
　　　　　　金志明　赵连根　俞恭庆　顾泠沅
　　　　　　倪闽景　徐　虹　徐淀芳　黄良汉

2015 年至 2018 年编委会

顾　　问　姚庄行　袁　采　夏秀蓉　张民生
　　　　　　刘期泽　于　漪　顾泠沅

主　　编　尹后庆

副 主 编　俞恭庆　徐淀芳

编　　委（以姓氏笔画为序）
　　　　　　王　浩　仇言瑾　史国明　孙　鸿　宋旭辉
　　　　　　苏　忱　杨振峰　邵志勇　金志明　郑方贤
　　　　　　周　飞　赵连根　贾立群　缪宏才

前　言

建设一流城市,需要一流教育。办好教育,最根本的是要建设好教师队伍和学校管理干部队伍。

在长期的教育实践中,上海市涌现了一大批长期耕耘在教育第一线,呕心沥血、努力探索,积累了丰富经验的优秀教师;涌现了一批领导学校卓有成效,有思想、有作为的优秀教育管理工作者。广大优秀教育工作者教育教学和管理工作的经验,凝聚着他们辛勤劳动的心血乃至毕生精力。为了帮助他们在立业、立德的基础上立言,确立他们的学术地位,使他们的经验能成为社会的共同财富,1994年上海市领导决定,委托教育部门负责整理这些经验。为此,上海市教育局、上海市中小学幼儿教师奖励基金会组织成立《上海教育丛书》编辑委员会,并由吕型伟同志任主编,自当年起出版《上海教育丛书》(以下称《丛书》)。1995年上海市教育委员会成立后,要求继续做好《丛书》的编辑出版工作。2008年初,经上海市教育委员会领导同意,调整和充实了《丛书》编委会,并确定夏秀蓉同志任执行主编,协助主编工作。2014年底,经上海市教育委员会领导同意,调整和充实了《丛书》编委会,确定尹后庆同志担任主编。至2018年10月,先后共编辑出版《丛书》120册。《丛书》的内容涵盖了基础教育和中等职业教育的各个方面,包含有较高理论水平和学术价值的著作,涉及中小学教育、学前教育、师范教育、职业教育、校外教育和特殊教育,以及学校的领导管理与团队工作,还有弘扬祖国优秀文化、促进国际教育交流等方面的著作,体现了上海市中小学教育改革与发展的轨迹,体现了上海市中小学教育办学的水平与质量,体现了优秀教师和教育工作者的先进教育思想与丰富的实践经验。《丛书》出版后,受到广大教师、教育工作者及社会的欢迎。

为进一步搞好《丛书》的出版、宣传和推广工作，对今后继续出版的《丛书》，我们将结合上海教育进入优质均衡、转型发展新时期的特点，更加注重反映教育改革前沿的生动实践，更加注重典型性、实用性和可读性。希望《丛书》反映的教育思想、理念和观点能起到抛砖引玉的作用，引发大家的思考、议论和争鸣；更希望在超前理念、先进思想的统领下创造出的扎实行动和鲜活经验，能引领当前的教育教学改革工作，使《丛书》成为记录上海教育改革历程和成果的历史篇章，成为广大教师和教育工作者的良师益友。限于我们的认识和水平，《丛书》会有疏漏和不尽如人意之处，诚恳地希望广大读者提出宝贵意见，帮助我们共同把《丛书》编好。

《上海教育丛书》编委会

2018年10月

目 录

拥抱自适应学习,迎接智能时代的教育新机遇 ········· 1
教育信息化 2.0 时代的自适应学习 ················ 3

引 言 ··························· 11
第一章 电化教育装备的进化 ··············· 17
  第一节 电化教育的渊源 ··············· 19
    一、从新中国成立到 20 世纪末,我国电化教育迅速发展 ··· 21
    二、二十一世纪面向教育转型的号角吹响了 ········ 22
  第二节 电化教育装备技术的进化和发展趋势 ········ 24
    一、电化教育装备技术发展的历史回顾 ·········· 24
    二、"互联网+"时代的教育信息技术装备转型 ······· 27
  第三节 电化教育设备的进化动力与普及 ·········· 30
    一、电化教育装备技术未来发展的思考起点 ········ 30
    二、电化教育设备的普及——BYOD 模式 ········· 32

第二章 教育资源与媒介的演变 ·············· 37
  第一节 教育资源的拓展 ··············· 39
    一、发展历程 ···················· 39
    二、教育资源形态的演变 ··············· 41
    三、教育资源观 ··················· 46
  第二节 教育媒介的变迁 ··············· 54
    一、教育媒介与媒介教育 ··············· 54
    二、现代传播技术引发学习方式变革 ·········· 57

第三节　发展中的学习资源与媒介 … 60
　一、面临的困惑 … 60
　二、对下一代学习资源与媒介的趋势分析 … 63

第三章　学习空间的兴起 … 75
第一节　"三通两平台"建设 … 77
　一、互联网带来了电化教育事业的春天 … 78
　二、移动互联网和人工智能对教育的冲击 … 79
　三、"三通两平台"的本质与意义 … 87
　四、认识学习空间 … 88
　五、理解"人人通" … 90
第二节　物联网与机器智能的影响 … 91
　一、物联网与智慧校园 … 91
　二、机器智能 … 92
　三、万物互联时代 … 93
第三节　虚拟社区里的学习生态系统 … 94
　一、学习社区 … 94
　二、虚拟现实与混合现实 … 95
　三、虚实结合构筑新的学习生态系统 … 96
第四节　教育进入大数据时代 … 99
　一、教育大数据藏在哪？ … 99
　二、教育大数据能帮到谁？ … 101
　三、大数据带来的教育革命 … 105
　四、大数据发展面临的挑战 … 107

第四章　人工智能激起的"冲击波" … 111
第一节　人工智能带给教育的挑战 … 113
　一、孔子的学习图像 … 113
　二、杜威的思维训练 … 118
　三、智能时代新契机 … 120
第二节　对人类"智慧"的再认识 … 126
　一、阿尔法围棋为什么能赢世界名将？ … 127
　二、电脑智慧是如何体现的？ … 130

三、人工智能真的能完全替代老师的工作吗? ……………… 133
　第三节　自适应学习模式的出现 ……………………………… 135
　　一、基于信息生态的系统学习 ………………………………… 135
　　二、基于问题解决的探究学习 ………………………………… 138
　　三、基于潜能发展的兴趣学习 ………………………………… 140
　　四、基于数据导引的反馈学习 ………………………………… 141
　　五、基于知识转换的创新学习 ………………………………… 142

第五章　自适应学习的生存机理 …………………………………… 147
　第一节　学习新需求呼唤新模式 ……………………………… 149
　　一、21世纪学习新需求 ………………………………………… 149
　　二、国际课程教学新趋势 ……………………………………… 151
　　三、上海课程改革聚焦点 ……………………………………… 155
　　四、课程改革下的自适应学习 ………………………………… 159
　第二节　智能谱系与能力发展 ………………………………… 162
　　一、多元智能领域 ……………………………………………… 162
　　二、智能发展启示 ……………………………………………… 164
　　三、智能能级进阶 ……………………………………………… 166
　　四、潜能实现维度 ……………………………………………… 167
　第三节　知识图谱与知识建构的关系 ………………………… 170
　　一、知识图谱建构 ……………………………………………… 170
　　二、图谱框架列举 ……………………………………………… 173
　　三、学习即时反馈 ……………………………………………… 176
　　四、双向细目表 ………………………………………………… 177

第六章　自适应学习的适应机制和技术实现 ……………………… 185
　第一节　自适应学习的系统构成与原理 ……………………… 187
　　一、基本构成 …………………………………………………… 187
　　二、自适应技术是如何驱动学习的? …………………………… 192
　　三、基于自适应的学习管理系统 ……………………………… 198
　第二节　学习者模型分析与技术实现 ………………………… 203
　　一、学习风格测定 ……………………………………………… 205

二、学习者模型之建模方法 …………………………………… 209
　　三、学习者模型之技术实现 …………………………………… 214
　第三节　知识领域模型 ………………………………………… 216
　　一、知识图谱 …………………………………………………… 216
　　二、学习资源 …………………………………………………… 218
　第四节　自适应推荐引擎 ……………………………………… 223
　第五节　呈现形态 ……………………………………………… 227
　　一、学习状态 …………………………………………………… 227
　　二、基于自适应引擎的学习过程导航 ………………………… 227

第七章　自适应学习与教育变革的对接 ………………………… 231
　第一节　自适应学习助力未来教育变革 ……………………… 233
　　一、自适应学习技术促进教育优质均衡 ……………………… 233
　　二、自适应学习技术促进综合素质评价 ……………………… 236
　　三、MOOR 案例中自适应学习技术的价值分析 …………… 242
　第二节　自适应学习与数据大脑校园 ………………………… 248
　　一、数据大脑校园 ……………………………………………… 248
　　二、数据大脑校园基本架构 …………………………………… 249
　　三、数据大脑中的自适应建构 ………………………………… 252
　第三节　自适应学习"再造"教学流程 ……………………… 254
　　一、教学流程再造 ……………………………………………… 254
　　二、自适应学习释放教师教学生产力 ………………………… 255
　　三、个案列举 …………………………………………………… 256
　第四节　自适应学习提升学习品质 …………………………… 260
　　一、学生智慧学习五环节 ……………………………………… 260
　　二、基于学习五环节的自适应学习技术攻关 ………………… 260
　　三、个案列举 …………………………………………………… 261

参考文献 …………………………………………………………… 266
后　　记 …………………………………………………………… 270

拥抱自适应学习，迎接智能时代的教育新机遇

在人工智能时代来临的前夕，站在新的起点，我们必须深刻认识信息技术对教育的革命性影响，准确把握教育信息化的发展趋势，立足中国国情、教情、学情，推动和服务教育改革发展。我们也要坚持把促进信息技术与教育教学实践的深度融合作为核心理念，以大资源观替代传统的专用资源，以信息素养替代传统的信息技能，以创新融合驱动，迭代传统的应用融合驱动，从而使教育信息化对教育产生革命性影响，这是教育信息化步入自适应学习时代的必然选择。人工智能正快速进入教育领域，成为教育改革新工具，为大规模实施个性化学习创设一条可行的路径：基于知识图谱和学习者画像，适时智能推送，实现大规模的自适应学习。上海市电化教育馆张治等同志的新书，是对电教事业和教育信息化历程的系统梳理，更是对未来教育信息化发展趋势的前瞻判断。通读全书，有以下六点体会。

1. 作者从历史的角度分析教育信息化发展趋势，有经验的总结，有启发性的思考，也有科学的论断和合理的预测。作者梳理中国电化教育的发展史，回顾近 30 年来电化教育装备技术的进化，分析电化教育设备进化的动力，探索电化教育装备技术发展的规律，并基于智能时代的来临的特征，探讨教育信息化装备技术发展的未来趋势。

2. 作者从实践、理论和制度三位一体的视角分析教育资源与媒介的演变，引发人们对教育资源开发应用技巧的思考；通过探索资源媒介变迁是如何引发学习方式变革，分析教育资源与媒介的发展趋势。

3. 作者从设计理念和技术的角度，重新认识和理解"人人通"的学习空间；通过描绘物联网、人工智能、虚拟现实、增强现实和大数据等新技术的发展趋势，畅想和构筑了一幅未来学校概念图。学习资源与媒介的发展趋势决定了未来的学习空间必然是以学习、交互为核心，强调"互通""分享""整

合与集成""个性化"的泛在学习空间。学习空间将向更加开放化、多样化、智能化和人性化的方向发展。

4. 作者通过案例分析、对比等方法,溯源孔子的学习图像和杜威的思维训练,明晰人工智能时代来临所需要的三种技术突破;通过展示自适应学习平台的智慧,明确其会给教师、学生和内容提供商带来的改变;通过阐释自适应学习模式的五个层面,畅想孔子和杜威所追寻的学习诗意境界得以完全实现的美好未来。

5. 作者通过图示、比较的方法,联系国际内外新课程改革教学背景和实际需求,明晰自适应学习的生态系统和生存机理;通过介绍自适应学习驱动学习的原理、自适应学习的基本架构,比较自适应学习系统和慕课系统,以分析自适应学习系统技术架构的特点,并从技术实现的角度,分析其关键因素。21世纪的课程变革无论是广度还是深度,都比以前任何时候有跨越式的需求,这些需求都聚焦在学生的核心素养上。新的需求呼唤新的模式,基于知识图谱建构的自适应学习模式。

6. 自适应学习技术与教育变革的对接,为教育综合改革提供了技术支撑。教育承载着国家的未来、人民的期盼。发展更高质量更加公平的教育是时代的神圣使命。自适应学习以一种全新的技术促进了教育公平,促进了教育质量和教育创新的提升。在以不确定性和不断变革为本质特征的知识社会,拥有能够在新情境中学习和解决问题的知识,比掌握已有的事实性知识、程序和技能更有价值。这种受到日益关注的"适应性专长",被认为是值得学习者追求的目标。

近年来,上海市电化教育馆在推进教育现代化作出了卓有成效的工作,除了建设与整合了资源、环境和数据,还极大促进了教育管理的信息化水平,上海市也在借助人工智能辅助学生学习与管理走向自适应等方面迈出了实质性的一步。上海市研究型课程自适应学习系统MOOR平台就是其中的一个生动的案例。MOOR结合自适应学习分析技术,为学生推荐研究领域,提供自适应的个性化定制导航,为高中生打造了智能研究性学习平台。但是,真正智慧的自适应学习技术还非常缺乏,这值得无数教育和技术精英去研究和开发。面对日新月异的技术变革,让我们充满信心走进自适应学习时代!

(国家督学、上海市教育学会会长、中国教育学会副会长)

教育信息化2.0时代的自适应学习

教育信息化是教育现代化的基本内涵和显著特征之一,是信息时代教育改革发展的必由之路。[1]党的十八大以来,中国的教育信息化事业以"三通两平台"建设为抓手,教育信息化工作实现突破性发展,特别是基础教育领域的信息化应用得到广泛普及,应用水平大幅提升,为教育改革发展取得历史性成就做出了贡献。在瞬息万变的信息时代,教育信息化建设没有终点,特别是在人工智能时代来临的前夕,站在新的起点,我们必须深刻认识信息技术对教育的革命性影响,准确把握教育信息化的发展趋势,立足中国国情、教情,推动和服务教育改革发展作为教育信息化的根本目的,坚持把促进信息技术与教育教学实践的深度融合作为核心理念,坚持机制体制创新,发掘市场的力量和技术的创新,走中国特色的教育信息化发展之路。[2]

党的十九大以前的教育信息化总体上来看,还是以"教育的信息化"为主,而不是以"信息化的教育"为主,更多的时候是"教育+互联网",而不是"互联网+教育"。从教育信息化发展的历程来看,其主要可分为三个阶段:信息技术应用作为教育外生变量引进来、信息化逐步转变成教育的内生变量和教育信息化对教育产生革命性影响。[3]以十九大的召开为标志,教育信息化从以"教育信息化"为重点的1.0时代进入到以"信息化教育"为重点

---

[1] 朱哲.以教育信息化支撑引领教育现代化:教育部科技司雷朝滋司长解读"教育信息化2.0"[J].中小学数字化教学,2018(3).

[2] 杜占元.人工智能与未来教育变革[J].中国国情国力,2018(1):6-8.

[3] 杜占元.以教育信息化的新作为开启教育现代化的新征程[J].中小学数字化教学,2018(1).

的2.0时代,以大资源观替代传统的专用资源,以信息素养替代传统的信息技能,以创新融合驱动,迭代传统的应用融合驱动,从而使教育信息化对教育产生革命性影响。教育信息化2.0时代的核心目标就是以教育信息化全面推动教育现代化,全面提升教育品质,构建新时代教育的新生态。这种转变是信息化步入智能时代的必然选择。

智能时代不是信息时代的自然延伸与发展,而是具有质变性质的发展。智能时代的标志是人工智能不仅仅解放人的体力,而主要是扩展和替代人的脑力。

国务院于2017年7月发布了《新一代人工智能发展规划》,提出要发展"智能教育"。这对新时代的教育信息化提出了新任务。智能时代,教师的"教"和学生的"学"都将发生深刻变革。

智能时代,教师职业将会受到重大冲击。尽管有机构调查认为,未来教师被机器替代的可能性仅有0.4%。但是若干年后,人工智能发展到强(通用)人工智能阶段,有多少教师的工作会被替代、在多大程度上被替代还很难说,但它对教与学的方式必将提出新的要求,人机结合的教育可能是智能时代教育的普遍形态。

智能时代,学生的学习方式和学习内容会发生重大变化。当机器会思考,会学习了,人该学什么,怎么学？这是教育信息化的时代命题。教育部副部长杜占元认为:自主学习、提出问题、人际交往、创新思维、谋划未来这五种能力,是人类智慧不同于人工智能的重要体现,未来应该着重培养学生的这些能力。

杨宗凯教授认为:进入2.0时代,信息技术不仅仅是教学的工具和手段,而是成为与教育共生的融合的整体。教育信息化2.0不仅改变了物理环境、学习内容等教学形态、流程、模式上的变化,而且从更深的层面上改变了教育生态系统,致力于实现人的现代化。[1]

从人才培养模式上看,教育信息化2.0借助远程通信、人工智能等技术,提供丰富多样的教育资源和个性化的学习支持,实现随时、随地、随需学习。教育信息化2.0探索基于信息技术的新型教学模式,实施因材施教、个性化学习的新型教学组织方式;重塑教学评价和教学管理方式,变结果导向的

---

[1] 杨宗凯.教育信息化2.0:颠覆与创新[J].中国教育网络,2018(1).

"单一"评价为综合性、过程性的"多维度"评价,由仅注重知识传授向更加注重能力素质培养转变;制定符合信息化要求的学校建设标准,构建人人皆学、处处能学、时时可学的智能化学习环境。

从教育系统上看,教育信息化2.0致力于构建面向全社会的新型教育生态,促进学习型社会的建设,形成灵活开放的终身教育体系。

从教育服务功能上看,教育信息化2.0利用信息技术实现教育优质均衡和创新发展,为终身学习提供丰富的教育资源公共服务。教育信息化2.0构建数字教育资源公共服务体系,扩大优质教育资源覆盖面,缩小教育数字鸿沟;优化利用信息技术开展教育创新的政策环境,建立数字教育资源质量标准和监管制度;探索利用市场机制优化配置教育资源的新机制,整合线上线下资源,创新服务供给模式,提供丰富的教育资源公共服务。

从教育管理上看,教育信息化2.0通过科学布局构建教育业务管理信息系统,全面提升教育治理能力,推进基于大数据的教育决策。总体上就是要推动由"教育信息化"向"信息化教育"的转型发展,构建全新的教育生态,实现更加开放、公平、优质的教育;教育信息化2.0通过科学布局构建教育业务管理信息系统,加快形成覆盖各级各类学校、学习者和教与学全过程的教育管理与监测体系;推进基于大数据的教育治理方式变革,建立完善教育公共信息资源开放目录,形成规范统一、互联互通、安全可控的国家教育数据开放体系;构建安全有序的教育信息化环境,加强标准建设,建立健全监管机制,确保网络和数据安全。

从教育教学、资源供给、教育治理和学习评价的视角分析,自适应学习都将是学校未来变革最核心的资源和最值得期待的突破。随着移动互联时代的渐进深化,特别是随着大数据分析、分布式计算、人工智能、物联网等新技术的涌现,未来学校教育的自适应特征将愈发明显,未来学生学习的自适应学习形态也将愈发丰富。

未来学校教育的五个预测[1]

预测一:可以变得更聪明的学校

谷歌利用搜索改善其人工智能,越搜索越聪明。那学校怎么变得更聪

---

[1] 张治,李永智.迈进学校3.0时代:未来学校进化的趋势及动力探析[J].开放教育研究,2017,23(4):40-49.

明呢?学习就是信息传递与信息重构,只要让学习的过程成为数据产生的过程,那么学校就可以像谷歌一样,越变越聪明。

学校可以通过新技术来采集学习数据,并用大数据方式分析学生的状态,例如 BAMBOO、SPARK 和可穿戴设备 UP 手环就都是信息收集的技术。

大数据正帮助我们更好地了解更"真实"的学生和教育,现在的一些技术已表明:适当的剧烈运动有利于提高记忆力;数学能力和阅读量直接有关;每天自由阅读半小时的学生学业成绩优秀;教室二氧化碳浓度过高可能导致学生上课容易打瞌睡……聪明的学校就是能够自动为学生提供他们需要的学校。

预测二:学习组织形态重混

我们应该重视三个现象:全球范围的连接、线上线下混合和名人效应对学习的影响。比如,51Talk 是一个一对一的网络学习英语的平台,使用者可以用手机学英语。目前在菲律宾有 6500 名外教,他们主要服务对象就是中国学生。在线教师也获得了更多的认可。现在有一些好教师离开学校,从事在线教育,因为他们有了更广阔的天地。线上线下的方式会让学校未来的学习组织形态越来越重混。

还有一点不可不提,比如慕课(MOOC)的价值也越来越显现:不是让 100 万人学同一门课程,而是让 100 万人学 100 万门课程。

预测三:学习不可复制的知识

机器和人脑学习的区别在于:机器学习不会对自身组织结构产生完善;人脑学习,在增长知识的同时,脑会发生更有利于下一阶段学习的连接,同时,相关情感增强。

因而,学生在学校学习到的应当是不可复制的知识。那到底有哪些不可复制的知识呢?这其中包括:自信、选择、健康、沟通、提问、娱乐、分享、有趣等。而这,才是学校学习的大趋势。

预测四:低年级融合,高年级流动

低幼年级的学生需要安定、安全、信任的学习环境,知识基础具象、贴近生活。因此,最好为学生配备稳定的教师,提供贴近生活的课程内容,且课程更多体现融合性,以主题教育为线索。而现实中的问题是,教师自己不懂那么多学科知识。但是辅之以技术手段,可以让教师无所不能教。

较高年级的学生基础和兴趣差异拉大,同伴激励成为主要学习动力。因此,分层走班、分类教学、模块化教学比较适合他们,流动的环境可以促进学生学习的积极性。而现实中的主要问题是组织和评价的困难。现在技术可以让选择和个性化变得非常容易。

预测五:升学基于信任而非分数

应试教育是大工业时代最有效率的教育方式,因为教育的目的就是培育流水线上的重复操作工,学霸必然就是一台"学习机器"。有人说,应试教育没什么不好,不是还培养了很多优秀学生吗？不,可以肯定地说:不用应试教育的方式,他们会更优秀。应试教育的目的就是追求名校的文凭,而文凭本身就是信息不充分时代的产物。也因为信息不充分,所以高校录取时只能相信分数。

哈佛大学前招生官罗伯特曾说过:"招生是一门艺术,而不是科学。"录取的标准因人而异。相对于分数,哈佛更看重智慧、个性特征、领导能力、创造力、体育才能、成熟和自强不息的精神。哈佛最近的标准更包括有趣、富有责任感和爱心。而这些,显然是不能用分数来衡量的。

不过,在生活和学习当中伴随出现的大量信息和数据,如微信的朋友圈,反映了一个学生真实的价值观和兴趣特点。这些基于过程的数据,将作为学校录取最重要的依据,并最终实现升学基于信任而非分数。

未来学生学习的四个形态

学习形态 1.0:现实虚拟交融的泛在学习

自适应学习最基本的形态就是现实虚拟交融的泛在学习。泛在学习又名无缝学习、普适学习、无处不在的学习等,顾名思义就是指每时每刻的沟通、无处不在的学习,是一种任何人可以在任何地方、任何时刻获取所需的任何信息的方式,亦即利用信息技术提供学生一个可以在任何地方、随时、使用身边可以取得的科技工具来进行学习活动的 4A(Anyone, Anytime, Anywhere, Any device)学习。

在未来泛在学习环境中,学生根据各自的需要在多样的空间,以多样的方式进行学习,即所有的实际空间成为学习的空间。知识的获得、储存、编辑、表现、传授、创造等最优化的智能化环境,将提高人们的创造性和问题解决能力。

在未来课堂学习上,泛在学习形态会将课前产生的数据提供给课内,教师将根据数据做精准的学情分析,调整教学目标,让学生课后产生数据,帮助学生更好地确定学习的新起点。在泛在学习形态中,学生学习将从有限的教学时代,转向无边界的知识建构。

学习形态 2.0:数据分析驱动的结构学习

自适应学习更高一级的是基于数据分析驱动的结构学习。在未来学校数据大脑时代,至少有三类数据驱动着学生的学习。第一类是基于学生学习的常态化数据,通过课堂教学数据、学习检测数据、学习探究数据和互动交流的数据等驱动学生的即时学习。第二类是阶段性、趋势性的数据,通过学校的数据、教师的数据、班级的数据、个人的数据以及达标评估的数据,来预测学生未来学习的最近发展区,以此驱动学生的可持续学习。第三类是基于学习者特征的综合数据,通过自适应学习系统或者有经验的数据分析导师来帮学生做进一步数据的分析。生本发展(一切为了学生,高度尊重学生,全面依靠学生)的数据产生,也会促使基于数据的学与教的流程发生变化。

学习形态 3.0:思维图谱导向的项目学习

自适应学习 3.0 形态是基于思维图谱导向的项目学习。

项目学习是学生运用思维图谱推演的一种学习方法,强调学生在试图解决问题的过程中发展出来的技巧和能力。这些能力包括如何获取知识,如何计划项目、控制项目的实施,以及如何加强小组沟通和合作,等等。未来的学生将会运用项目学习,主动地探索现实世界的问题和挑战。除此以外,对项目的选择让学生更早和更深入地面对和解决现实生活中的问题,也能够更好地培养应对来自世界、面向未来挑战能力。

自适应学习视域下的项目学习立足于学生内在思维图谱,具有以下学习特征:

- 学习者自我定义学习目标;
- 学习者自我驱动、自我引导;
- 学习者在导师或自适应专家系统指导下完成学习;
- 允许通过合作来获取知识,强调团队合作和沟通;
- 立足问题探究与问题解决;
- 鼓励个人承担责任并分享所学到的知识。

学习形态 4.0：创意流程导向的创客学习

自适应学习形态 4.0 是一种基于创意流程导向的创客学习。创客学习是一种融探究、设计、创造、合作于一体的探究式、创新式学习,是最高层面的自适应学习。

创客学习在理念层面是一种基于设计的学习,在实践层面是一种跨学科学习,在本质层面是一种基于创造的学习,其核心特征是知、行、思、创的统一。这种新型学习形态旨在通过自主选题、调查研究、创意构思、知识建构、设计优化、原型制作、测试迭代和评价分享的过程模型,为创客创造提供有意义的学习经历,为创客未来走向创意生成、作品呈现和产品创造的价值境界奠定基础。

创客学习经历需要满足目标明确、自主建构、主动实践、真实情境、交流协作、心得体验等基本条件,在实际体验、探索创新、内化吸收的过程中,进行持续的自主性、探究性、合作性和创造性学习。

未来,在学生学习中,创客学习形态所占的比例将越来越大。因为创客学习是一种源头知识创新性学习,是知识时代的最高学习境界。未来学校将不断提供创客空间、创客课程、创客实验室、创客工作坊和创客学习小组、创客学习导师以及创客学习生态圈。

自适应学习驱动着未来教育深度变革

自适应学习系统就是通过教育大数据平台的支撑和学习分析技术的支持,能够让学习者在多维发现、多样选择的基础上,开展"课程分类探究、教学分层递进、个体情景体验、群体合作共享"的自适应学习行动,以实现多元潜能的个性化发展。这些学习行动可以表现为五个层面的样式:(1)基于信息生态的系统学习;(2)基于问题解决的探究学习;(3)基于潜能发展的兴趣学习;(4)基于数据挖掘的反馈学习;(5)基于知识创新的创客学习。

自适应学习技术驱动着课程类型、教学方式、学习形态等的深度变革。

在课程类型方面,有针对每一个学生应该拥有的核心素养而建构的基础型课程,有针对不同发展倾向的学生拥有的个性化素养而建构的拓展型课程,有针对领域资优学生应该拥有的拔尖素养而建构的研究(探究)型课程。

在教学方式方面,有针对结构性学习形态的"结构耦合教学",有针对模块化学习的"主题定制教学",有针对创客式学习的"知识创新教学"。

在学习形态方面,有针对基础型课程的结构性学习,有针对拓展型课程的模块化学习,有针对研究(探究)型课程的创客式学习。

自适应学习产品有智能程度之分,区分标准是看它的技术水平是基于人工、基于计算机编程,还是基于人工智能。人工智能自适应在教育的各个环节都可应用,其中教学环节的应用最核心,难度也最大。人工智能自适应教育始于技术,胜于内容,终于效果,学习效果才是竞争力的最终评判要素。我国自适应学习需求巨大,但是起步较晚,与国际上比较成熟的 Knewton 等产品相比还有很大的差距。国外相当多产品已被证明有效,国内的一批互联网公司正在奋起直追,如义学、英语流利说、学霸君、科大讯飞、智课网等,都取得了一定的技术突破,相信对中国教育走入智能时代具有巨大的推动作用。

面对教育信息化 2.0 时代,随着自适应学习理念的普及、自适应学习技术的深化和自适应生态系统的建构,未来学校教育必将走向以学生学习成长为出发点、聚焦点和归宿点的真正意义上的教育,这是教育信息化 2.0 时代最值得期待的突破。

上海市电化教育馆张治馆长和他的团队在基础教育信息化领域积极探索,以前瞻的意识,充分认识到自适应学习在未来教育生态中所起的重要作用,积极组织专家学者,联合教育类专业公司共同探讨自适应学习的相关理论、路径和实践,希望通过推广自适应学习,来向广大师生介绍交流自适应学习对未来教育的影响,并为自适应学习在中国的创新、实践和应用做出努力。我由衷地为他的这种积极探索称赞,也衷心希望他和他的团队在自适应学习领域的探索之路越走越宽。

倪闽景

引　言

教育是民生,也是国计。教育现代化是国家现代化的组成部分,是中华民族伟大复兴中国梦的支撑力量。教育现代化包括教育理念的现代化,也包括教育技术和教育治理的现代化。教育信息化在教育发展过程中作出了不可磨灭的贡献。是教育信息化的发展,推动了教育的改革和发展;也是教育信息化的发展,促进了信息技术在教育领域的广泛应用,培养出了符合信息时代要求的人才。我国的教育信息化,向13亿人民交出了一份满意的答卷。

据教育部有关数据显示,到2017年年底,在教育信息化基础环境、资源、平台、空间、治理水平、信息素养等方面,中国教育信息化建设成就显著,主要体现在六个方面。[1]

一是基础网络环境快速改善,"宽带网络校校通"发展迅速。全国中小学互联网接入率从25%提升到90%,多媒体教室比例从不到40%增加到83%。

二是数字资源建设几何级递增,"优质资源班班通"不断普及深化。"一师一优课、一课一名师"活动参与教师超过1400万人次,形成了1300万节优课资源。信息技术还解决了400多万偏远贫困地区学生因师资短缺而开课不足的问题。

三是个人学习空间快速普及,"网络学习空间人人通"实现跨越式发展。师生网络学习空间开通数量从60万个激增到6300万个,应用范围扩展到各级各类教育。

---

[1] 杜占元.人工智能与未来教育变革[J].中国国情国力,2018(1):6-8.

四是资源和学习平台风起云涌，国家和省级"教育资源公共服务平台"初具规模。数字教育资源服务由分散式服务向全国互通的服务体系转变，注册用户超过6800万人。

五是教育管理快速升级，"教育管理公共服务平台"全面应用。"两级建设、五级应用"的教育管理信息化格局已经基本形成，初步实现"一校一码"和师生"一人一号"。

六是信息能力不断加强，师生信息素养明显提升。近1000万名中小学教师、10万多名中小学校长、20多万名职业院校教师接受了教育信息化培训。

这些成就引来了世界赞许的目光，中国教育信息化也使中国教育在全球教育体系中起到越来越关键的作用，中国教育信息化正不断向世界传递中国智慧，提供中国方案。我们为之雀跃，为之自豪，但我们也清醒地知道，我们未来的责任更加重大，因为时代赋予了中国教育事业前所未有的重任，而教育信息化在信息时代也必将是教育事业发展最重要的路径。中国教育信息化的发展，对我国的教育事业甚至对国力的影响，都至关重要。习近平总书记提出的"让中国13亿人民享有更好更公平的教育"，是中国教育事业的发展目标，也是中国教育信息化的奋斗方向。

人工智能的浪潮已经扑面而来，给教育信息化带来了前所未有的机遇和挑战。如果人工智能介入教育，那学习的过程和方法将会发生什么样的变化？教师、学生、教育管理者该在这个过程中充当什么角色？

经验沉淀下来的智慧，我们应当传承；过程中也有风雨，我们更不该忘记。新的时代即将启程，我们需要沉静下来，才能更理性地反思过去，更清晰地了解现在。我们教育信息化的从业者们，除了应用好历史留下的经验，更要能跟得上时代的脚步，了解信息技术发展的动向，才能真正使教育信息化做到和这个信息时代最先进的技术同步。

人工智能机器人阿尔法围棋（AlphaGO）的改进型大师（Master）挑战人类围棋顶尖高手，以60∶0的成绩完胜，给人们带来的震撼已不必赘述。无论我们是惶恐还是期待，我们只知道：未来已来，人工智能时代已来！我们对自己的使命也该有更清晰的认识：利用人工智能，让教育信息化跨入一个崭新的时代。自适应学习作为人工智能在教育领域的应用，人们越来越意识到其对未来教育领域的变革性作用。在传统的教育环境下，受制于环境和条件，师生比例的差距使得师生一对一的教与学很难实现。教育信息化的智能推荐系统，即自适应学习系统，便应运而生。自适应学习技术以计算机技术特别是人工智能技术为重要支撑，能预测学习者在某个具体的时间点要取得进步所需的内容和资源类型。自适应学习是一种新的教育形态。在自适应学习的广泛运用下，整个教育的生态系统会发生改变，"教师教什么，怎么教"将重新界定；"学生学什么，怎么学"也需要重新界定。

自适应学习系统会根据学生的学情进行"自动适应"，为学生提供最合适的学习路径与内容，并且利用大数据和人工智能实施因材施教的教学方式，为广大中小学生提供精准、有效、个性化的课业学习支撑。自适应学习技术为教育领域带来的变革主要有三个方面：首先，提高了学生学、教师教的效率，收集信息与课下互动都变得更加容易；其次，极大增强学习的趣味性，再加上教师适当的指导，有利于培养学生的独立思考能力；最后，通过大数据挖掘、分析和导航，教师可以很快地追踪到某个学生的学习习惯、学习弱点，以及需要补充的学习内容，个性化学习得以实现。

对于学生来说，自适应学习实现了根据每一个学生的特征，能够根据学生自身的能力来适应其学习，最终提高学习效率。自适应学习系统，追求的是一种基于学习者潜能发展的个性化学习。自适应学习中，学生是一个具有自己独特个性的个体，其个性在其在学习过程中的选择得以充分的体现，而不是由学习环境来控制。

对于教师来说，要了解目前教育信息化的发展，以及未来教育新形态的发展，对自己的职业在未来的重新定位有清晰的认识，能调整和重新规划自己的职业发展方向。我们必须对电脑智慧有正确的认识，跟随科技发展的进步，要有一个再认识的过程。未来的发展给了我们无限的遐想：一部分学生能适应"自适应学习系统"，机器完全可以替代教师的大部分工作；不适应"自适应学习系统"的教师，将无所适从。

我们要知道自适应学习技术会带来教育的深度变革，要能运用一些技术改变教学方式。基础教育需要深度变革，我们必须理解复杂体系的运转机制，理解如何使体系变得更好，理解如何成功地推行大规模的变革，理解技术在持续、全面的教育改革中应当起什么样的作用，这都是需要我们深度思考的问题。

在教育信息化的大背景下，自适应学习是认知科学和信息技术高度融合的教育科技手段,是学习者借助自适应学习工具进行更加人性和高效的一种学习方式。想象一下这样的学习情境:学生在学习的过程中,学习工具可以根据学生的认知水平及学习特征推送难度适宜和呈现方式适宜的学习内容,并可以随学生自身的变化不断调整。不同的认知水平、不同的学习经历和习惯、不同的学习风格使每个学习者都有自己的特性。自适应学习的设计中,该如何个性化地契合每一个学习者?适应机制是如何建立的?

自适应学习需要遵循和利用心理学、教育学等多个领域的科学原理和研究成果。同时,它需要大量学习者信息的支持,每一个学习者,既是自适应学习的受益者,又是数据的贡献者。自适应学习工具(平台)在学习过程中充当着"一对一优秀教师"的角色。

在技术层面上,它该如何利用庞大的数据信息区别出学习者的类型?如何把认知科学和教育资源细化成海量学习素材?通过什么算法向学习者推送精准的学习内容,建立和学习者高度契合的学习路径?了解自适应学习的个性化适应机制和技术实现原理是我们探索自适应学习道路的必经历程。

教育承载着国家的未来、人民的期盼。发展更高质量、更加公平的教育是时代的神圣使命。教育综合改革有三个维度的价值追求:一是确保最大程度的教育公平;二是追求卓越教育质量体系的形成;三是确保前瞻、前沿和前端的教育创新。自适应学习以一种全新的技术促进了教育公平,促进了教育质量和教育创新的提升。在以不确定性和不断变革为本质特征的知识社会,拥有能够在新情境中学习和解决问题的能力,比掌握已有的事实性知识、程序和技能更有价值。这种受到日益关注的"适应性专长",被认为是学习者都值得追求的目标。

自适应学习助力未来教育变革。2011年,上海市教育委员会(简称上海市教委)推出中小学生学业质量绿色指标,目的是要变单一评价为综合评价。[1] 自信心指数、师生关系指数、教学方式指数等以往被忽略的评价指标开始从幕后走向台前,让学生从分数的围墙里走向更宽广的天地。2014年3月,上海在全国率先实现了义务教育的基本均衡,开始全力向"优质均衡"迈进:全面提升相对薄弱学校的办学水平,办好家门口的每一所学校,关

---

[1] 钟慧笑.教育综合改革的上海样本[J].中国民族教育,2016(6):6-9.

心每一个学生的成长。

如何推进教育公平不仅是国家政府及教育部门需要考虑的问题，教育企业同样有责任、有义务参与其中。"互联网+教育"时代的教育公平不仅是拥有同样明亮的教室、崭新的课桌椅，而是拥有同样了解世界、联络世界的渠道，同样享受优质的教学资源。

面向学生、教师群体，从成熟的认知理论出发，结合学科特点，通过移动互联网技术整合线上线下学习资源，打造集"自主学习、问题诊断、学习规划、结构完善"于一体的自主学习平台。通过平台跟踪和掌握学生特点、学习行为、学习过程，利用大数据技术，采用科学模型分析出学生的知识缺陷及能力缺陷，帮助教师采用针对性的教学策略，智能推荐科学的学习路径和学习资源，满足学生"个性化学习"的需要。

教育信息化已经走进自适应学习时代。推广、促进自适应学习在中国的创新、实践和应用，是本次著书的价值和意义所在，期待本书的出版能带给教师更多的思考。

第一章

电化教育装备的进化

还记得二三十年前的公开课上,幻灯机投出的手绘幻灯片投射在教师脸上的自豪吗?还记得一节录像课给孩子们带来的惊喜吗?近30年来,电化教育装备的发展变化让人眼花缭乱,像幻灯机、录放像机这样的电化教育设备已经退出我国电化教育发展的历史舞台,但不可否认,每一种电化教育装备,都曾经为我国的教育事业留下过浓墨重彩的一笔。历史虽然已经成为过去,但只有了解历史才能更好地思索未来。

本章将梳理中国电化教育的发展史,回顾近30年来电化教育装备技术的进化,分析电化教育设备进化的动力,探索电化教育装备技术发展的规律,并基于智能时代的特征,探讨教育信息化装备技术发展的未来趋势。

第一节　电化教育的渊源

中国电化教育的缘起和由来，一般可以追溯到 20 世纪初期，而"电化教育"正式见诸报端则在 20 世纪 30 年代中后期。

1917 年，当时地处上海的商务印书馆开始摄制教育电影。可以说，我国早期的"电化教育"活动，发端于上海，主要以摄制和放映教育电影为主。

1930 年成立的镇江民众教育馆，也曾以电影和幻灯片为手段，开展民众教育活动。

1932 年，蔡元培先生（时任北京大学校长）曾亲自主持创设了"中国教育电影协会"。[1] 当时，这些由教育界、电影和广播界共同关注的以电影、幻灯片和广播为主要技术方式所实施的教育活动还是一个新兴的领域，通常被称为"电影教育"或"广播教育"。

1936 年，当时的教育部组织了一批专家学者，对此新兴领域的技术用于教育教学的门类进行专门研讨论证，最后定名为"电化教育"；并且在金陵大学举办了电影教育与播音教育人员训练班，正式定名为"全国电化教育人员培训班"。这也成为我们今天确认"电化教育"这个特定名词和其所蕴含的教育意义的史实依据。[2]

同年，陈友松在上海创办的《电化教育》是我国第一个以"电化教育"命名的期刊。江苏省立教育学院设立"电影与电播专修科"（原上报江苏省教育厅名为"电化教育专修科"，后因当时教育部只有电影教育及播音教育两个上级委员会而修改），为电化教育培养专门人才。1941 年，因转入广西后

---

[1] 张炳林.民国时期电影教育的起源与发展：兼论我国早期电化教育历史阶段划分[J].电化教育研究,2012(11):107-114.

[2] 阿伦娜.电化教育的孕育与诞生[J].电化教育研究,2010(12):111-120.

方经费无着落而停办。[1]

图1-1 江苏省立教育学院设立"电影与电播专修科"在教学中使用"电化教育"一词。

1937年5月,由镇江民众教育馆设计,上海"中国汽车公司"承制的新型多功能"电化教学巡回施教车"在上海问世。上海《时事新报》报道:车厢配备了电影放映机、幻灯机、扩音机等先进设备,根据教学实际需要,随时可以开赴周边乡镇地区进行巡回施教活动。消息一出,上海民众教育馆特邀请在"江苏省立上海中学"的操场汇报公演。当晚,3000余名上海中学师生、上海各级社教机关人员与民众出席首映公演仪式,盛况空前。正如施教车两边标语牌所写:"演者如教师,观者如学生,听者如上课,幻影等于实物,银幕代黑板,映画代演说,播音代口授,广场有如讲台。"[2]活动深受师生群众欢迎。公演验收完毕后,电化教学巡回施教车于同年5月20日开赴镇江交付使用。

图1-2 电化教育巡回施教车的外形图

今天如何理解当时"电化教育"名称的意义？从1931年陶行知先生在《爱迪生之死》一文中询知端倪:"未来的世界是一个电化的世界,未来的中

---

[1] 徐红彩,潘中淑.中国最早的电化教育专业创建始末:前江苏省立教育学院与国立社会教育学院创办电教专业的历史与总结[J].电化教育研究,2007(11):90-94.

[2] 江苏省立镇江民众教育馆.民众教育通讯五年来总索引[M].江苏省立镇江民众教育馆,1936.

国也必定要造成一个电化的中国。"可知"电化"一词代表了"电气化"的含义,正如今日的"信息化"是教育现代化的标志一样,当时的"电气化"是现代化的代名词,而电化教育则可以说就是"现代化教育"的代名词。

回顾这段历史,可以看到:"电化教育"名称和初期活动特点,是我国社会各界,特别是教育界对工业时代新技术促进教育变革的深刻认识、概括和有效实践,与社会发展和民族存荣息息相关,具有明显的中国特色和深刻的时代教育内涵。

一、从新中国成立到20世纪末,我国电化教育迅速发展

1949—1966年,是我国电化教育初步形成阶段。随着教育事业的稳步发展,电化教育也逐步得到应用。

1954年,上海外国语学院建立语音实验室和电化教室,开始有意识、有计划地把电影、录音、幻灯等教育技术用于日常教学。1959年,学校建成了我国高等院校第一座电化教育大楼,建筑面积达4万多平方米,内设个人听音室、电影放映厅、电影教室、语言实验室等,成为我国第一个具有标杆意义的"电化教育中心",对师生教与学能力的提升起到了极大的作用。

在此时期,为了提高基础教育的质量和效果,一些有条件的地区、学校在自然、语文等学科的教学中,自发地运用幻灯、广播等辅助教学。1958年,北京市教育局决定成立北京电化教育馆,并为其确立了"大力开展电化教育,为提高教育质量服务"的工作发展宗旨。辽宁沈阳市也于同年成立了沈阳教育电影制片厂,并在此基础上,1964年成立了沈阳电化教育馆。

1978年以后,我国电化教育随着整个教育事业的发展长足前进,进入了快速发展时期。在邓小平同志的提议下,教育部成立了中央电化教育馆。全国各地也陆续设置了专门的电化教育机构。

历经磨难的上海基础教育经过整顿,也重新走上了健康发展的道路。20世纪80年代初期的上海基础教育设施正处在十分艰难的境地,曾有人对上海教育形象作出评价:一流的质量,二流的设备,三流的校舍。

1985年7月9日,上海市电化教育馆适时而生,并把"服务第一线的教师与学生,推进信息技术与教育教学相结合,提高教育品质与教学质量"作为自己坚定不移的工作目标。

上海市电化教育馆是上海市教委直属事业单位。2005年,增挂上海市教育委员会基础教育资源中心的牌子(沪编〔2005〕156号),电化教育馆与资源中心合署办公。2012年,根据上海市教委有关文件(沪教委基〔2012〕46号),市级基础教育学生信息管理服务中心设在上海市电化教育馆。根据有关文件精神,上海市电化教育馆事业职能着眼于现代信息技术与教育教学的深度融合,促进教育理念、教学模式和管理方法的深刻变革,以信息化带动上海教育的现代化,在上海市教委的领导下,开展基础教育信息化的建设规划、标准制定、资源开发、人员培养和平台管理,实施上海基础教育数据中心的日常管理工作。

经过20世纪80年代中后期短暂的"三机一幕"(电视机、幻灯机、投影机和投影幕)设施的设计和落实,上海基础教育在20世纪90年代进入另一个阶段:多媒体辅助教学,全面配合上海市第一期课程改革(简称"一期课改")建设了全套的音像教材,进行教育技术与课堂教学的整合。基本设施建设诸如多媒体教室、电子阅览室等纷纷进入学校。电化教育被赋予了新的时代内容,其内涵和外延都开始向教育信息化转型。

1997年,原国家教育委员会在上海召开了"全国中小学实践教学与应用现代教育技术现场会",时任上海市教育委员会副主任张民生提出了"建网、建库、建队伍"的工作思路,确立了"整体设计、分工建设;统一管理、资源共享"的工作策略,得到大会认同。1999年,上海公布了《面向21世纪中小学新课程方案和各学科教育改革行动纲领》,由此拉开了第二期课程改革(简称"二期课改")的序幕。在"二期课改"方案中,信息科技课程(全国称信息技术课程)列入了小学、初中、高中三个学段的课程计划。2000年,张民生再次提出,要大力发展教育信息化,通过信息化促进教育的现代化。

二、二十一世纪面向教育转型的号角吹响了

成功的电化教育离不开现代教育思想理论和信息技术。

这两者间是"相乘"的关系,而不是"相加"的关系。如果只有一方面做好了,得了100分,但另一方面做得不好,得了0分,那么结果可想而知。因此,电化教育的发展必须两者兼顾。

2000年10月,国家教育部召开了具有里程碑意义的"全国中小学基础教育系统信息技术教育工作会议",明确提出五年工作的三大任务:"校校

通"工程建设,全面开设信息技术课程,推进信息技术与课程整合。上海市在 2002 年率先建成覆盖全市的统一域名的宽带光纤"校校通"网络,大部分学校都拥有了自己的校园网。此时,上海市"二期课改"也开始启动,信息技术在课堂的应用蔚然成风,为拓展性学习和研究性学习开创了一个全新的空间和有力的技术手段支撑。

2004—2010 年,教育技术装备已经得到普及,教育界乃至全社会进一步的关注点便落到了如何有效应用教育技术装备,大面积地提升中小学的教与学质量,乃至上海基础教育的教育品质上。为此,遵照教育部的部署和上海市"智慧城市"建设的要求,在率先完成国家"教师教育技术应用中级培训"的基础上,市教委全面启动了本市中小学教师信息技术能力提升工程,逐步改变了因"教师相关知识能力短缺"而带来的发展过程中的"高原缺氧反应",为全面改变教与学的方式,从教育均衡走向教育公平奠定了良好的基础。

21 世纪进入,云计算、大数据等技术初露端倪,上海市教委预见到数据时代即将来临,开始着力构建基于数据的治理,重视学籍库基础数据的建设。2010 年,时任上海市教育委员会副主任尹后庆专门委命上海市电化教育馆承建上海市基础教育学籍库,并为上海市电化教育馆题字"争做教育信息化领头羊"。

上海市电化教育的发展历程,是当代信息技术从筚路蓝缕到逐步开朗,从点到面,从辅助教学到学科整合再到深度融合,把基础教育架构到信息化的轨道上,渐次上行走向教育现代化的过程,并由此得到一些深切的体会:

(1) 教育改革和城市发展拉动了教育应用的需求;
(2) 建立专门机构确保了现代教育技术传播有效管理与有序发展;
(3) 强化师资队伍的培训为现代教育技术传播开发了动力源;
(4) 信息技术课程建设为学科学习打下了技术与方法的基础;
(5) 重大项目研究与建设带动了技术应用;
(6) 落地于基层的应用研究与实验为教育技术深度应用提供了保障;
(7) 及时总结、反思,并树立标杆、以点带面,使成功经验得以快速推广;
(8) 开放和谋求多方合作的态势,营造全社会关心基础教育现代化发展的氛围,并得到各方的有力支持。

2014年,上海市全面启动教育综合改革,其中强调以信息化带动教育现代化,进一步凸显教育信息化的重要性,并且以综合素质评价为核心带动基于数据的评价改革。上海市教委副主任贾炜专门委托上海市电化教馆负责综合素质评价大数据记载,并且促进义务教育招生报名的完全网络化、数据化的格局,确立了电化教育馆作为基础教育数据中心的地位。

在此基础之上,随着智能时代的来临,上海市电化教育馆未雨绸缪,开始全面迎接智能时代,因此在大数据和资源的基础之上,系统探索全学科学段的知识图谱,以自适应学习为切入口,直面智能时代,全面探索未来智能时代所需要的基础。

2017年,在济南举办的"2017中国高校CIO论坛"上,上海市教委副主任李永智提出:"教育手段信息化是量变,而教育理念信息化才是质变"。[1] 李永智强调,信息化是教育现代化的本质特征,也是教育现代化的动力引擎。加快实现教育现代化的目标,需要教育信息化的质变发展。

第二节　电化教育装备技术的进化和发展趋势

从甲骨文到活字印刷,从电影到互联网。人类每一次技术创新,都有人思考如何在教育领域应用。电化教育从幻灯时代,走到数字时代,并进一步走进基于互联网的智慧时代。下面回顾电化教育装备技术近30年来的进化,探索电化教育装备技术发展的规律,并预测基于智能时代的教育信息化装备技术发展的未来趋势。

一、电化教育装备技术发展的历史回顾

30年来,学校的整体结构或许没有太大变化,而校园中变化最快的是电

---

[1] 傅宇凡.质变前夕的教育信息化:专访上海市教委副主任李永智[J].中国教育网络,2017(12):25-27.

化教育设备和教育教学技术[1]：从"三机一幕"到教育技术实验室建立，从电影教学推广到卫星信号覆盖，从幻灯投影到多媒体教学资源，从"农远工程"[2]到"三通两平台"，从电子化辅助教材与"课改"到电子书包，从硬件为主到软件为王，从终端到云端，从资源到数据，从数字化走向智能化，从硬件设备走向应用服务，从工具购买走向综合解决方案……多年来，各级电化教育馆在普及教育技术，提升教师信息技术水平，开展基础数据建设和促进教与学信息化变革等方面，都发挥了重要的作用。而今，最早的幻灯机几乎没有教师再用了。回顾近年来电化教育事业的发展历史，电化教育的装备技术发展历程可以大致分为四个时期。

（一）以"三机一幕"为标志的电化教育设备和技术普及阶段

我国电化教育萌芽于20世纪20年代，上海留下了我国早期电化教育活动的重要足迹，几乎在电化教育进入我国的同时，就作出了开创性的贡献。1927年，上海商务印书馆创办了国光影片公司，拍摄了我国最早的无声教育电影，如《盲童教育》《养蚕》《长江名胜》等，用于学校集会后播放，这是我国教育电影的开始。1935年，上海大厦大学社会教育系开设"教育电影"课。1936年，上海教育界人士创办了我国最早的电化教育刊物——《电化教育》周刊。1937年，上海商务印书馆出版了我国第一部电化教育专著——陈友松的《有声电影教育》。

从20世纪80年代中期开始，全国各省市、县和大、中、小学相继建立电化教育机构，其当时的定位主要是：电化教育方针、政策的制定；编辑、审定、制作、搜集、存储、出借、发行电化教育教材资料，向学校提供电化教育教材资料目录；宣传、推广、交流电化教育工作经验，组织协作，开展电化教育理论、电化教育手段和方法的研究；电化教育设备的标准化、系列化研究，改进、提高技术质量，指导电化教育设备的订购、保管、维修以及电化教育人员的培训。

可见，早期的电化教育馆事业发展主要是普及电化教育技术，以"三机一

---

[1] 张治.教育信息化装备技术的进化历程和趋势分析[J].中国民族教育，2017(z1)：15-17.

[2] 农远工程（农村中小学现代远程教育工程的简称），是指为促进城乡优质教育资源共享，提高农村教育质量和效益，从2003年起开展的以信息技术为手段，采取教学光盘播放点、卫星教学收视点、计算机教室等三种模式将优质教育资源传输到农村的教学方法试点工程。

幕"为标志,以推广电化教育资源进入课堂为核心使命。那时的电化教育人深入教学基层,为边远地区送去资源和技术,给课堂变革带来了无限生机。

(二) 以数字教育资源创作与应用普及为标志的多媒体资源时代

电化教育发展的第二个黄金时期是电化教育资源制作时代。各级电化教育中心大都设立资源中心,成立音像出版公司,开展教育教学资源的开发、征集、购买、应用服务等工作。与此配套,电化教育装备也从过去的"三机一幕"走向以多媒体制作和播放为核心的传播时代。软件技术的发展,为资源的创生降低了门槛,特别是可视化编程工具的快速普及,教师自己可以根据课程教学需要开发制作课件等教学资源,其他更多的音视频制作工具得以普及,资源的创生走入平民时代。这一时期,电化教育装备技术基本上围绕多媒体展开,资源创生促进了教学应用,教学转型促生了资源创生,多媒体资源成为教育信息化的核心资源。

(三) 以信息联通为核心的教育信息化网络时代

随着互联网的快速发展和持续迭代,特别是移动互联网时代的到来,基于数据联通的教育教学和管理成为教育部门和各级学校的强需求。各级电化教育馆事业职能着眼于现代信息技术与教育教学的深度融合,促进教育理念、教学模式和管理方法的深刻变革,以信息化带动教育的现代化。[1] 很多电化教育馆在开展基础教育信息化的建设规划、标准制定、资源开发、人员培养和平台管理等方面发展迅速。与各类电脑终端相比,各种中心机房、小型服务器、网络等成为教育信息化的必要设施,并成为核心业务。

与此同时,中央关于教育信息化"三通两平台"的顶层设计,成为很长一段时间电化教育部门的核心业务。数据时代不仅仅服务于教育治理,也为基于数据的教学改革提供了支撑。在学习评价,教学管理等方面发挥了重要作用。但是,这一时期的教育信息化基本上停留在"教育+互联网"时期,资源互动、信息互通、数据互通、认证互通,信息化以联通为核心,互联互通是其基本属性,社交媒体工具的普及,加速教育全面进入网络时代。

---

[1] 张治.教育信息化装备技术的进化历程和趋势分析[J].中国民族教育,2017(z1):15-17.

(四) 以教育大数据技术为标志的数据时代

进入 21 世纪以来,信息技术突飞猛进,尤其是最近的五年,移动互联技术快速发展,人类进入普惠计算时代,大数据、云计算逐渐普及应用,基于数据技术的教学应用不仅仅改变了传统的课堂,也为教育治理提供了强大的支持。同时,人工智能的崛起,让越来越多的人开始反思,未来的教育究竟要教什么。

未来的工作是用目前还不存在的技术来解决目前还不存在的工作难题,现在我们需要思考人类与人工智能的重新分工问题。当人工智能逐渐从体力和脑力上解放人类劳动的时候,我们现在的教育体系需要发生革命性的变化。同时,技术的发展彻底转变了教学方式,慕课、虚拟现实、物联网、云计算等逐渐深入课堂内外,渗入教育的"骨髓",教育教学装备也必须围绕这一转变而相应调整。

移动互联网的广泛应用,让移动终端,如平板电脑等快速普及,云服务的兴起,让小型服务器和中心机房很快退出历史舞台,物联网让基于计算机的教育信息化装备采购也很快走向尽头。未来的教育信息化装备技术将走向何方?

二、"互联网+"时代的教育信息技术装备转型

(一) 教育"互联网+"时代的到来

进入数字时代,教育资源、学习环境、学习方式都在发生深刻变革,虚拟社群组织、数据挖掘分析等技术对教育治理提出了更高的要求,这一切都昭示着"互联网+教育"时代的到来。

"互联网+教育"时代的学习环境有三个主要特点:

一是开放性,即互联网的学习环境不受时间、地点和空间的限制;

二是分布式和去中心化,即每个学习者都成为一个微小且独立的信息提供者,不再局限于某个主体;

三是协作共享,即互联网中的信息传播具有非竞争性,达到一定规模后,信息使用的边际效益逐步递增。

以上三大特点,构成一种新的开放学习环境,为学校的教育、教学方式

的转变提供了可能和支撑,并随着移动互联技术的飞速发展,对教育、教学的影响日趋深化,必将进一步促进传统学校教育教学结构的深刻变革。这为上海市电化教育馆转型改革提供了动力和机遇,也自然成为电化教育馆事业转型的重要突破口之一。

(二) 教育技术装备转型发展的主要趋势

1. 以"三通两平台"构筑的基本技术环境是最核心的装备

"三通两平台"是我国教育信息技术最基本的环境,是推动我国教育信息化发展的国家战略。其中,"个人学习空间人人通"在世界范围内无论是技术要求还是教育意义都是独特的。国家骨干信息化工程虽然并不表现为看得见的实物或硬件,但确实是我国教育信息化的重大装备和基础设施,将发挥至关重要的作用。

2. 云计算将作为教育装备的基本大脑,帮助教育进入普惠计算时代

今天,我们必须面对这一现实:人类社会—计算机—物理世界三元融合,未来的云计算使信息服务进入普惠计算时代[1],手握智能终端,随时随地便可获得想要的解决方案。云计算的普及发展,就像空气一样无处不在,但是又都是不可或缺的。云计算的成本不断降低,学校教育教学的诸多运用将基于云端,学校不需要再购买服务器,也不再需要聘请专业的机房管理人员,学校购买服务变得比购买设备更为常见。"云"作为未来学校的基础设施,在教育走向信息化、智能化的进程中将发挥越来越突出的作用。

3. 基于 BYOD 理念的终端普适时代将爆炸式增长

技术发展将引起终端的普及和普适,终端的利用越来越普及化,终端的选择越来越多样化,BYOD(Bring Your Own Device,指携带自己的设备)将作为主流的运行方式走进学校,未来的软件将自动根据终端调整,从而能兼容学生的个性终端和个性选择。终端的普及,将使屏读成为主要的学习界面。基于屏幕的作业、教科书、各种应用,各种课程的自适应学习系统,随时推送的学习资源,更具吸引力的增强现实或虚拟现实资源等,将加快学习者知识的建构和观念的形成,引领教育生产力的巨大提升。

---

[1] 郭重庆."互联网+":产业、经济与社会的变革[N].中国社会科学报,2015-06-29.

4. 以深度学习为代表的人工智能将渗透到每个角落

以深度学习为代表的人工智能将首先表现为机械智能,未来一切皆可能智能化,人工智能将渗透到学校的方方面面。这些人工智能将在感知、交互、语音识别等领域取得突破,从而能在学生学习过程中的数据采集、学生情绪和行为感知、作业批改、操作辅助、学习指导、智能交互等领域获得广泛应用。比如,教师可以通过高速扫描仪完成纸笔作业的批改和数据分类汇总;通过可穿戴设备定位学生和识别学生身体状态、运动参数;通过智能音箱帮助学生纠正发音,并进行智能对话;通过智能钢琴教学生快速学会弹钢琴;通过教室墙壁或座位上的传感器感知学生的社会情绪状态和疲劳情况等。

5. 基于物联网的数据传输和事务服务逐渐进入学校舞台

物联网(Internet of Things,简称 IoT)是新一代信息技术的重要组成部分,也是信息化时代的重要发展阶段,实现物物相连,进行信息交换和通信。它通过智能感知、智能识别、普适计算等通讯感知技术,广泛应用于网络的融合中。物联网带来的是事件的智能解决方案,而不仅仅是数据素材。物联网不是一个信息化装备,而是一套智能信息系统,将教育教学的诸多设备根据一个"大脑"组织起来,从而实现装备的信息化和智能化。

2017 年初,上海市教委发布了《上海市"十三五"教育信息化规划》,提出"一网三中心两平台"的建设框架,这是上海市教委对信息化未来几年的顶层设计蓝图。对于这一蓝图的实现与发展,李永智解释说,文件从基础接入、安全保障、数据统一、应用优化、资源建设、示范引领和平台搭建等方面作出了规划,最大的挑战在理念转变,最大的不确定性在技术之外,涉及的范围越广,难度越大。12 月的"2017 中国高校 CIO 论坛"上,李永智在"质变前夕的教育信息化"的报告中,特别强调:信息化是教育现代化的本质特征,也是教育现代化的动力引擎。加快实现教育现代化的目标,需要教育信息化的质变发展。并且,教育手段信息化是量变,教育理念信息化才是质变。

首届"教育智库与教育治理 50 人圆桌论坛"上,教育部杜占元副部长以"人工智能与未来教育变革"为题,提出教育部将实施"教育信息化 2.0"行动。他认为,信息时代与人工智能时代存在本质区别,信息技术可被看作工业技术的顶峰,是由机器革命延伸而来,"但人工智能技术有可能超越这个顶峰,成为新的革命的起点,而不是以往革命的延伸"。他还给这个新革命起了个名字,叫"零点革命"。[1] 装备技术的进化和发展趋势大致如下图所示。

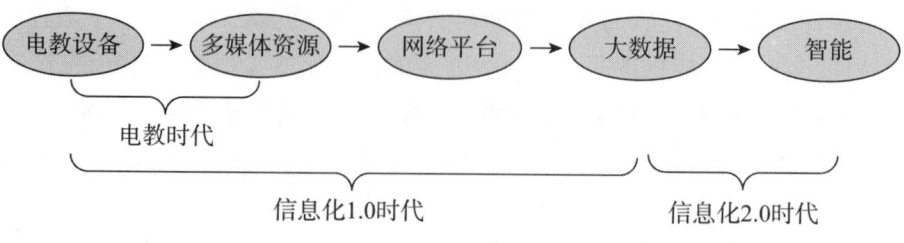

图1-3　电化教育装备发展趋势图

以上的分析是一种预见，也许普及需要一个过程，但是教育装备的现代化是教育现代化的一个显著标志，甚至会倒逼教育理念的现代化，促进教育的现代化转型。

第三节　电化教育设备的进化动力与普及

一、电化教育装备技术未来发展的思考起点

教育装备技术的现代化不会自然造就教育奇迹，它们可能加快学习，提升教育生产力，但是无法帮助人类逃避学习活动。一切教育信息化装备和技术都要服务于人类的教育教学革新需求，未来人类教学技术变革的历程，基本围绕三个方面的进化展开。

第一，教学方式的进化：用技术优化教学，提升教育生产力。教学效率是教学研究永恒的主题。更高效地传授知识、提升能力、建构观念，是教师教学法的核心。教学方式的进化主要以教师工作方式的进化为主。

第二，学习方式的进化：以技术促进学习方式变革，促进学程的再造。知识的爆炸式增长使人们开始思考如何优化获取知识的方法，"教是为了不教，学是为了会学"逐渐成为人们的共识，如何学习成为每一代人的教育主

---

[1] 苏瑞霞.人工智能与未来教育：专访中央电化教育馆馆长王珠珠[J].教育家，2018(10).

题,怎样促进学习方式的进化自然就成了时代使命。人类生活方式的变革已经发生,学习方式的变革不可避免。

第三,教学管理的进化:用数据改进管理,迈入教育管理和服务的智能时代。教育管理伴随着教育教学的整个流程,如何通过管理优化资源配置,提升教育教学效率,为学生提供更好的服务是研究的重要课题。在"互联网+"时代,管理的进化主要包括基于数据的教育治理、基于技术的环境设计和基于个性的推送服务,智能化将是其核心特征。

以上三个方面的进化就是电化教育未来事业发展的思考起点。教育信息化装备技术发展,需要我们在四个方面开展研究和应用推进。

其一,数据。未来的技术和装备将着力收集好、保护好、应用好教育大数据,数据范围覆盖学籍基本信息数据、学习过程、学习结果等;在数据安全和数据应用挖掘上开展系统研究和分析,为教育教学和教育管理提供更为优质的数据服务;利用大数据挖掘和学习能力倾向分析更好地评价和发现学生天赋,从而帮助学生更加科学地选择专业、规划人生。

其二,资源。资源主要指数字教育资源。未来我们需要做的主要是开发好、放置好、推送好数字教育资源,把更加优质的数字资源按照个性需求推送给需要的人,促进自适应学习的全面应用,推动教育教学进入智能时代。电化教育馆将引导课程创新和教学转型,构建智能型教师备课和学生学习支持系统,在优质教育资源汇集与教师备课、教研、学生学习支持之间建立一体化的支撑和服务系统,引导教师参与资源的创生、教学工具的制作,并围绕资源的应用参与教学研讨,支撑各级各类教师在线备课共享、布置和批阅作业、在线答疑等教学活动,为学生提供学习空间,支撑学生在线自主学习、完成作业、讨论协作等活动[1],同时,探索开展基于大数据的课堂分析和学习分析,形成向教师和学生智能推送资源与提供服务的机制。近阶段我们力求在资源推送,即自适应学习领域、资源创生与进化机制、资源分享交易的淘宝机制上寻求突破。

其三,环境。这里的环境是在国家"三通两平台"的大环境下的软件及应用环境,特指教育信息化应用的网络环境、资源环境、机制环境和文化环境。电化教育馆将构建信息化促进教育现代化的良好生态圈,优化技术支

---

[1] 佚名.上海市区县教育综合改革市级8项重大改革任务之实施信息化支撑教育教学改革[J].上海教育,2015(19).

持和服务,创造无处不在的泛在智慧学习环境,并围绕"存储＋通道＋云"为整体的教学和学习支持基础服务体系,实现教育对象的全周期一体化认证信息管理。

其四,应用。信息化推进的核心是大规模、常态化和主渠道应用。在基础教育信息化领域应重点解决两个问题:一是如何搭建起无障碍、立体化的信息交互流通机制,让信息数据最大限度地共享和发挥效用;二是如何让现有的设施环境、数据资源和服务功能最大限度地融入教与学"主战场","倒逼"教与学的变革,大幅提升教与学的效能。为了促进信息技术的应用,电化教育馆将引导好学校和家长、培训好校长和教师、组织好学生和社会组织,共同为常态化的应用做好服务。

装备技术的未来就是教育的未来,教育技术的现代化是教育现代化的核心需求。"互联网＋"不是传统行业和互联网的简单结合,而是利用互联网对所有行业进行再造。"互联网＋教育"到底会产生哪些化学反应,这需要我们所有教育人的想象,更需要我们的态度。校长、教师和家长都需要用更加开放的心态重新审视存续了数千年的各种教育要素,积极面对学校教育结构的变革。

二、电化教育设备的普及——BYOD 模式

BYOD一词最初于 2009 年被使用,源于英特尔公司当时发现越来越多的公司员工携带自己的设备上班并用其连接公司内部网。

智能移动终端可以满足我们日常生活中的各种各样需要,这和智能软件的爆炸性增长是分不开的。现在几乎一切以前我们必须坐在电脑前完成的事情,如今都可以在手机或平板电脑上通过各种应用来实现。

在教育教学领域,BYOD 是指一种教育服务信息模式,即学校允许师生自带个人移动终端(手机、平板电脑等)进入课堂并用其参与课堂教学与学习的技术应用模式。依托于移动化智能终端的新型函授模式的出现,学生不再需要在固定的时间前往大型的阶梯教室,和数百位同学挤在一起,一同聆听一位教师的广播式授课。如今,任何时间,任何地点,任何人,都可以通过手机或平板电脑等设备,点击报名选择感兴趣的课程。

在世界范围内,美国是较早倡导师生 BYOD 行动计划的国家。早在

2011年,美国就开始试行"中小学 BYOD 行动",并涌现出了若干典型学区。[1]我国的许多学校也进行了各种 BYOD 行动的尝试。

2012年,上海市嘉定区实验小学是上海市率先实施 BYOD 方案的小学,该校在一年级开设了两个"平板电脑班",学生自带平板电脑上课,进行常态化教学。此举一出,引起社会热议。[2]

接着,上海市闵行区罗阳小学成为上海首所实现全员 BYOD 的学校。该校在闵行区电子书包项目背景下,通过 BYOD 实践研究,要求全校每位学生都自带数字化学习设备到校学习,实现了数字化学习应用由试点转向常态,并进入全面推进阶段。

上海市奉贤区明德外国小学以 BYOD 为支点,构建起了智慧课堂的学校,深化学与教的深度变革,努力探索符合学生发展规律的学习方式,以"微课+慧园课堂"为抓手,让不同层次的学生都学有所长、让不同风格的老师都教有专长。

当前,学习者在数字化环境中成长的经历,使得他们已经潜移默化地接纳了新一代数字化技术及其产品,这些技术和产品也成为他们生活中不可分割的组成部分。这些数字原住民有能力也习惯于用自带设备(笔记本电脑、平板电脑、智能手机等)进行学习。

由学校单方提供信息化设备的模式存在缺陷。学校添置信息化设备需要经过论证、审核、修改、招标、购置、安装、调试等繁多程序,待设备真正投入使用时,很可能会出现"启用即已过时"的尴尬现象。

英国诺丁汉郡的乔治·斯宾塞学院是英国早期提倡 BYOD 的学校之一。副校长保罗·海因斯说:"只有当教师和学生可以使用的技术足够强大时,他们在教室中使用自己的设备才是可行的。如今,可供教师和学生在课堂上使用的技术已经足够成熟与强大,其关键技术主要有终端显示技术、人机交互技术、泛在互联技术、云存储技术等。"[3]

BYOD 进入课堂后,通过网络学生可以很方便地在自己的设备上进行学习,换句话说,传统教师"授业"的工作在很大程度上可以由手机、平板电

---

[1] 徐智华,袁东斌.BYOD 在开放大学课堂教学中的应用研究[J].福建广播电视大学学报,2017(1):10-13.

[2] 钱钰.看看它们的 BYOD 之路[N].文汇报,2015-02-06.

[3] 徐军.自带设备(BYOD)安全机制研究[D].厦门大学,2014.

脑等取代，但这并不意味着课堂教学过程已不需要教师的参与。在BYOD支持下的课堂中，教师应起到组织者的作用，即对学习材料进行组织，对学生的学习过程进行引导。

其次，学生在利用自带设备进行自主学习的过程中，难免会遇到各种技术问题及学科方面的问题，这些问题往往因人而异，种类繁多，学生很难在网上寻找到合适的答案，这时教师应提供帮助，当好"学习顾问"。

最后，教师的自带设备也能很方便地接入网络，教师可通过多种方式加入学生的学习过程，成为学生的"学伴"，与学生一起完成学习任务，构建基于BYOD的"师生学习共同体"。

在BYOD情境下，教师可以将自己的信息化设备引入到教育教学过程中加以有效应用。一方面，信息化教育装备的硬件建设内涵得以拓展——不只是依赖国家与学校资金投入基础上的更新，更可以有效整合教师自己的信息装备；另一方面，教师也能根据自己和学生的需要，自行设计开发教学资源并发布至网络上进行共享。例如，当下有不少教师在课下摄制数量众多、质量上乘的"微课"并上传至网络，学生在课堂上可以"按需自取"，选择适合自己的课程进行学习，极大地提高了学习效率。

自带设备的引入，促使课堂环境成为"一对一"（一名学生至少有一台智能终端）的学习环境，学习者通过数字学习工具可以更方便、快捷、准确地获取自己所需要的学习资源，自主规划学习、管理学习，寻找学习伙伴组成学习共同体或投身于各种形式的学习活动、课程与项目。

BYOD引入课堂后，学生可以通过手机、平板电脑等发表自己的意见，与教师和同学交流，学生的灵感与创造力能够在交流的过程中得到升华。

传统的课堂中，学生必须将教材、作业、课内外读物、字典等装入书包，这给学生带来了极大的身体负担。如今，我们能将这些用品全部数字化后整合在学生的自带设备中，从而使学生的自带设备变为课堂的新宠——"电子书包"，促使课堂教学方式和学习方式发生重大的变革。

在BYOD行动的支持下，课堂中师生角色的变化，促进了单一授课教学模式向多种模式的转变，为班级差异化教学、小组合作研究型学习及个人兴趣拓展学习提供了支持。学习者可以根据个人学习的需求，定制学习内容，同时能按照个人兴趣生成属于自己的课本，并借助电子课本所提供的工具和服务，在"教室之外的课堂"随时随地学习。

当前以学校为主体的教育体系是300年前随着西方工业社会的发展需要而建立起来的。学校如工厂,学生接受大规模、同质化、程序化、统一模式的培养。应当认识到,这在大众教育普及阶段发挥了积极作用。李永智认为:"现有的教育体系正在不适应信息社会发展需要,而且越来越不适应,破旧建新是早晚的事。实现教育信息化,就是要在信息时代建立适应信息社会的教育新理念、体系、内容、结构,或者说是,教育根据信息社会的要求进行一次重构,需要自上而下的顶层设计和变革,修修补补是不行的。是新理念指导下的一场教育革命。国家中长期教育发展纲要中提到的,信息技术对教育具有革命性影响,应该就是这个意思。"[1]

教育理念的信息化,在宏观上,根据国家和社会发展的需要,根据人民对美好生活期待的需要,将工业社会的人才培养方式转变为信息社会的人才培养方式,并以习近平总书记新时代中国特色社会主义思想为指导,建构新时代中国特色社会主义教育理念,指导加快教育现代化建设。理念的转变是关键的,根本的。进入信息时代,已经具备了同质化人才培养向个性化人才培养的技术基础。回归到中华传统文化倡导的"因材施教"的教育理念上,应是新时代教育信息化改革发展的指引。呼吁教育的回归,首先是呼吁因材施教教育核心理念的回归,教育在信息时代里的发展,其需求是个性化的发展,而不是工业化的一个模子里出来的生产线产品。信息社会的技术发展,使我们完全有可能实现"因材施教"。

其次是在微观上,就是教与学的革命性变革。目前的教育信息化,在教与学方面有很多创新,百花齐放,在提升师生信息素养、教育管理水平和教学效果方面,积累了非常丰富的案例。上海市闵行区的教育管理、静安区闸北第八中学的常态化应用、黄浦区卢湾一中心小学的深度融合,都具有非常好的启示作用。但绝大多数还停留在投影和电子传输(邮箱、空间等)的应用上,远未达到质变,"常态化"也很少。简单使用投影和平板展示教学内容并不能算是真正的教育信息化。教育手段信息化效果也要一分为二评价。前一节课在信息化教室,后一节课就回到传统课堂。公开课在信息化教室,学科教育回到传统课堂。这都不是信息化,只是点缀。大多数学校都在实践信息技术应用到教与学,但是基本没有学校实现常态化使用。大多数学

---

[1] 傅宇凡.质变前夕的教育信息化:专访上海市教委副主任李永智[J].中国教育网络,2017(12):25-27.

校实现的是教育管理的信息化,教学的信息化还只在初级阶段,证明教育信息化仍然任重而道远。

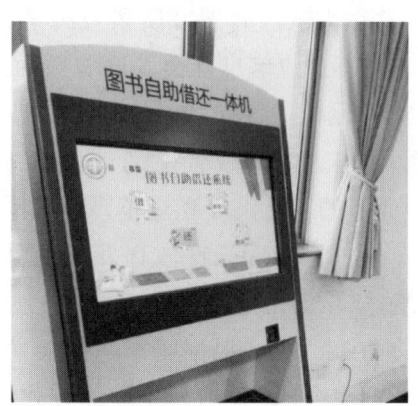

图1-4　上海市黄浦区卢湾一中心小学图书自助借还一体机

教育装备的现代化是教育现代化的一个显著标志,信息化装备技术的未来就是教育的未来。虽然教育信息化已有几十年的积淀,并非近年才出现新的事物,但目前仍只处于初级阶段。未来,它将从哪些方面变革我们的教育呢?这正是本书要讨论的话题。

第二章

教育资源与媒介的演变

随着电化教育设备的进化,内容资源的形态也在不断演变。我们且不去追问是内容的需求带动了内容形态的变化,还是技术的发展让内容形态更贴近教育的真实需求。内容资源不同于硬件设备,它既有变化带来的进步,也有沉淀留下的智慧。

本章通过讲述教育资源与媒介的发展历程与实践,希望能引发人们对教育资源开发应用技巧的思考;通过探索资源媒介变迁如何引发学习方式变革,一起分析教育资源与媒介的发展趋势。

我们当感念过往,我们亦期待未来。

第一节 教育资源的拓展

一、发展历程

20世纪70—80年代,教育资源非常短缺,教育资源需求量超过教育资源供应量。

20世纪80—90年代,教育资源迅速发展,音像制品资源风靡一时。与社会上流行的事物一样,流行色是一种社会心理产物,它是特定的时期人们对某几种色彩产生集体美感的心理映射。所谓资源流行色,就是指某个时期内人们对某种资源类型的共同爱好,带有倾向性的色彩。

音像制品作为一种文化传播介质,集音像、视听于一体,直接、动态、综合地传递信息。[1]音像制品是专业知识和技术含量很高的产品,从其载体来看,它的每一步发展都和科技的进步紧密相连:从录音带、录像带发展到激光视听盘,激光视听盘从CD、LD发展到VCD、DVD、蓝光光碟。[2]如今的互联网环境下,各类电子投影仪和数字播放器、台式计算机、平板电脑、智能手机等移动便携设备迅速普及,使得音像制品又一次面临转型,教育音像制品也不例外。

技术变革带来新变化。技术的变革使得教育音像制品的载体也随之改变。随着光盘格式的更新换代,以CD、VCD为载体的音像制品数量下降,以DVD-A,DVD-V为载体的音像制品数量随之而上升。对2005—2012年音

---

[1] 王悦.健康教育音像制品编辑制作的实践与思考[J].中国健康教育,2012,28(5):419-420,425.

[2] 何萌.教育音像制品的转型关键在于人才[J].现代出版,2007(1):41-42.

像制品出版数量统计的分析表明,DVD-A中教育、语言等学科以及DVD-V中社会科学、教育、综合、音乐舞蹈等音像制品数量均在增加。[1]在互联网环境下,随着多媒体技术的发展,音像制品正在与基于计算机网络系统的多媒体、多模态的存储和呈现介质的转移相融合。[2]随着网络、各类电子投影仪和数字播放器、计算机、智能手机等信息化设备普及的程度不断增加,多媒体教育资源和在线教育的市场需求不断扩大。为了适应信息化时代网络化、多媒体化、数字化的特征,多媒体教育资源将有机融合文字、图片、声音、动画和影片等各类形式的信息,并能通过各类电子投影仪和数字播放器播放使用,实现人机交互式的信息交流和媒体传播。交互性是多媒体技术的主要特征之一,这一特征也使得教育音像制品不再单向地、被动地传递教育信息,教师和学生可以根据自身需要主动选择和控制信息,为互动式、体验式教学奠定了基础。

目前,许多多媒体制品是使用光盘发行的,然而随着互联网的普及,多媒体产品将更多地通过网络发行。

20世纪90年代,教育信息化全面进入多媒体时代。多媒体信息结构的形式改变了人们传统循序渐进的读写模式,多媒体的信息结构一般采用超媒体的网状结构,因此信息呈现的方式更为灵活和多变,传统的线性读写的方式正逐渐被网状发散的模式所替代,因为后者具有优势:用户可以依据自身的认知水平和目的,重新选择、组织信息,信息的节点可根据需要任意修改或增删。

进入21世纪,教育信息化进入网络时代。这个时期的教育信息化主要包括两个方面:(1)基于学校管理的教育信息化,如学校的OA、审批、图书借阅、家校沟通(家校共育)、校园一卡通等;(2)基于教与学的教育信息化,如多媒体教学、电子书包、翻转课堂、教学测评等。

网络时代,学习需求的转变带来新动力,随之而来的技术变革给教育音像制品的发展带来了革命性的突破。随着互联网的普及,越来越多的人开始接触在线教育。艾媒咨询发布的《2015年中国"互联网+"教育研究报告》

---

[1] 宾锋.音像制品出版数量变化对图书馆音像资源建设的影响[J].农业图书情报学刊,2012,24(9):39-42,53.

[2] 孟庆和.教育音像电子出版社亟须突破发展的新瓶颈:从立体化教材的研发谈起[J].中国出版,2007(10):19-22.

显示,2014年中国在线教育市场规模达到1264亿元,2015年增长为1711亿元,增长率为35.4%,用户规模达到2.49亿人,增长率为45.6%;以K12教育为例,2014年中国K12在线教育市场规模达到275.0亿元,2015年增长为359.2亿元,增长率为30.6%,与高等学历在线教育、职业在线教育、企业数字化学习(E-learning)相比,K12在线教育的增速最高,用户规模将在2018年超过高等学历教育和职业教育。[1]

易观发布的《中国互联网K12教育市场年度分析报告2017》中指出,随着在线教育各类场景化应用的完善与教育资源渠道的打通,以及教学资源与学习者需求的相互贯通,K12市场发展空间仍被看好,儿童教育越来越趋向于线上移动端教育产品,广大中小学生则面临着学习和升学的压力,市场需求旺盛。[2]

虽然学习者的在线学习需求日益增长,K12在线教育发展迅猛,但是发展过程中仍存在不少问题,从在线教育资源的角度来看,主要有:学习者看重学习效果,这需要优质的教学内容来支撑,然而目前大量的优质教育资源还没有被信息化;另外,学习者注重好的学习体验,这对学习内容的趣味性和互动性要求很高。这些在线教育资源方面的问题,恰恰给教育音像制品的转型与发展提供了新思路。《2015年中国"互联网+"教育研究报告》中的数据显示,35.1%的在线学习者认为自己最期望的在线教育产品特性是学习内容来源权威,27.6%的学习者期望学习内容丰富、更新速度快,另有20.8%的学习者期望学习指导丰富详细。[3]从产品中得到自己期望的学习内容是学习者的核心诉求,在当前在线教育产品良莠不齐的背景下,为学习者提供真正有价值的教育内容是赢得市场的关键。

二、教学资源形态的演变

随着大数据、人工智能等技术的迅速发展和应用,科学技术正在极大地

---

[1] iiMedia Research.2015年中国"互联网+"教育研究报告[EB/OL]. http://www.iimedia.cn/144239299640831775.pdf,2015-09-16.

[2] 易观.中国互联网K12教育市场年度分析2017[EB/OL]. https://www.199it.com/archives/625058.html,2017-08-2.

[3] 同[1].

改变着教育者和学习者之间的互动方式,推动着教育形态的改变,也推动着教学资源形态的改变。

教学资源[1]通常包括教材、案例、影视、图片、课件等,也包括教师资源、教具、基础设施等,涉及教育政策等内容。从广义上来讲,教学资源可以指在教学过程中被教学者利用的一切要素,包括支撑教学、为教学服务的人、财、物、信息等。从狭义上来讲,教学资源蕴含了大量的教育信息,包括学生使用的学习材料,教师使用的教学素材、课件等。

在20世纪90年代,随着教育技术的发展,其新定义"教育技术是对与学习有关的过程和资源进行设计、开发、运用、管理和评价的理论和实践"的出现,资源被提到了非常重要的地位。[2]

传统的图书馆、资料中心这些学习资源环境,若不与时俱进加以逐步改善的话,已然不能完全适应信息时代知识日新月异的变化。网络技术的发展为人类提供了最为广泛的教学资源。资源形式多样、种类繁多,了解教学资源的分类、特点及其演变过程,将有利于教师正确认识资源,高效地获取资源,也能更好地在实际教学中利用这些资源。

以内容存储方式来分,教学资源可以分为模拟资源和数字化资源。模拟资源是以模拟信号表示教学内容,通常包括幻灯片、投影片、录音带、录像带等。2000年后,这些模拟资源就很少见了,数字化资源时代来临。数字化资源有6种形态:(1)文本、图片、图像、音频、视频等数字化素材;(2)主要存储在CD-ROM上的包括游戏化软件的多媒体课件;(3)用JSP、Dreamweaver、H5等工具制作的网络课程;(4)教学资源集成化的资源库;(5)移动化学习App;(6)自适应学习AL-App。

信息化时代,人们获取信息的方式越来越便捷。如今的互联网环境下,教育音像制品面临转型。技术的变革使得教育音像制品的载体也随之改变。

1. 教育音像制品

在教育音像制品种类和数量众多的情况下,开发者要具备较强的信息意识和敏锐的市场嗅觉,快速有效地采集、整理、分析和利用各类相关信息,

---

[1] 王文解.例析初中科学课堂教学资源的有效利用[J].新课程(中),2018(1).

[2] 项国雄,魏丹丹.教育技术的资源观:对教育技术资源内涵的重新审视[J].中国电化教育,2005(1):68-71.

并从中发现、挖掘和开发有价值的选题。选题的好坏直接影响教育音像制品的质量,在日益竞争激烈的市场环境下,开发具有特色和创新性的选题显得尤为重要。

由于教育音像制品自身的特性,并不是所有学科的教学内容都适合音像制品的开发,或者说每一门学科的教学内容都有不同的呈现形式。要提高教育音像制品的质量,还需要考虑学科的特性,实现学科内容和技术的整合。例如,科普类的教育音像制品往往受到青少年的青睐,一方面,这类课程满足了他们对世界的好奇心,另一方面,这类课程可从生活实际出发,表现形式多样,学习方式灵活,能够较好地满足学习者的学习需求,达到理想的学习效果。

案例　《身边的科学》

不管是大火车,还是小汽车,车轮总是圆的。但车轮为什么一定是圆的呢?假若把车轮做成方的,或者椭圆形的,又会怎样呢?……生鸡蛋,总是平躺着,你能让它竖起来吗?如果把鸡蛋煮熟了,又会怎样呢?沈阳附近有一段路,上坡省力,下坡费力,人称"怪坡"。著名物理学家李政道亲临现场体验,幽默地说,若能解开怪坡之谜,我还能得诺贝尔奖奖金。那么怪坡究竟怪在哪里?……请看《身边的科学》吧,它会伴你去探究体验其中的奥秘和乐趣!

表　《身边的科学》节目清单

车轮与圆	神奇的大气压	将军饮马
寻找活动的四边形	从气垫船看空气的作用	大漠英雄
竖鸡蛋	古老的水车	硅化木的故事
手机为什么越变越小	核磁共振	无花果的秘密
七色光	走进天气预报	寻找回来的泉水
蜜蜂家族探秘	天外来客	视觉暂留与动画
神奇的怪坡	追踪远古的生命	控制爆破探秘
影子的故事	机器人是怎样灭火的	隐形杀手——病毒
火	你看你看电脑的脸	陀螺的奥秘
抗大气污染的植物	蚕宝宝	去污趣谈
黑脸金刚献温情	石油探秘	沙尘暴

(续表)

个性十足的曲线型	身边的杠杆	降雷伏电的奥秘
面包圈=咖啡杯	茶壶嘴上的学问	趣谈人体中的拱和弹簧
危险的小行星	奇特的喀斯特地貌	汽车为什么能跑起来
人类为何要重返月球	感受声音	潮汐
蜗牛	第一朵花何时开	一滴水的旅行
寄信为何不用邮票	树干为什么是圆柱形的	千古都江堰
怪异的彗星	沙漠	花儿为什么这样红
从赶鸭子上架谈起	弹簧	盐生植物的奥秘
风筝为什么能飞起来	烟花爆竹	病毒史话
大头针上想象力	骆驼	

兴趣是从事科学研究最原始的动力。教育音像制品《身边的科学》(节目清单见上表)不是简单的教学片,没有知识的灌输,而是陪伴孩子,从发生在身边的早已习以为常的生活现象入手,引导学生亲近科学,感知科学的无穷魅力,快快乐乐地推开科学殿堂的大门。

在制作《身边的科学》时,制作方强调了以下四点:

(1) 题材一定要尽力选择广大青少年身边所发生的事情,它们几乎是司空见惯的一些科学现象;

(2) 始终坚持一片一题,一题一例的原则;

(3) 强调不仅仅传授某一科学道理,而是着重突出在传授某一科学知识的同时,一定要千方百计争取激发广大青少年对科学的兴趣,点燃他们追求科学、追求创新的心灵火花;

(4) 贯彻开放式、系列性的原则,即在选材时要开放,只要是发生在广大青少年身边的、能够影响他们兴趣、能够阐述某一科学道理的所有科学现象,都可作为选材对象,并且可根据各自的内容选择自己的表现形式,同时又能成为一个完整的系列节目,单独使用、部分使用或全套一起使用都不受任何限制和影响。

众所周知,信息的表现形式有文字、声音、图形图像、动画和影片等,传统的音像制品融合了音、像、视、听,动态综合地传递信息。随后,多媒体技术的发展与运用使得音像制品与用户之间产生互动,双向传递信息。融入了多媒体技术的教育音像制品之所以能够使学习者取得较好的学习效果和体验，是因为在知识的表达和创建中，运用了逻辑分析的方法在图文视频等信息之间建立逻辑链接，集成一个具有交互性的系统。

同样，在开发教育音像制品时，应该注重运用教学设计，将知识内容完整系统地呈现给学习者，适应学习者的学习习惯与规律，循序渐进，以达到良好的学习效果。

此外，如儿歌、动画、互动等不少融入了趣味性与娱乐性的信息表现形式，寓教于乐，也对提高学习的趣味性和有效性有所帮助。

计算机网络的发展给信息传播带来了极大的便利。在信息化社会，人们的教与学也发生了翻天覆地的变化，技术的发展使得随时随地学习成为可能。我国《教育信息化"十三五"规划》提出要"建设'人人皆学、处处能学、时时可学'的学习型社会"。

PC端、移动端的学习是目前较为常见的在线学习方式。随着平板电脑、智能手机等移动设备的推广和普及，越来越多的人加入了移动端学习的行列。教育App、微信公众号、二维码扫描、增强现实等新兴移动端技术的发展与应用，不断刷新大众对学习方式的认知和体验。教育音像制品在转型过程中可以依托不同途径的传播方式，获得更有效的推广和运用。

2. 数字化学习资源

随着数字化技术的发展，教育音像制品的开发往往会被忽略，不再受到重视，大家关注的焦点更多地转移到数字化学习和数字化教育资源。

数字化学习是学习者应用数字化媒介进行学习的学习过程。数字化媒介包括互联网、校内网、电脑、卫星、录音带、录像带、互动电视以及光盘等。数字化学习的应用范围包括网络化学习、电脑化学习、虚拟教室以及综合应用等。移动学习是借助学习者随身携带的数字化设备而实现的随时随地的学习方式，较为常见的数字化设备包括智能手机、MP3播放器、MP4播放器、PDA、电子书阅读器以及便携笔记本电脑等。随着移动通信技术以及终端设备的进一步发展，将会有更多适合移动学习的产品出现。

数字化教育资源是指经过数字化处理，可以在计算机或网络上应用的多媒体教学资源。与传统的教育资源相比，数字化教学资源具有四个特征：精细化、丰富化、便捷化和智能化。经过处理的数字化资源呈现形式多样，极大地丰富了信息内容的表现方式。另外，数字化资源突破了时空的界限，学生利用学习平台可以随时随地获取高质量的课程资源。数字化教育资源与传统教育相比,它能够为学生提供更为精细化的学习体验,同时能够根据学情分析推送相应的教学资源,更为智能化。

伴随着技术的变革、学习需求的转变,教育音像制品正向网络化、数字化、信息化转型。

网络教学资源发展有三个方向:课程资源(结构化,体现固化的进程,如专题教育 App);资源工具(资源封装,半智能化,学习有灵活性,如百词斩 App);自适应学习 App(资源封装,智能化,根据学情分析推送资源,优质资源共享均衡,如 Knewton)。

众多教育资源将融入整体的教育云平台当中,实现三网合一的智慧教育云平台,在未来,数字化教育资源将是这一系统的重要组成部分。

在当今社会,随着教育信息化的发展,数字化教育资源的建设与利用也面临着诸多的困境,如资源建设、资源管理及资源评价标准缺乏统一标准;资源无法实现有效共享,呈现"孤岛"现象,查询到所需资源非常困难;开发水平低,重复建设的现象严重等。因此,如何走出资源开发应用困境,是一个值得探究的问题。

三、教育资源观

教育资源,准确说是知识、经验、技能、资产、费用、制度、理念等一切和教育有关的资源,我们都称之为教育资源。教育资源的形态既有有形的,也有无形的,而我们今天所说的,是专指教育信息化领域的数字化教育资源。它是将计算机技术、通信技术及多媒体技术相互融合而形成的以数字形式发布、存取、利用的资源,并且不包括生产和承载数字资源的固件,大致形态有文本、音频、图像、视频、动画、交互课件、网页、App 及平台等。

在 21 世纪前,一个词语即可概括教育资源在当时的状况,那就是"匮乏"。以 Word 文档为载体的教学设计和以录像带为载体的教学视频,就是人们认知范畴中能想象的数字化的教育资源最常见的形态。

而进入 21 世纪以来的近 20 年间,数字化教育资源的数量以几何级增长的,表现形式也更加丰富多样。此时,我们面临的最大问题,就是市面上海量数字化教育资源的良莠不齐,而数字化资源的发展,也仿佛陷入了困境。我们该继续埋头苦干、堆加数量,还是该思考一下,未来真正需要的,是怎样的数字化教育资源,怎样的资源才是优秀的、有效的教育资源?要解决这个困惑,我们的教育资源观需要转变。

教育不只是把一杯水注满,更多是把一团火点燃。过去,将知识资源数字化、平面资源立体化,但这是远远不够的,要更强调基于互联网的大资源观。这个大资源观既包括知识,也包括知识之间的关系,即知识图谱;既包括填充学生头脑的,也包括点燃学生智慧的,即自适应学习。科学的基于互联网的教育资源观,包括以下3个方面内容。

1. 处理好技术与需求的关系,智能化地满足教师和学生个性化与多样化的需求

信息化教育使教育资源内容更为丰富,课程资源建设更加人性化,能够智能化地满足教师和学生个性化与多样化的需求。在当今信息技术与教育深度融合的社会背景下,信息技术给教育带来了新的革命,不仅丰富了教育的技术手段,更重要的是推动了教育理念及方法、模式的变革,为教育的发展提供了新的动力。信息技术的革新促进了教师专业的发展,提高了学生高阶思维能力,并能够支持学生的有效学习。

信息科技虽然快速发展,但其在教育应用中也有着一定的局限性,也存在着弊端。随着科学技术的进步,教育实践活动的起点越来越高,教育的需求层次也随之不断提升。科学技术在教育中的应用从一定意义上体现了教育发展的程度。人与技术的关系是教育实践活动中的重要组成部分,二者是相互促进不可分开的,必须寻找到一个平衡点才能使教育信息化快速稳定地发展。当人们不可能选择和改变教育信息化发展趋势时,就必须做好适应它的准备。谁适应得快,适应得好,谁生存下来的可能性就越大,发展的机会就越多,成功的概率就越高。反之,则会落后、落伍,乃至被淘汰。这不仅是自然规律,也是社会发展规律。基于自适应学习平台的"学材",是教育资源开发的方向,也是处理人与技术关系的一个平衡点。

这个平衡点需要自适应平台的支撑:面向学生、教师群体,从成熟的认知理论出发,结合学科特点,通过移动互联网技术整合线上线下学习资源,打造集"自主学习、问题诊断、学习规划、结构完善"于一体的自适应学习平台。通过平台跟踪和掌握学生特点、学习行为、学习过程,利用大数据技术,采用科学模型分析出学生的知识缺陷及能力缺陷,帮助教师采用针对性的教学策略,智能推荐科学的学习路径和学习资源,满足学生"个性化学习"的需要。

2. 解决优质均衡问题是教育资源建设的出发点和落脚点

政府如何高质量、高效益建设管理数字化教育资源公共服务体系？教育资源相关行政事业单位部门要形成一个有特定功能的整体，为公民提供能体现政府意志并满足公民需求的服务，能使公民受益，从受教育中得到某种满足，有助于公民的人生发展。相关单位部门可运用"简单化思维"的理念，把教育资源公共服务体系建设管理工作分为前端（论证）、中端（技术实现）和后端（应用）三个层面，提出一种基于流程的"公共服务体系"模式。该模式以优质均衡为目标，阐述数字化教育资源公共服务体系建设管理的简单化思维方法，对教育资源投入决策有一定的参考价值。

在"数字化教与学"的大背景下，构建数字化教育资源的公共服务（内容和技术支持）体系，非常有必要。为响应国家数字教育资源公共服务体系的建设要求，上海应该构建一个什么样的体系呢？

今后，随着义务教育均衡发展全面推进，将逐步实现从"不能择"到"不必择"的转变。在新的时代背景下，如何推进教育公平不仅仅是国家政府以及教育部门需要考虑的问题，教育企业同样有责任和义务参与其中。互联网时代的教育公平已经不仅仅是拥有同样明亮的教室、同样崭新的课桌椅，而是拥有同样了解世界、联络世界的渠道，同样能够享受优质教学资源。互联网教育近年来的蓬勃发展让教育资源的分享更加便利，这在很大程度上推进了教育公平的突破。然而，要如何满足不同学生差异化的教学需求，如何让优质教学资源的分享更加高效和便利？

优质均衡是优质和均衡的结合。未来的教育，意味着个性化的服务成为现实，实现可移动的无处不在的学习。当每个人都拥有可以随处使用的电子设备的时候，他的学习方式肯定会发生一定的变化。真正做到因材施教，使学生的教育真正成为健康的教育、快乐的教育、成长的教育、个性化的教育。

内容优质方面，应走"数字出版"道路。目前，市场上的教育软件五花八门、品种繁多，其中许多资源（包括教材）粗制滥造，对学生的成长产生了恶劣的影响。随着环境的变化，人与自然的关系的调整，资源的必要的保护，教育资源精致化程度将会更高。长尾理论[1]必将改变甚至颠覆教育资源

---

[1] 长尾理论是网络时代兴起的一种新理论。只要存储和流通的渠道足够大，需求不旺或销量不佳的产品共同占据的市场份额就可以和那些数量不多的热卖品所占据的市场份额相匹敌，甚至其份额更大。

开发者和教育出版人的思维。

关于优质问题,需要注重项目特色和评价工作,处理好质量和数量的关系,应注重用户需求(丰富性、功能性、动态性、多元性、教学性)、内容质量等级水平(趣味性、权威性、科学性、启发性、实用性)、用户体验和应用服务,并低结构化迭代开发资源应用。采用"技术评审、出版三审、专家评审、用户评审"相结合的多维度方法对项目进行全方位评审。

(1) 技术评审。这是从软件工程和软件开发角度进行的评审,包括界面的设计和软件运行的流畅性。技术评审也可称为开发者的自我评审。

(2) 出版三审。这是从国家新闻出版要求的角度评审,出版物面向市场的同时也要符合国家在出版方面的规定和要求。编辑工作是出版管理的中心环节,出版社实行三级审稿制和责任编辑制,是提高出版物质量的行之有效的管理制度。

(3) 专家评审。这是从教育学的角度评审,看看该项目是否符合教与学的原理。专家群由专业学科专家、教育理论专家、教育技术专家、计算机技术专家及出版发行和推广机构的专家共同组成,他们在各自的专业领域有着精深的专业造诣、丰富的评价经验和很高的专业权威性,因而得出的评价结论对促进实践应用有很强的权威性和指导意义。

(4) 用户评审。这是从用户可用性的角度进行评审。学习资源的质量好坏最终还要看用户的意见。用户、专家和编辑的侧重点可能会有很大区别。比如,软件资源特别强调"模块化设计,各模块之间要有逻辑关系",专家和编辑对这一点特别在意,而用户在实际体验时的关注点往往不在此。

在实践中,有大量的事例证明:这四种评审方法同等重要,相辅相成,缺一不可。专家在文字、链接等方面不可能像责任编辑那样注意检查,责任编辑在教学设计理念、科学性判定等方面需要听取专家的意见,而用户的评审意见虽没有专家意见那么权威,资源开发者也必须认真对待。

优质资源建设一定要共享,为更多人服务,以更好地解决均衡的问题。

上海的教育投入和实力无论从哪个角度来讲都是非常强大的。但上海内部的教育资源分配也存在不均衡,PISA(Programme for International Student Assessment,国际学生评估项目的缩写)测试报告中便有所体现。[1]

---

[1] 柯志骋.基础教育国际化背景下我国中学校长国际化领导力的模式浅析[J].教育导刊,2018(3):44-51.

政府投入应倾向于教师培训与教研活动方面。在教学系统中,教师这个要素是非常重要的。在新媒介的介入下,迫切需要培训教师。哪怕在传统课堂上,学习资源也是远远不够的,关键问题是用什么态度来对待,如何利用信息化资源。目前已经开发出来的资源远远超过教师的需要,教师上任何课应该都能找到相应的资源。

教育公平,是指国家对教育资源进行配置时所依据的合理性的规范或原则。[1]教育公平不是平分教育资源,不是"让所有的孩子接受一样的教育"。如何有效促进区域教育均衡,成为提高整个教育质量的关键。教育均衡探索中,教育信息化脱颖而出,它不仅能够打破地域和教育差距,让资源平等惠及受教育者,而且对于阻断贫困代际传递和城乡教育的两极化倾向具有积极意义。我们的教育资源要持续向最贫困地区、最薄弱环节、最弱势群体倾斜,进一步增强教育资源投放的针对性、精准性,更加有效地促进教育公平。

必须清楚地认识到:单纯的物质输送或是没有针对性的教学支持无法彻底改善偏远地区落后的教育现状。通过云端技术将各界专业人士以及各行优质资源汇集并整合,从受益人的切身需求出发,才会令优质教学资源的分享便捷又高效。

关于教育均衡的问题,需要注重应用的研究,处理好个性化服务与项目推进的关系。相关部门可以开展五类服务,其特点及作用如下。

(1) 开发适合课堂教学用的学科配套资源App,教师用。这类资源针对性更高,在分割学习内容后,可重点使用对学生更有帮助或启发的那部分内容;吸收率更高,在分割学习内容后,由于单个碎片内容的学习时间较短,保障了学生学习兴趣,在学习成效上对于知识的吸收率会有所提升。

(2) 开发教师培训和教研活动用的App,教师用。教育资源库中的示范课很多,但教师寻找并观看一节课视频,往往需要花费大量的时间。而通过App,可以把大量的优质示范课通过一定的方式组织起来,呈现在平板电脑或手机上,方便教师随时随地进行浏览和研究。

(3) 开发专题类App,学生用。收集分析用户需求,整理反思现有资

---

[1] 吴伟花.教育公平视野下城乡基础教育差距问题的研究[J].安徽工业大学学报(社会科学版),2010,27(6):59-61.

源,以"培养学生的批判思维和创新思维"为主线,注重实际应用与启发思考的设计,并通过一定的技术(技术要体现价值,要适合基于信息化的学习方式)实现功能设置,使"碎片式"资源产品适合"碎片式"学习,以满足学生个性化的信息需求。在分割学习内容后,每个碎片的学习时间变得更可控,提高了学生掌握学习时间的灵活度。

(4)开展项目服务。项目服务的服务对象是区县的学校。项目应建设碎片化资源,资源要便于资源共享和成果推广(具有学科特色的活动资源简单部署后即可使用),设计与课程改革理念相吻合,与实际生活联系密切,能让学生将学到的知识用到实际生活中去。还应加强应用研究,重视学生的参与性,在活动过程中学习和获得知识,提高学生思考问题和解决问题的能力。服务应适合基于"班级"的教学,有助于教学方式的变革(收集记录分析学生的数据信息,包括学习过程、学习结果)。

(5)开发客户端。学生和教师可以通过计算机、平板电脑、手机等设备了解资源动态,下载资源。

在数字化资源建设过程中要注意:收集及发布需求,选题更贴近学校的需求;建立多级(学校用户、数字编辑三审、审查委员会)审核机制,打造品牌资源;发布数字教育资源目录;区域性优质资源合作开发与共享;学生客户端、教师客户端信息推送;大数据分析与区域性服务。

要实现数字化教育资源共建共享,走"数字出版"道路,是高效高质量高收益建设管理数字化教育资源的必然选择。上海特色学校很多,其特色资源也丰富,开发的优质数字化教育资源逐步增多。把上海区域性特色数字教育资源通过一个门户平台出版对外发布,这种发展战略可以逐步推进区域性数字化教育资源共享的进程。

3. 运用"理论实践机制"三位一体,数字教育资源开发应用流程合理化

数字教育资源开发应用流程,可分为前端(论证)、中端(技术实现)、后端(应用)。

前端应该更多地从政府意志(优质均衡)和用户需求角度来考虑和设计公共服务体系,这样才能取得最佳的用户体验,为用户的学习真正提供帮助,从而实现公共服务体系的意义与价值。

前端工作主要内容包括顶层设计、理念编写、实践反思、数据收集分析、可行性分析、版权问题处理、理论学习与运用、制度、方法、工具、规则等。做好前端工作要注意两点。

其一,前端是一个不断反思的迭代过程。应关注过程中数据的积累、分析与研究,构建并完善实践案例库、理论库、方法库、规则库、工具库、制度库等6个库,为决策管理者提供有力的帮助。

其二,前端是一个重大的决策过程。决策是为了到达一定目标,采用一定的科学方法和手段,从两个及以上的方案中选择一个满意的方案进行分析判断的过程。管理就是决策,是指通过分析、比较,在若干种可供选择的方案中选定最优方案的过程。[1]

中端工作主要内容包括"内容—技术—评价—应用—反馈—发布—升级"等环节。开发过程中涉及较多的方法、工具和规则,有技术层面的,有教育层面的,有政府层面的,还有资源生态层面的。如果过程中成员不沟通、不协作,开发效率必然是低的,质量必定是差的,效益也就可想而知。

资源建设好了,专家评审或上线通过后,工作似乎已经告一段落。其实,后端的工作内容非常丰富,如用户(学生或教师)的反馈、修改更新、宣传、推送服务、目录、研讨活动、课题研究、信息发布与采集、新选题开发、项目评估等。后端工作要完善制度建设,如(质量)三审制度、座谈制度、绩效制度、例会制度等。另外,在后端工作中,应用反馈机制也必不可少。

前端、中端、后端这3个阶段的工作往往是由不同角色的人来完成的,他们之间的沟通交流非常重要。由前端到中端涉及的内容有需求说明书、招标书、投标书、专家意见书、中标书、项目合同等。由中端到后端涉及的内容有专家意见书、用户试用报告、项目验收报告、产品备份等。由后端到前端涉及的内容有项目评估报告、新项目建议书、研讨活动、会议纪要等。

机制在构建流程中才能得到体现。机制的构建是一项复杂的系统工程,又是一项长期的工作。社会环境不断发展,人的认识水平不断提高,机制也要随时做出相应的调整。如何向学校师生提供优质的、科学的、丰富的技术支持和服务,如何使工作流程更高效,需要构建共建机制、质量机制、效用机制、品牌机制、服务机制、用户机制、技术机制、共享

---

[1] 西蒙.管理行为:管理组织决策过程的研究[M].北京:北京经济学院出版社,1988.

机制等。

大量的实践活动，往往没有理论支持和制度保障，没有较好的前端分析和后端应用推广，没有方法规则和较好的合作协作机制。结合上海市电化教育馆的实际情况和发展现状，关于个性化服务与应用推进，可以采取六项措施。

第一，不断采集关于未来发展的信息数据。

第二，加快设置研究数字化教与学变革的办公室机构，例如成立数据中心、课题研究中心、培训中心、技术中心、对外服务中心、项目综合部等。要真正做教育信息化的领跑者、强者，才能更好地抓住机遇，才能更好地为教育事业做贡献。

第三，走品牌之路，提高数字出版物质量；建立数字出版制度。

第四，为教师提供教研、教学培训，包括组织专家讲座、交流教学经验、开展技能比赛等。在教学系统中，教师是极为重要的要素。新媒介的强势介入使得教师培训显得极为紧迫，上海市电化教育馆在教师培训与教研活动方面有非常好的运作平台，可以收集或拍摄大量数字化教与学变革的应用案例，以解决一些试点学校反映的"数字化教与学变革"中的学习资源不足的问题。其实，哪怕在传统课堂上，学习资源也是永远不够的，关键是用什么态度来对待，如何利用信息化资源。

第五，完善数字教育资源治理体系，在资源建设的方向上要有一定的导向性。运用法治的力量、市场的机制、政策的导向，推进资源创作、服务体系的完善。

第六，建立用户创造资源的思维。很多教师和学生面对海量的互联网教学资源，又往往觉得缺少资源，这是因为教师并没有参与资源创生，所以并没有将其变成属于自己的资源。用户参与资源创生，是互联网思维在教育资源建设中的一个应用，需要不断吸引、组织、支持使用者创造、使用和分享资源，这样才能让资源有源头活水。

总之，科学的教育资源观，应该明确开发应用方向和趋势，正确处理好需求与技术的关系，抓住问题实质，方可走出教育资源开发应用困境。

第二节　教育媒介的变迁

一、教育媒介与媒介教育

媒介、媒体两者都源于英语 medium 一词(复数形式为 media)。媒介,指的是信息传递的载体、渠道、中介物、工具或技术手段,媒体是指信息的采集、加工制作和传播的社会组织。媒体和媒介虽一字之差,但媒介的含义比媒体广泛得多,除了公认的报纸、广播、电视、网络通信等四大媒体,可以传播信息的中介载体也都可称作媒介。在媒体竞争日益激烈的今天,人们逐渐开始认识到媒介资源整合的重要性,媒介资源整合学成为近年的一门新兴学科。

媒介就是大规模信息传递的载体,从受众的角度来说,报纸、杂志、广播、电视、电影动画、网络等,一般被称为大众传播媒介。新闻媒介是指新闻信息的物质载体,主要是指报纸、广播、电视等。媒介组织,也称为媒体,则是指经营媒介的机构,如报社、电台、电视台、出版社、杂志社、电影制片厂等。有时,媒介组织(如报社)、媒介产品(如报纸)都简称为媒介;媒介组织是指媒介的一种管理职能,也称为媒体。

媒介有三大基本构成要素:物体、符号和信息。

物体是传播媒介得以存在的首要因素。物质是第一性的。人类最开始通过口语传播,然而信息出口如风、过耳不留,不便于保存,也难以证信。于是,便于储存、作为证信的媒介应运而生,如《易经》中提到的"上古结绳而治",说的就是上古时期没有文字,人们结绳记事。后来有了文字,就先后出现了泥土、石头、树皮、龟甲、羊皮、木竹、布帛、纸张等各种书写媒介,他们为符号提供载体,使信息得以保存和传播。因此,物质实体是构成传播媒介的前提条件。

符号是构成传播媒介的第二要素。若物质实体上没有刻画或负载特定的文字、图像、声音等人类能够识别、译读的符号,那么它就仅仅是普通的物质实体,而不是能够传递信息的媒介。例如,绳子是随处可见的普通物品,只有在上面打了表示特定含义的结,这条绳子才能够被称为传播媒介。符号是传播媒介与其他普通物质实体相区别的一个重要标志。

信息是构成传播媒介的另一个重要因素。传播信息是媒介的基本功能和唯一使命,任何有序的完整的符号都蕴含着特定的信息;此外,信息也是传播者与受传者发生关系、形成互动的理由和前提。

自有人类开始,就有了传播活动。可以说,人类发展的历史是一部传播活动的历史。为了使传播更加有效、准确、久远,人类不断发明出新的传播符号和传播媒介,从人类的自然语言到印刷文字,从电报电话到广播影视,再到新兴的移动互联网,媒介的种类越来越丰富,也正因为这些,人类的传播活动越来越便捷化、复杂化。纵观整个媒介发展史,可以大致分为五个时期:口语传播时代、文字传播时代、印刷传播时代、电子传播时代和网络传播时代。

口语的产生意义非凡,它使人类拥有了一个丰富的语义世界,是媒介发展史上第一次重大变革。人类在还不会说话的时候主要通过自然语言即形体语言和手势语言进行交流。通过这种形式交流的信息往往比较简单,也不够准确。然而,不管语言如何发展,科技如何进步,口语传播始终是人类信息传播的一种最重要和最基本的方式。

文字的出现是媒介发展历史上的第二次革命。文字媒介突破了口语受时空限制的局限性,使信息传播得更久更远。文字产生以后,书写工具和书写材料也不断改善,书籍随之出现,古代传播活动进入了一个空前繁荣的时期。

造纸术和印刷术的发明使人类迎来了印刷传播时代。负载着文字和文化信息的印刷品大量涌现,人人皆有机会阅读书报杂志,大众传播进入实质性阶段。另外,印刷作为媒介对于教育的普及和知识的推广功不可没。

电报、广播、电影、电视等电子媒介从诞生之日起就以迅猛的势头赶超印刷媒介,它使人类传播进一步突破了时空的限制,在速度上实现了革命性的突破,改变了人们传播方式,加速了人类历史的文明进程。

电的发现、电信电话技术和声音控制技术的突破促进了广播媒介的诞生。在发电机出现的同一年,美国人莫尔斯发明了有线电报,传送了第一个电报信号;1876年,贝尔发明电话机;1877年,爱迪生发明抗阻式留声机;

1895年,俄国波波夫和意大利马可尼先后发明无线电报;1920年,美国匹兹堡市KDKA[1]电台首次做无线电广播。随后,电影、电视媒介将视听融合,讲究艺术性,进一步改变人们的生活方式。

出版社出版了很多备受青睐的音像制品和电子出版物,如《古诗诵读》《中国之最》《身边的科学》等,为上海教育信息化作出巨大的贡献!

20世纪90年代,互联网的诞生促进信息传播和媒介发变革进入了网络时代。所谓网络媒介,是指通过国际互联网来传播新闻信息的传播媒介。网络媒介极大地突破了时空的限制,信息极度丰富、开放,为受众提供了同媒介互动的可能,并承担起舆论监督的功能。

当前,我国正值网络传播和数字传播时代,但这并不是说网络是唯一的传播媒介,而是多种传播媒介共存,各自发挥着作用。但是,不可否认,在科技高度发达且不断发展的今天,传统媒介呈现出日渐式微的态势,新媒介发展迅猛。传统媒介面临转型,多媒介寻求融合达到互联互通,是当今媒介发展的主要趋势。

在信息化社会,无论是教师还是学生都处在四处涌流的信息包围之中。如何正确、有效地识别和选择教育传播媒介、教育传播内容和教育传播方式,成为广大师生及家长需要时时面对的问题。我们迫切需要了解怎样才能更好地借助媒介传播获知有效信息,参与教学与教育管理,以及怎样抵制媒介的消极传播影响。

媒介教育源起西方,产生于20世纪30年代,它不断发展,然而至今也没有一个统一的定义。在国外,有关媒介教育基本上有三种说法:媒介教育(media education)、媒介素养(media literacy)和媒介素养教育(media literacy education)。[2]

美国阿斯彭媒介素养教育领导协会(Aspen Media Literacy Leadership Institute)对媒介素养的定位是"以各种方式检索、分析、评价与创造媒介内容的能力"。媒介教育的目的正是为了培养这样一种能力。因此,本书对于媒介教育和媒介素养教育两个概念不作区分。[3]

---

[1] 美国匹兹堡市西屋电气公司开办的商业广播电台,呼号为KDKA,这是公认的世界上第一座广播电台。

[2] 邵恩君.青少年媒介素养教育之目的解读[J].课程教育研究,2015(11):27-28.

[3] 师静.美国的数字媒介素养教育[J].青年记者,2014(7):83-85.

我国的媒介素养教育始于20世纪90年代。1994年,中国社会科学院新闻与传播研究所的夏商周引入了这一理念。随后的三十多年,媒介素养教育越来越为人所重视,理论和实践方面均有显著的发展。

媒介教育最终要落实在有效地运用媒介上,不但使受教育者能从实际教学或学习中获得有效和有益的信息,更重要的还在于要使大家知道怎样借助媒介来有效地解决问题。

媒介教育,关键在于要掌握识别媒介、选择媒介、运用媒介和监督媒介的能力,主动驾驭媒介,真正成为媒介的主人。

教育的基础在青少年,教育的主要阵地在中小学。普及媒介教育同样可以以中小学为基础,同时吸收社会文化教育机构参加,形成社会化的教育系统,有组织、有计划地开展此项工作。还可通过职工文化教育、业余社会教育等多种渠道和形式开展普及教育,使无论男女老幼、何种职业的群众都可以通过多种渠道和形式获得这方面的知识。

二、现代传播技术引发学习方式变革

从技术的角度来看,过去这么多年,现代传播技术对教育产生了很多影响。[1]

第一,是减少体力劳动,代表装备(技术)就是复印机。

第二,是减少重复的计算,代表装备(技术)是计算器。

第三,是促进感官感受的,代表装备(技术)是复读机、PPT技术,虚拟现实技术。

第四,是降低获取知识成本。这里的成本除了金钱以外,还有时间。比如现在要查一些信息,用搜索引擎一查,相关内容就立刻显示在屏幕上。世界知识增长的速度越来越快,技术对教育内容带来的改变,对教育带来的创新只是刚刚开始,给教育内容带来无限拓展的可能性。现代传播技术必将引发学习方式变革。

方式,是指说话做事所采取的方法和形式。学习方式是学生在完成学习任务时基本的行为和认知的取向,它不是指具体的学习策略和方法,而是

---

[1] 倪闽景.人工智能,将引领我们从经典学习进入超级学习[EB/OL].http://mp.weixin.qq.com/s/x7hcYXmYI_XNXMRbeWYkvg.

学生在自主性、探究性和合作性方面的基本特征。[1]学习方式,与目的、目标是有关的。运用系统论的观点,分析其关系,这就是自适应学习的机理——计算机依据目的、目标向学习者推荐最优的学习方法和形式。学习方式可分为多种。

(1) 自主学习。自主学习是与传统的接受学习相对应的一种现代化学习方式。顾名思义,自主学习是以学生作为学习的主体,通过学生独立地分析、探索、实践、质疑、创造等方法来实现学习目标。[2]接受式学习是指学习者在课堂教学中,通过教师以定论的形式讲授教材来接受文化科学知识的一种学习方式。它不要求学习者去独立发现,只要求学生把教师所传授的知识加以内化,即把新学的材料与认知结构中的有关观念结合起来,并储存在认知结构中。传统的教学强调的是接受式的、被动式的学习方式,现在我们提倡自主学习,不是否定接受式的、被动式的学习方式,只是要改变过去的那种"过于强调接受式学习"的倾向,但要倡导学生学会自主学习的方式。

(2) 探究学习。探究学习是在学生主动参与的前提下,根据自己的猜想或假设,在科学理论指导下,运用科学的方法对问题进行研究,在研究过程中获得创新实践能力、获得思维发展,自主构建知识体系的一种学习方式。[3]"探究学习"是由美国芝加哥大学教授施瓦布于1961年在哈佛大学所作的报告"作为探究的科学教学"(Teaching of Science of Enquiry)中首次提出的。探究学习是指从学科领域或现实生活中选择和确立主题,在学习过程中创设类似于学术研究的情境。学习者通过独立自主地发现问题、实验、操作、调查、收集与处理信息、表达与交流等探索活动,获得知识,培养能力,发展情感与态度,特别是发展探索精神与创新能力。探究学习的特点是自主性、实践性、综合性、开放性。

(3) 合作学习。合作学习在20世纪70年代初兴起于美国,被人们誉为"近十几年来最重要和最成功的教学改革"。[4]自20世纪80年代末、90

---

[1] 肖川.论学习方式的变革[J].教育理论与实践,2002(3):41-44.

[2] 庞维国.论学生的自主学习[J].华东师范大学学报(教育科学版),2001,20(2):78-83.

[3] 徐学福.探究学习的内涵辨析[J].教育科学,2002,18(3):33-36.

[4] 王坦.合作学习:一种值得借鉴的教学理论[J].普教研究,1994(1):62-64.

年代初开始,我国也出现了合作学习的研究与实验,并取得了较好的效果。合作学习是一种结构化的、系统的学习策略,由 2～6 名能力各异的学生组成一个小组,以合作和互助的方式从事学习活动,共同完成小组学习目标,在促进每个人的学习水平的前提下,提高整体成绩,获取小组奖励。小组成员的协同工作是实现班级学习目标的有机组成部分。小组协作活动中的学习者可以将其在学习过程中探索、发现的信息和学习材料与小组中的其他成员共享,甚至可以同其他组或全班同学共享。小组合作学习就是以学习小组为基本形式,系统利用学习中动态因素之间的互动,促进学习者发展的学习模式。小组合作学习是以团体的成绩为评价标准,共同达成教学目标的教学活动。小组合作学习的目的在于增强学习者的主动参与意识,增强学习者的合作研究精神,具有速度快、质量高、印象深、趣味性强等优点。

除了自主学习、探究学习和合作学习,随着媒介技术的发展,产生了很多新的学习方式。

(4) 碎片化学习与沉浸式学习。碎片化学习是指利用零碎的时间,进行短、平、快的学习方式。沉浸式学习(Immersive Learning)是指通过虚拟现实技术为学习者提供一个近乎真实的学习环境,借助虚拟学习环境,学习者通过高度参与互动、演练而提升技能。沉浸式学习包括:仿真模拟训练,即 3D 虚拟环境下的操作训练,如飞行训练或军事训练;游戏化学习,其形式如角色扮演、电玩街机(Arcade)、实时策略游戏(Real-time Strategy)、大型多人在线游戏(MMOG)等。[1]

(5) 任务式学习与案例学习法。任务式学习又称为任务驱动式学习,是一种建立在建构主义教学理论基础上的学习方法。[2] 建构主义教学设计原理强调:学习者的学习活动必须与大的任务或问题相结合,让学习者在真实的学习情境中带着任务进行学习,以探索问题的解决方法,持续驱动和维持学习者学习的兴趣和动机。案例学习法是指通过对发生的真实事件进行归纳、总结和学习的一种方法。案例是指以描述的方式重现以往发生的事件以及对事件作出的决策、解决办法和得到的结果,而这些记录对处理现在或者未来发生

---

[1] 程永军,张玢.用虚拟现实技术创设"沉浸式"网络学习环境[J].中国电化教育, 2002(4):62-64.

[2] 钱晓菁,马玉娟.试论"任务驱动"[J].中国电化教育,2002(9):35-36.

的类似事件有很好的参考价值。[1]案例学习的好处在于聚焦在解决问题的方法上,对提高学生能力和改变行为有所帮助。

(6)游戏化学习。游戏化学习就是采用游戏化的方式进行学习。[2]游戏化以其在提高用户沉浸感、参与度和忠诚度方面的优势逐渐受到学界和业界的广泛关注,游戏化学习就是游戏化在教育领域的应用。用游戏作为与受众沟通的平台,是为了利用人们对游戏的天生爱好心理,和对新鲜的互动媒体的好奇心,使信息传递的过程更加生动,从而脱离传统的单向说教模式,将互动元素引入到沟通环节中,实现更好的沟通与学习效果。

(7)分布式学习与虚拟教室学习。分布式学习(Distributed Learning)泛指一种开放的学习架构。分布式学习允许指导者、学习者和学习内容分布于不同的非中心的位置,使教与学可以独立于时空而发生。网络的普及应用使分布式学习得到发展,并衍生出很多新的学习模式,如基于虚拟教室的同步学习、基于网络的异步点播学习等。虚拟教室学习是指在互联网上通过实时、同步虚拟教室系统进行的网络在线学习。虚拟教室学习借助于网络的跨地域特点实现在相同时间、不同地点的学习。虚拟教室学习可实现视频、语音及白板演示的交互,具有超越时空、多维参与、主动探究、在线互动,面向大规模人群的特点。

第三节 发展中的学习资源与媒介

一、面临的困惑

随着时代的发展,教育也必定有所变革。在新技术飞速发展的今天,数字化教育的趋势不可避免。资源管理社会化、开放性以及重视"长尾化"服

---

[1] 王青梅,赵革.国内外案例教学法研究综述[J].宁波大学学报(教育科学版),2009,31(3):7-11.

[2] 鲍雪莹,赵宇翔.游戏化学习的研究进展及展望[J].电化教育研究,2015(8):45-52.

务等特点将会影响网络教育资源的建设与应用。阅读服务终端的兴起,使数字化教与学成为未来教育的主流发展趋势。在教育资源与媒介方面,常常面临的困惑有3个。

（1）投入与产出。教育信息化投入很大,如资源建设、硬件建设等。现有资源太多,还是太少？移动学习终端用于教学,效果好,还是不好？

（2）适应谁与谁适应。资源与媒介开发应用的目的、目标、措施是什么？在变化的时代,目的、目标、措施(问题、结果、行动)这三者的关系要结合时代特征去处理。

（3）复杂与简易。资源与媒介工作是复杂,还是简单？资源与媒介工作如何开展？

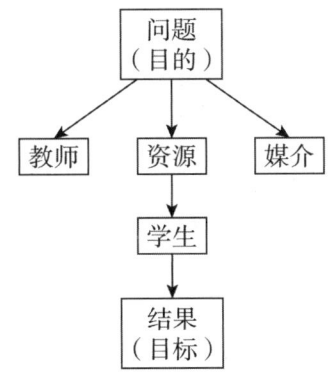

图2-1 教学系统的通用模型

1. 现有资源太多,还是太少

教学的本质就是处理好目的、教师、学生、媒介、资源及目标之间的关系。

只有明确了所要解决的问题和所期望达成的结果,教师和学生才能处理好与媒介资源之间的关系,才清楚现有资源是多了,还是少了。

以小学语文优秀课例集资源（VCD、DVD或上海教育资源库中的网络视频）为例,如果说,想解决"学习小学语文优秀教师上课有哪些技巧"这个问题,期望达成"丰富教学经验"这个结果,那么这个媒介和资源内容是好的,是需要的；如果将这个资源直接用于课堂教学,那么可能会出现问题。

因此,当计算机知道教师和学生要解决的问题是什么,也知道期望得到的结果是什么时,就会直接推送适合的资源和学习路径。

2. 适应谁,谁适应

适应谁?要回答这个问题,我们必须搞清楚资源与媒介开发应用的目的、目标、措施是什么。若是为了提高考试成绩,查漏补缺,宜采用双向细目表的方法,来实现自适应学习;若是为了提高探究能力、核心素养,那么技术开发者要以专家团队的智慧为基础,实现转化。

谁适应?信息化水平发展非常迅速,不适应的人会落伍,甚至被淘汰。若不理会信息技术的发展,生存就会出现问题。智能化的发展会使某些人无所适从。例如,悟空识字 App 可能会替代拼音培训班。悟空识字是一款针对 3~8 岁学龄前及一年级儿童打造的识字软件,利用大家熟悉的《西游记》经典故事做场景,让儿童在游戏和故事场景中快乐地认识汉字。不难发现市场上拼音培训班不多,究其原因,是学生家长大多选择类似使用悟空识字 App 的方式让孩子学习拼音。主动适应新技术的应用与发展,学习质量和效率会大幅度提高。

优秀的游戏化学习软件 App 将会越来越多,如百词斩、开心词场让学生轻松愉快地背诵单词,学习效率大幅度提高;形色,让学生更方便快捷地学习植物方面的知识。

3. 资源与媒介工作如何开展

要解决这一困惑,须理顺"目的、教师、学生、媒介、资源及目标"之间的关系。自适应学习解决的问题是什么?解决这类问题,可度量的结果是什么?围绕问题和结果,应采取何种措施?

对政府来说,要解决的问题是提升公共服务质量和水平,主要包括优质问题和均衡问题。优秀教师团队的智慧通过技术手段实现转化,通过媒介终端实现优质资源共享,不同的学校按需享受政府提供的公平的公共服务。教育信息化要体现政府的意志,同时也要满足公民的客观需求。

对学校来说,要解决的问题往往是有效教学,因材施教,不同的情况,采用不同的教学方式,实现教学方式的变革,从而提升学校的知名度和影响力。

对家长来说,希望孩子上好的学校,进好的班级,能有位好的老师,能有个好的成绩,将来考上好的学校,健康快乐成长。此时,适合孩子自身发展的技术应用就显得非常重要了。若能为家长和教师提供学情分析报告,能及时推送学习资源,那么家庭教育、教师备课将会发生深刻的变革。

对信息化时代的学生来说,凸显的问题有:时间管理、沟通交流、不问为什么。

资源与媒介工作要站在政府意志和用户需求的交叉口,要站在问题和结果(目的和目标)的交叉口。

二、对下一代学习资源与媒介的趋势分析

在人工智能领域,人们正在利用计算机创造与人类功能更接近的智能机器。知识工程允许计算机模拟人类感知、学习和决策,这是基于对信息的类别、属性和各种集合之间关系的访问而获得的。随着基础技术的不断发展,人工智能利用在线学习、自适应学习软件以及仿真方式能够更直观地与学生互动,并具有更大的潜力。[1]在2020年左右,物联网技术势必在上海教育的应用中普及。加特纳预测,到2020年底将有超过200亿个物联网设备投向使用。

此时,学习资源与媒介,将如何演变?下面,从学习资源呈现方式、学习资源生态、学习者的学习方式、学习内容设计、学习平台功能设计、传播方式等6个方面分别来分析预测下一代学习资源与媒介的形态变化。

(一)学习资源呈现方式

从感官上说,下一代学习是以虚拟现实和增强现实为核心的多感官参与,学习资源强调采用游戏化的呈现方式,便于开展实景体验学习,增加学生的参与度。

下一代学习不再仅仅是满足人的眼睛和耳朵,而是多感官的。怎样开展实景体验式学习?实景体验式学习是指那些可以让学生直接接触到现实问题和真实工作场景的学习活动。[2]它可以为许多重要的教学策略提供有效支撑,并拥有巨大的潜力让学习者融入那些可以获取终身学习技能的学习环境。学习者可以体验未来的社会,发展步入社会的基本技能,通过实

---

[1] 北京开放大学地平线报告项目组.2017地平线报告(基础教育版)[J].浙江教育技术,2017(6):14-17.

[2] 郑颖立.体验式虚拟实验研究[D].上海:华东师范大学,2008.

习项目、基于社区的实践项目、学徒项目、职业学校等来应对和解决这一挑战。当学校把主动学习置于死记硬背之上时,学生自身的作用也得到了重新认识。学生曾经被认为只是知识学习的参与者和消费者,而创客文化在基础教育中的应用使他们成为知识生态系统的积极贡献者。他们通过体验、实践和创造进行学习,以更具体和创造性的方式展示新获得的技能。学生不必等到毕业才去改变世界。然而,要在传统实践所形成的空间和范式上创造这些机会,教育机构将持续面临挑战。

虚拟现实指的是在计算机生成的环境中,模拟实际存在的人或物体并让参与者获得身临其境的感官体验。该技术主要以 3D 图像的形式出现,用户通过计算机界面进行交互和操作。以学生为中心的学习方式正席卷全球,诸如虚拟现实这样可以增加更多学习体验的工具日益得到重视。[1] 虚拟现实可以使学习更真实,如身临其境,进一步增加学生的参与度。教师认为虚拟现实技术可能会加强学生对科学的理解。

实景学习强调以元认知反映和自我意识作为基础的重要性。因而,越来越多的学校通过与更多的社区建立关系,与当地组织积极合作,让学习者可以体验到学校之外的未来生活和工作情境,并以此种方式来缩小学科知识与具体应用之间的差距。

(二) 学习资源生态

学习资源生态方面,用户的角色从教育消费者到创造者转变。全世界都在发生这种转变,即学生在进行学习时,已然从一个知识内容的消费者向内容的创造者转变。各种数字化工具为在基础教育领域的这种转变提供了技术支持,让学生能够自己制作多媒体教育资源。

随着学生越来越成为教育资源积极的生产者和传播者,在未来,知识产权问题可能会成为中小学课程的重要议题。此外,这对教师也提出了挑战,教师也在逐渐成为创造者,比如利用教学 App 制作剪辑教学视频等。只有教师越来越熟练地运用媒体,才能为学生提供更好的指导。

学生的角色将由教育的消费者向创造者转变。创客空间可以促使教育者鼓励学生积极学习,同时提高学生创造力。将创客空间引入正规的学习

---

[1] 马吉庄.虚拟现实技术在教育中的应用[J].软件导刊(教育技术),2018(1):73-74.

环境中,开启开放性的教育平台,便能将理念转化为现实。

从资源组合形态上说,下一代学习的资源强调组合化和智能化。资源的开发着眼于深度学习和创造力,其目的是激励教学创新,促进教学专业化,推动文化创新。

下一代学习的资源不再是碎片化的,而是组合起来,成组提供的。如果教育被视为推动全球经济发展的工具,那么它必须要像北极星一样,引领社会进入下一个大事件,照亮新的思想,以解决当前紧迫的挑战,创造机会,塑造美好未来。从这个意义上来说,基础教育机构也可以成为培养发明和发展的孵化器,不仅可以促成积极趋势的形成,更重要的是对所有人形成最重要的影响:不仅为毕业生上大学作准备,还满足了不断发展的就业市场需求,而且重新定义毕业生即将进入的环境。基础教育中拓展创新的领域很多,推进创业思维文化和设计新形式的人工智能只是其中的两个方面。[1]

深度学习方法旨在培养学生的批判性思维、解决问题、协作和自主学习能力。教育范式只有从被动学习转变为主动学习,才可以帮助学生发展原创思想,提高信息保持能力,建立高阶思维技能。这些教学方法包括基于问题的学习、基于项目的学习、基于挑战的学习和基于探究的学习,鼓励创造性地解决问题并积极实施解决方案。教师必须承认学生先前的经验,帮助学生将知识整合和转移到新的情境中,支持学生对自己的学习能力有充分的认识,获得解决问题的信心。

下一代学习的资源将使教师的教学专业化。强调亲身实践、技术增强的学习已经影响到校园生活的方方面面,而教学是其中的核心推动力。学生们已经能够经常开展创新、迭代和协作,教师的角色也发生了改变——从"讲台上的圣人"转换成了"身边的向导"。学生在解决复杂问题、探索新领域和获得具体技能时,需要相应的辅导和指导。从以学生为主体的课堂讨论深入到学习内容时,教师必须采用巧妙有效的方法来平衡以学生为中心的教学模式。学校有必要启动相应项目对积极的教学实践进行认可和大规模推广。此外,正如需要提高学生的数字素养一样,教师也必须在教育机构的支持下参与持续的专业发展。

---

[1] 白晓晶,张春华,季瑞芳等.新技术驱动教学创新的趋势、挑战与策略:2017地平线报告(基础教育中文版)[J].中国现代教育装备,2017(18):1-20.

学校的创新日益关注以学习者为中心的教学范式，学生在模拟现实世界的环境中建立批判性思维能力。STEAM 的实践发展催生了旨在推动学习者合作、创新能力发展的项目学习。重视学校文化是这一长期趋势的关键。许多教育家认为，学校必须帮助那些思维敏捷、善于协作的学习者健康成长，才能保持持续的创新。学校领导者正以强有力的使命感和愿景作为学校发展的方向，从而转变学校的文化、课程设置和运作方式，以支持学校的创新模式。

教师越来越多地被期望能熟练掌握多种基于技术的方法，并用其来传递内容、支持学习者以及进行评价。在有技术支持的课堂上，教师的主要责任从传递专业知识转变为构建学习环境，以帮助学生获得创造性探究能力和数字素养。教育者现在扮演着指导者和教练的角色，为学生提供机会，引导他们自主规划学习路径，进而将其培养成为有责任感的全球化公民，并激励他们养成终身学习的习惯。这些不断变化的期望正在改变着教师参与专业发展的方式方法，如更多地利用社交媒体和与校内外的同行进行互动合作，并使用在线工具进行资源共享等。

（三）学习者的学习方式

下一代学习资源与媒介，一定是适应混合式深度学习方式，体现计算机的智能性，为用户提供更好的服务。未来，学习者的学习方式是以问题、项目为基础的线上线下混合学习为主。

基于问题学习是指一种让学生通过探究不一定有正确答案的真实性问题而获取知识的教学，是由理解和解决问题的活动构成的一种新的教学方式。

项目式学习（project based learning，简称 PBL）是一种动态的学习方法，通过项目式学习，学生们主动探索现实世界的问题和挑战，在这个过程中领会到更深刻的知识和技能。项目式学习在美国被中小学普遍采用，锻炼了美国中小学生的创造力、团队合作和领导力、动手能力、计划以及执行项目的能力。除此以外，对项目的选择也让中小学生更早和更深入地面对和解决现实生活中的问题。这些能力是中国应试教育下的孩子缺少的面向未来挑战的能力。

基于问题学习与基于项目学习的区别有五点。[1]

（1）目标不同。基于问题的学习目标之一是通过解决与真实世界相关的问题来促进学生对所学知识的理解与建构，使学生通过理解知识获得的过程，从而灵活地掌握知识并能对知识灵活地加以运用。也就是说基于问题的学习的目的之一是让学习者通过解决问题来灵活地掌握课程内容。而基于项目的学习，并非只是为了对学科知识的掌握而开展的，它往往侧重于对教材内容以外知识的体验与经历，旨在丰富学生对事物的认识，它侧重于拓宽学生认识事物的广度和学生的学习视野。

（2）学习时间长短不同。由于基于问题的学习是为了掌握学科知识，因此解决问题持续的时间不能也不应过长。而基于项目的学习则不受时间的限制。有些项目学习的时间长达一个学期甚至一年，都是完全正常的。

（3）学习实施步骤不同。基于问题的学习的教学步骤基本已经固定，而基于项目的学习没有一套大家共同遵循的程序，不同的人、不同的项目实施的步骤肯定有差异。

（4）基于项目的学习最终会要求生成或展示一个产品，而基于问题的学习没有这方面的要求。

（5）基于项目的学习包括基于问题的学习。

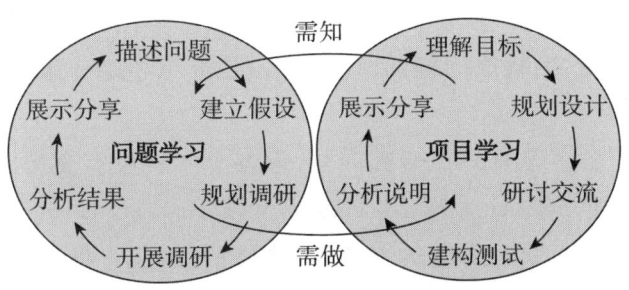

图 2-2 问题、项目为基础的学习

基于网络平台进行的线上自学、网上辅导和线下组织课堂教学相结合的线上线下教学改革与创新，能充分有效利用网络资源优势，共建和共享优秀教学资源。

2013 年，福克斯首次提出了 SPOC 这一概念，SPOC（Small Private

---

[1] 杜云翔,安奈特·科莫斯,钟秉林.基于问题的学习:理论与实践[M].杜翔云,等,译.北京:高等教育出版社,2013.

Online Course)译为"小众私密在线课程"。"SPOC＝Classroom＋MOOC",表明 SPOC 是融合了实体课堂与在线教育的混合式教学模式,促进了慕课在课堂教学的落地生根。SPOC 是将慕课教学资源如微视频、学习资料、训练与测验、机器自动评分、站内论坛等应用到小规模的实体校园(不限于校内)的一种课程教育模式,其实质是将优质慕课课程资源与课堂教学有机结合,借以翻转教学流程,变革教学结构,提升教学质量,既能充分发挥慕课的优势,又能有效地弥补慕课的短板与传统教学的不足。SPOC 是将慕课的教学内容、教学形式、教育理念和技术平台等进行改进,让慕课课程能够适用于不同学习群体的一种解决方案,是对慕课的继承、发展与超越。[1]

通过"线上—线下—线上、课前—课中—课后、传授—内化—再内化"等阶段教学过程的实践,完成知识传授与知识内化的重心翻转,可彻底改变现有"以教师为中心"的教学模式,实现真正意义上的基于"以学生为中心"的项目一体化课程教学。

(四) 学习内容设计

学习内容设计方面,学科融合 STEAM、跨文化交流等要素,以培养学生核心素养为主要目标。

融合和沟通,是解决问题的重要方法,是资源和媒介未来发展的方向之一。

通过综合各个学科知识研究问题,但各个学科没有交叉时,称为多学科,而 STEAM(Science 科学、Technology 技术、Engineering 工程、Art 艺术、Maths 数学)真正要做的是在多学科的基础上将知识融合起来。STEAM 最大的目的是激发、提高学生的兴趣。学生的兴趣是一切的根本,如果没有兴趣,就无从谈学习。

现在信息时代最大的特点是知识铺天盖地而来,但它们都是碎片化的,而非结构化的,难以用于解决实际问题。可见,将知识融合起来,采用 STEAM 理念解决实际问题,非常有必要。

跨文化沟通是发生在不同文化背景的人们之间的沟通。[2] 密切的跨

---

[1] 庾佳.基于SPOC的线上线下混合教学模式研究[J].文理导航,2016(10x).
[2] 张虹,彭毓蓉.全球化背景下的跨文化沟通研究[J].商场现代化,2013(16):123.

文化沟通是当今世界的一个重要特征。尤其在上海地区,跨文化交流变得日益重要。与此同时,"跨文化沟通学"作为一门新兴的学科受到越来越多的关注。

目前教育资源的应用与开发存在四个方面问题。

(1) 教师资源观问题。随着技术的飞速发展和社会环境的变化,一方面,人们对教师的专业素养要求越来越高,因教师专业素养问题而引发的社会矛盾日益加剧;另一方面,教师备课、批改作业工作量大,难以投入更多的精力去提升自身的专业素养。教师资源观直接影响了教育均衡问题的解决。教师是教学系统中的核心要素,需加大对教师专业能力提升工程项目的投入。

(2) 课程适合性问题。"适合"是课程建设的逻辑起点。教育质量的提高,面临的最大难题是"适合",体现在课程上,就是要适合每一个地区、每一所学校、每一位孩子的发展。[1]"适合"既要符合国家意志,又要满足学习者的需求。"适合"的背后,有一系列亟待解决的矛盾。区和学校各建各的资源,重复建设的现象比较普遍。要解决好适合性问题,就必须要求课程资源内容是丰富的、分层的、可以因需而组合的。

(3) 学生学习路径问题。许多系统由于缺乏进化机制和智能推送策略,导致优质资源寻找困难,利用率低。现有的课程资源内容结构往往是固定的,学习路径往往也是单一的。大数据时代的在线学习,将实现全面地记录、跟踪、掌握和可视化学习者的学习特点、学习需求、学习基础和学习行为,为学生建立学习模型,为不同类型的学习者打造个性化的学习路径。[2]教育"大数据"可以建立起学习预警系统,可以改变人类的学习方式,能更有效地实现"个性化自适应学习"。

(4) 学习诊断问题。教育信息化的浪潮早在几年前就席卷而来,如海啸一般,但近几年来时而是一片风平浪静。其中很重要的原因是没有或忽略了学习者分析和学习诊断。学习诊断是当代学习分析技术的重要组成部分,往往基于数据改善教学,旨在通过建立"即时反馈机制",用教与学的过程中产生的数据来诊断教与学目标达成的程度,对未达成的原因进行统

---

[1] 施久铭.改革需要战略思维[J].人民教育,2013(8):26.

[2] 姜强,赵蔚,王朋娇,等.基于大数据的个性化自适应在线学习分析模型及实现[J].中国电化教育,2015(1):85-92.

计分析,并实时进行调整改善,使教与学得到持续的改进。[1]学习诊断与测试不同,它引领教师设计具体的、可操作的、可检验的课堂教学目标。

要解决这一问题,一定要结合教育信息化现状和教育资源特殊性,采用"群建共享"理念,构建教育知识图谱,为促进教师专业成长、学生自适应学习、管理者科学决策提供综合服务平台。这是对常规教育信息化手段的反思更新,也是对以创新驱动的未来教育信息化生态系统的重新架构,从而实现教育信息化建设与应用的可持续发展,进一步带动教育的快速发展,以满足教育高品位发展的需求。

通过数据分析功能和合理的运营机制,初步建立智能推送机制,促进知识分享与激励,为学生提供知识搜索服务,有针对性地推荐所需学习的知识点,或自动推送学习资源,同时还能预测学习者的学习成效;为学科教师提供备课科研问答式服务;为管理者提供学情分析以及决策服务等,以期初步形成具有影响力和公信力的基础教育教师备课和学生学习支撑平台,促进教育公平。

知识图谱就是把所有不同种类的信息连接在一起而得到的一个关系网络。知识图谱提供了从"关系"的角度去分析问题的能力。[2]主要是用来优化现有的搜索引擎。不同于基于关键词搜索的传统搜索引擎,知识图谱可用来更好地查询复杂的关联信息,从语义层面理解用户意图,改进搜索质量。

对于人工智能来说,其实就是将原本没有联系的数据连通,将离散的数据整合在一起,从而提供更有价值的决策支持。知识图谱不是空中楼阁,而是基于现有数据的再加工,包括关系数据库中的结构化数据、文本或XML中的非结构化或半结构化数据、用户数据、领域本体知识以及外部知识,通过各种数据挖掘、信息抽取和知识融合技术形成一个统一的全局的知识库。[3]知识图谱能做到的就是让知识可被用户访问到(搜索),可被查询(问答),可被支持行动(决策)。

---

[1] 王凤春.课堂教学的即时性反馈与反思:教师专业成长的有效途径[J].教育科学研究,2007(4):58-60.

[2] 杨思洛,韩瑞珍.国外知识图谱的应用研究现状分析[J].情报资料工作,2013(6):15-20.

[3] 胡泽文,孙建军,武夷山.国内知识图谱应用研究综述[J].图书情报工作,2013,57(3):131-137.

利用学科知识图谱,结合统一身份认证系统,开发上海教育信息化综合服务平台,让学科知识可被用户访问到(搜索),可被查询(问答),可被用于支持行动(决策),汇聚资源、推送资源、收集数据,为各类用户提供便捷的资源服务功能,对一般教师而言,它是具有推送功能的、系统化的备课工具;对学生而言,它是具有自适应学习功能的学习服务体系;对高端教师而言,它是专业提升和知识图谱进化的平台。

(五) 学习平台功能设计

从学习平台功能上说,下一代学习强调个性化和多样化,依据大数据学情分析,支持个性化学习,注重学习测量,日趋关注量化学习。

下一代学习不再是用统一的媒体来适应所有的人。达到同一个目标,人的兴趣、审美等不同,导致资源呈现个性化和多样化。

自适应学习和个性化学习技术在识别表现不佳的学生和学生群体时所发挥的作用越发重要。它能帮助教育者和领导者了解影响因素,进而启用和扩展有针对性的干预方法和参与策略,以缩小成绩差距。[1] 未来的学习平台,一定是汇集各种测评工具,注重方法的使用,让教育者可以记录、测量和评估学生的学业准备、学习进度和学业成就等综合数据;平台通过统一身份认证系统收集、分析学习者数据,利用学习分析技术来优化教育环境,改善学生学习。学生的综合素质评价,势必要与这样的学习平台对接。

(六) 传播方式

从传播方式上说,学习泛在化,普及数字化素养。学习资料人人时时处处可得,学习机会和便捷性增加。人们希望能够随处学习和工作,不断地获取学习资料,彼此之间建立联系。学校在为教职员工、学生创建更多的学习方法和平台方面取得很大进步,师生可以随时随地进行合作,提高工作效率。实时联网设备的出现,为随时随地的学习提供更大的灵活性,许多学校也相应升级他们的IT基础设施。虽然移动和数字学习策略现在有了很大的发展,但是高速宽带接入情况的不同,以及学生群体(社会经济地位、性别

---

[1] 范莉钧,付红霞,张渝江.2017年地平线报告基础教育版前瞻[J].中国信息技术教育,2017(z2):141-144.

等)之间的差距促使学校领导者不断评估其学习内容和产品的成本、机会与质量。

普及和提高数字化素养是教育信息化未来几年工作的重点之一。数字化素养的重要元素之一就是寻找、获取和使用数字内容的能力。技术和数字工具已经变得无处不在,但是使用不当时,可能会起反作用,因此,要根据各种不同环境使用合适的技术。数字化素养的培养将贯穿教和学各个方面的主线,学生必须深入理解数字化教育环境。培养学生的数字化素养,可以确保学生掌握适应瞬息万变的信息世界的能力和素养。

此外,随着物联网技术的发展,还将解决一些教育中的问题。

其一,公共安全问题。某位学生携带危险物品,物联网技术能及时方便地捕捉到信息并发出警告信息,不需要再通过特定的机器检测。

其二,校园环境保护问题。物联网技术可以实时采集校园等场景的环境检测数据,确保环境是安全的。

其三,师生身体健康与心理健康状况检测问题。身体健康与心理健康状况,若要求每一天都做检测,几乎是不可能的,也是不现实的。物联网技术可以做到每一天都做检测,及时发出警告信息。在教育方面,数据挖掘已经开始针对性地用于处于危险中的学生、个性化学习和灵活创建成功路径等方面。

其四,运动数据收集与处理问题。目前许多学校已经在试用物联网技术,取得了很不错的效果。

其五,学校管理流程问题。上海已有许多学校已经应用物联网的功能,借力数据简化流程。

随着人工智能技术的发展,教育信息化已经走进自适应学习时代。现阶段中小学校、教师和学生对数字资源的需求是不断变化的。随着互联网的开放与"群建共享"理念的深入人心,学习资源正以惊人的速度持续增长,资源的数量已经不是制约人们学习的主要因素。[1] 不同类型、不同层次的学校、教师对数字资源的需求是不一样的,越来越多的学校、教师选择分层教学和个别化教学,对常规化的数字资源不感兴趣,喜欢具有学情分析和作业检测功能的产品服务。

---

[1] 高辉,程罡,余胜泉,等.泛在学习资源在移动终端上的自适应呈现模型设计[J].中国电化教育,2012(4):122-128.

大数据为"教"与"学"增效。随着大数据技术的发展与普及,越来越多的中小学开始引入互联网技术辅助教学。[1] 以作业为例,除了采取线上布置、批改作业外,也有学校借助线上题库出卷、判卷,形成班级、学生个人的学情诊断报告,让教与学更高效。

---

[1] 黄荣怀,马丁,郑兰琴,等.基于混合式学习的课程设计理论[J].电化教育研究,2009(1):9-14.

第三章

学习空间的兴起

学习资源与媒介的发展趋势决定了未来的学习空间必然是以学习、交互为核心,强调互通、分享、整合与集成、个性化的泛在学习空间。学习空间将向更加开放化、多样化、智能化和人性化的方向发展。

本章将通过梳理国家"三通两平台"的建设,重新认识和理解"人人通"的学习空间;通过描绘物联网、人工智能、虚拟现实,增强现实和大数据等新技术的发展趋势,畅想和构筑一幅未来的学校概念图。

第一节 "三通两平台"建设

国务院、教育部都特别重视"三通两平台"建设工程,其作为以信息化带动教育现代化的核心工程,意义重大。未来的学习空间人人通,会是一个什么场景呢?是否能假定如下场景。

小明同学从学校回到家里,但他并没有真正离开学习环境,当他打开电脑或者手机时,他发现设备里有生物老师推送的一段微视频。这段视频原本是存储在老师的个人空间里面的学习资源,当然,这位老师所教的其他几十个学生也收到了这段微视频。然后学生基于这段微视频开展自主学习,在学习的时候,他们要完成任务,而他们在完成任务期间所产生的数据和结果数据,都及时反馈到了老师的个人空间里。

随后,老师就会及时掌握他所教的这个班级的情况:有多少学生掌握得很好,理解得很正确,还有哪些学生掌握得不好,理解得不到位。然后,老师就可以根据学生的反馈,及时布置一个新任务,或者推送一个新作业,或者推送一个新资源到相应学生的设备里。接着,这些学生就会及时看到老师推送的个性化作业、任务或者学习素材。

这样,学生的数据采集、教师的资源推送和任务布置就形成了一个整体,同时在这个空间里面的学生和老师也可以进行交互,学生和学生之间也可以进行交互。这就是理想的学习空间人人通的概念。

上述基于人人通智慧学习空间场景的描述中,资源的推送、数据的采集、人员的交互、教学的评估、任务的个性化布置、数据挖掘、情景感知、多终端、多场景的泛在学习都能实现,这就是未来智慧学习空间的雏形。

教育信息化是衡量一个国家和地区教育发展水平的重要标志,实现教育现代化、创新教学模式、提高教育质量,迫切需要大力推进教育信息化。

当前和今后一个时期,要大力推进"三通两平台"建设,即宽带网络校校通、优质资源班班通、网络学习空间人人通和教育资源公共服务平台、教育管理公共服务平台。力争实现四个新突破,即教育信息化基础设施建设新突破、优质数字教育资源共建共享新突破、信息技术与教育教学深度融合新突破、教育信息化科学发展机制新突破。[1]

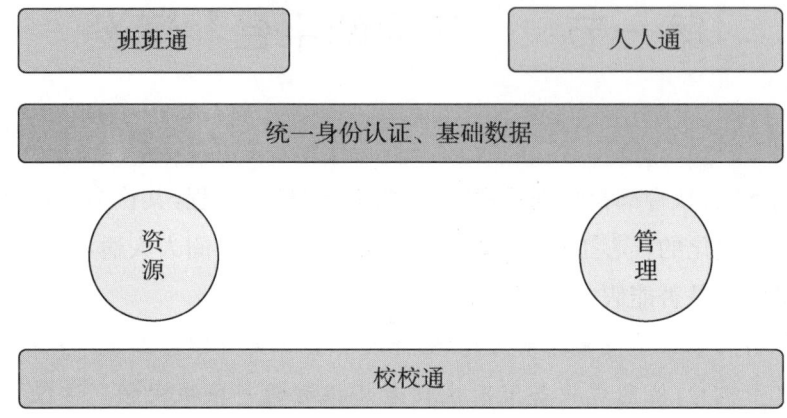

图 3-1 三通两平台拓扑图

一、互联网带来了电化教育事业的春天

未来互联网教育的主要形态将发生根本性的改变,培训形式不仅会从线下走到线上,而且线上还会迅速走到移动互联网。教育管理的形态也将发生巨大的变化,如招生管理公开化、透明化、便捷化等。

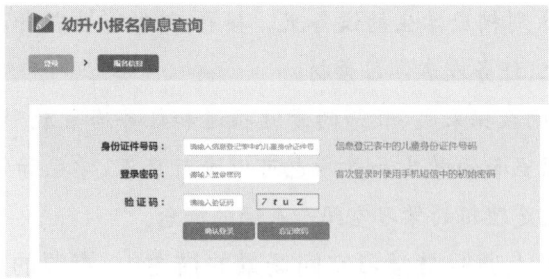

图 3-2 招生报名信息化管理

---

[1] 祝智庭,管珏琪."网络学习空间人人通"建设框架[J].中国电化教育,2013(10):1-7.

"互联网+"的热潮席卷而来,"互联网+教育"让教育变得非同凡响,现在该担心的是那些顽固不改变的人,因为谁都阻挡不了互联网改变教育。上海教育信息化在"三通两平台"引领下正在逐步构建学习空间人人通的信息化环境,目前已经形成五个中心的发展态势。

图 3-3 基础教育信息化的 5 个中心建设

二、移动互联网和人工智能对教育的冲击

尽管信息技术早已进入校园,在线教育网络和课程建设投入在不断加大,但互联网对教育的冲击力度还不足以从根本上改变教育的传统生态。

大数据、云计算、移动互联等技术革命正把教育带向教学自组织、学习社交化、思维可视化的 4.0 时代。教育 4.0 就是在信息智能文明时代,以满足学习者心智发展为主要教育目标,以互联网和智能终端为信息载体和传递方式,以教学权威组织结合自主学习社群为组织形式的教育新形态。[1] "互联网+教育"势必会给传统班级制教育带来深刻变革,是传统教育改造升级的推动力。政府、学校、家庭应以开放的心态迎接"互联网+教育"带来的历史性机遇和挑战。

传统的课堂教学,师生之间、学生之间往往处于紧张状态,学生学习方式较为被动并缺乏个体性,课堂上很少有思维的交锋和智慧的碰撞,学生缺少自主探索、合作交流、独立获取知识的机会。教师对学生的评价主要看学生掌握课堂上所学知识的情况,学校对教师的评价也基本上是看教师

---

[1] 刘濯源.教育 4.0 时代,教育技术的新变革[J].中国信息技术教育,2015(z2):143-144.

的教学成绩。偏重结果评价而忽视过程评价造成的结果是：压抑了学生学习的自信与积极性，学生自主学习、自主发展的能力得不到应有的培养。

大数据应用是教育4.0的表征之一。"互联网＋教育"或将带来四方面的变革：

一是教学模式从固定时空教学向线上线下混合型转变；

二是课程更加媒体化、可视化、智能化；

三是更多免费教育平台得以搭建；

四是互联网教育实现更多社会认证。

我们必须看到人人通的未来发展潜力。因为人人通找到了教师、学生、家长之间的潜在关系，并组织其进行教学互动和分享生活中的乐趣，这将赢得每一位用户的热情。这是人人通平台与云资源平台以前所未有的创新，把教师、学生、家长与教学资源、学习消费紧密连接在一起。我们相信人人通平台未来的发展拥有无限的可能性。

从学校的演进和改造历程看，学校演进与社会、教育的发展联系密切。20世纪以来，随着社会的发展、变化以及信息通信技术的快速发展，推进学校发展的原有逻辑路径已经消失或者被弱化，如等级性逻辑，有的已经变化，成为某一阶段或某一类型学校的选择，如普遍性逻辑。而在平等性逻辑基础上，发展性、主体性、差异化、个性化、多样化、整体性、生活化等逻辑，成为现代学校的主要选择，并在不同阶段得以体现。

今天，我们必须面对这一现实：人类社会—计算机—物理世界三元融合，信息服务进入普惠计算时代[1]，人类手握智能终端，随时随地就可获得想要的解决方案，新的移动互联时代开始了。这是一个划时代的变革。人工智能给教育带来了系列冲击：

一是对教师、教学方法的冲击，任何重复性，基于知识积累的教学都终将被人工智能取代；

二是信息传播与社交方式变革对学生、学习方法的冲击，人工智能的出现将引起学生学习行为的颠覆性改变；

三是对学校和教育体制的冲击，学校可能需要重新设置专业，大部分现有工作将被人工智能取代，同时新的工作也会出现，新的生产工具和生活工

---

[1] 郭重庆(2015)．"互联网＋"：产业、经济与社会的变革[N]．中国社会科学报，2015－06－29(B02)．

具不断推出,学习内容的转变在所难免,学校治理变革也在所难免。

在"互联网+教育"背景下,学校的内涵和外延在悄悄转变,未来的学校是什么?学生学什么?怎么学?怎么评价?怎么教学?谁来教学?为谁办学校?谁来管教育?这些问题都需要在"互联网+"的舞台上重新审视。学校的学习时空从封闭走向开放,学习内容从分科走向综合,从面对已知转向不确定的未来;教师角色从知识的搬运工转为学生心智发展的营养师;教学从基于课程标准的统一改造转向个性化培育的成长陪伴;评价从单纯的分数排队转向兼顾综合素质的大数据分析[1]……当然,学校深层次的重构,还不仅仅局限在这些领域,量变还在逐渐叠加,学校的升级换代正渐渐推进。在可预见的未来,学校转型的趋势愈发清晰。[2]

(一) 人工智能与人类的重新分工将改变学习内容

未来,我们对智能认知将发生巨变,融合智能将逐渐被人们认可,人工智能和人类智能将混合发展,纯生物的人将逐渐消失。事实上,人工智能已经对很多职业或行业造成巨大冲击:电话客服、翻译、会计师、保安、旅游业、餐饮业……未来会有更多岗位被人工智能取代,包括金融分析师、医生、律师、教师等。这些工作很大程度上依赖于经验,也就是依赖于记忆,而依赖于记忆的工作将绝大部分会被淘汰。[3]

谷歌旗下的 DeepMind 公司开发的人工智能程序 AlphaGo,在 2017 年 5 月以 3 比 0 的总比分打败了世界围棋排名第一的柯洁,这表明 AlphaGo 已经超过人类职业围棋顶尖水平。此前,围棋一直是机器学习领域的难题,甚至被认为是当代技术力所不能及的。有人预测,到 2045 年"奇点"到来时,70%的工作将被人工智能取代,目前人工智能在某些领域正在替代人类,且效率更高,正确率更高。随着机器学习等技术的发展,人工智能将被用于更多的工作岗位,人类将从大量重复性高、繁琐枯燥的工作中解放出来。科大讯飞推出的智能语音翻译机表明:智能语音技术能让跨语言交流成为可能,

---

[1] 刘云波,潘晨聪.做教育信息化的领跑者上海市电教馆探寻未来发展之路[J].上海教育,2015(36):18-21.

[2] 张治,李永智.迈进学校3.0时代:未来学校进化的趋势及动力探析[J].开放教育研究,2017,23(4):40-49.

[3] 库逸轩.记忆解码与未来教育[J].华东师范大学学报(教育科学版),2017,35(5):25-27.

用母语思考,用母语交流,其他的事交给智能语音。这些技术的成熟,必然会引起学习内容的重构,过去花费大量精力记忆单词的时代可以一去不返了。

凯文·凯利提到,未来一切皆智能化。我们需要面对人工智能与人类的重新分工。人工智能做的医疗诊断可以比一般医生更好。机器人试错学习后不需要模仿了,只要告诉它做什么,它便自己去尝试,其中会出现很多错误,但通过错误,它能学习,这就是自我编程过程。人工智能领域的成果在以每 18 个月翻倍的速度增长。未来,人类和机器人的关系将工作分为四类[1]:

一是人类和机器人都能做,但机器人表现更佳的工作;

二是人类不能从事,但机器人能从事的工作,如重体力劳动,危险环境下的工作等;

三是人类想从事却不知道是什么的工作;

四是目前只有人类能从事的工作。[2]

李开复在访谈时说:"在人工智能时代,父母应该鼓励孩子,去找自己最爱、最擅长的事,而不是变成一个背书的工具,因为你背书再背也背不过机器。就像我们以前心算那么厉害,没有人靠心算能找到工作,因为不会比计算机快。"[3]因此,也许到 2029 年,现有的个人计算机将普遍智能化,它不再是简单的生产工具,而成为人的第三大脑半球。人们可能再也没有必要去检索碎片化信息了,而是直接向计算机要经过智能处理后的解决方案、图文报告等,让计算机替代自己整理笔记,形成汇报文件,并根据风格做好演示动画或 PPT 等,从而极大地解放人的大脑,让大脑负责基于情感和价值观的判断,负责好奇心寻觅,负责提出问题等。学什么永远是教育的核心问题,人工智能与人类智能的融合,将如何改变学习的内容,这是一个充满想象,也是学校 3.0 必须要回答的议题。

---

[1] 凯文·凯利.四股力量塑造未来[J].商业观察,2015(1):24-26.

[2] 凯文·凯利.构想未来走近必然:让我用 120 句话告诉你未来已来[J].企业研究,2016(1):30-37.

[3] 冯军.专访李开复:50%工作注定被 AI 取代,我们应该如何自救[J].企业界,2017(4):60-63.

(二) 学习逐渐走向个性化和终身化的学校服务

从"电影院形态"走向"超市形态"的学校发展趋势看,在解决教育平等问题的基础上,差异化、个性化将成为影响学校发展的主要逻辑,促使学校深刻变革。一方面,它不是去家庭化,而是尊重家庭的价值观,尊重人的个体差异和教育选择,根据个体差异构建多类型、多层次的学校,满足个体多样化的学习需求;另一方面,它又会激发原有的学校内部的组织框架和学校制度革新,采用灵活多样的课程体系和教学组织形式。现代学校的这些探索和尝试将对学校教育的现在和未来产生重大影响。去标准化、个性化、定制化将会成为未来主流的学习方式。每个人制定自己的课程、学习计划,评价也针对个人,而不是进行比较排名。同时,学习不再是特定阶段的历程,而是伴随终生的,因需而定,因需而学。

个性化并不都是昂贵的,现代技术正在将大规模的个性化教育变成现实。具有超前思想的 AltSchool 是一所 2013 年诞生的微型学校,正在尝试将个性化教学以规模化、标准化的形式运作。学生决定学什么;每个学生的教学计划、课程表、作业等都不同;学生可能上午学五年级数学,晚上学三年级语文。这种以学生为中心的个性化学校于 2017 年 5 月拿到了来自乔布斯遗孀和扎克伯格的 1 亿美金融资。这一事实表明,个性化教学具有极大价值,可能成为学校未来发展的主流。

(三) 学校业务正在被技术公司瓜分,课程外包将常态化

随着社会的发展,学校日益成为其大脑,而教育与学校不再是强相关。越来越多的资本将进入教育领域,对学校围墙发起攻击。教师面对跨界的竞争者,将没有太多优势。学校治理和越来越多的课程将外包,如新东方等培训机构会承担全国数以万计的学校的英语教学,好未来等公司可能承担众多学校的数学教学等。歌剧、网球、STEAM 课程、钢琴课等小众课程,会逐渐由专门公司承揽。

在我国,学而思、新东方等教育公司已经开发了大量课程,用于学生课外培训,其中不乏精品,这些教育公司以及现存的课程设计与制作基础都是未来学校实现课程外包的根基。此外,学校还应重视三个现象:全球范围的连接、线上线下混合和名人对学习的效应。51Talk 是个一对一的英语网络学习平台,学生可以用手机学习。现在,菲律宾有数千名外教出售自己的碎

片化时间,主要服务对象是中国学生。在线教师也获得了更多认可,一些好老师开始离开学校,从事在线教育。易弹公司开发的智能钢琴,集成了钢琴功能和钢琴教学功能,是一种基于专家系统的音乐教学解决方案,线上线下混合的方式让学校未来的学习组织形态越来越重混。

未来学校的管理者将会在购买服务、评估服务和遴选供应商和管理供应商的业务上投入越来越多的精力,课程服务的专业化将让课程外包常态化。

(四)混合式学习和合作学习将成为主流,群智发展成为共识

随着网络教育的发展,特别是慕课的大规模应用,学习流程必然再造,单纯的班级讲授学习方式将逐渐被线上线下的混合式学习所取代。线上资源的进化和日趋智能,会接近甚至代替一般教师的讲授,网络社区的互动交流会日趋便捷。同时,伴随着学习方式的转变,人们会越来越重视合作学习,群智发展将成为常态,教室内的智能水平将不再取决于教师的智力,而是群体智力的叠加。

未来社会将群体化生存,人类面临的问题将主要靠群智解决。合作意识和合作能力的培养不仅仅是形式上的表演,而是深度的群智发展模式的实战。

未来的学习将日趋多样化,不再追求一个人学习 100 门课程,不再要求 100 个人学习同一门课程,而是让 100 人学习 100 门课程,不是学得更多,而是学得更多样。让每个人自由发展,社会不追求全才,而是追求协同解决问题。因此,未来学校需要在学习方式上进行颠覆式革新。

(五)屏读成为常态,技术深度融合会极大提升

未来学生认知的界面将发生革命性变化,屏读成为主要方式。屏读让信息传播更便捷廉价,让信息呈现富媒化,学生建构概念的过程将从感官而不是从解读文字结构概念开始。对事物的认识可能在沉浸式环境中多感官参与,混合现实会让学习和认知效率极大提升,甚至产生更高效的学习方式。现在,我们已进入借助智能设备生存与发展的时代,人机结合的学习方式会发挥更大作用,认知外包现象会让个人更加注重方法论的学习。在未来社会,信息传输方式也将多元化,以文字为载体的传输方式将衍生出更多

元的信息传输方式,电视、网络、手机、语音、视频等不断消融教师的中心地位。视频、图像、声音、虚拟现实等将信息以生动形象、贴近现实的形式传递给学生,更加有助于学生的理解与体验。例如,虚拟现实的沉浸感、交互性、想象性有助于激发学习动机,增强学习体验,实现情境学习,促进知识迁移。目前,虚拟现实已经在语言教学中展现出优势,如篮玉如教授利用虚拟现实技术,向台北132名四至六年级学生教授两个单元的英语,结果显示,学生在对话和语句方面的学习成效显著。[1]

(六) 单向灌输知识的时代将终结,教师角色发生重大转变

美国互联网思想家戴维·温伯格说过:"在知识网络化后,教室里最聪明的绝对不是站在讲台前上课的老师,而是所有人加起来的智慧。"也就是说,进入学校3.0时代,学习不再依靠传统教师。教师的工作将根本转变,传道授业解惑的任务基本被机器取代。教师要真正成为学生"灵魂的工程师",成为学习的陪伴者、动力的激发者、情感的呵护者。学习资源的创生将被那些卓越教师所包揽,讲授型教师职位会缩减70%,教师的主要工作将是创造性实践活动的组织者、引导者和陪伴者。教师也不再局限于在一所学校就职,而成为自由职业者。教师有选择的权利,各种培训机构也将转型为新的学习中心或者课程公司。但是,不管怎样,教师这个职业不会消失,只不过他可能从过去的主导者,变成一个陪伴者、指导者、服务者。[2]

(七) 评价会发生革新,升学将基于信任而不是分数,教育进入后文凭时代

大数据、人工智能很重要的特点,是能跟踪记录学生的学习过程,发现学生学习的难点和瓶颈,帮助学生及时调节学习策略,从而取得更好的学习效果。[3] 未来的学校评价将不再是简单地给出分数,而是注重学生发展。学生数据的及时感知、信息获取和智慧决策将实现自动化。

所以在3.0版的学校中,课程证书的意义和价值会远远大于文凭的意

---

[1] 刘德建,刘晓琳,张琰,等.虚拟现实技术教育应用的潜力、进展与挑战[J].开放教育研究,22(4):25-31.
[2] 朱永新.未来,传统学校将被"学习中心"替代?[N].文汇报,2017-05-26(6).
[3] 同[2].

和价值。[1]大学升学将基于对个人学习能力和学习态度的信任,而不是考试分数,人类进入后文凭时代。学生对学校的归属感将消失,他可以选择在不同地方学习不同课程。

学生在什么地方修什么课程可能变得更重要,因为不同的学习公司、不同的学校开设的课程,其含金量是不一样的。一所学校的课程不可能都很棒,不同学校里最优秀课程的组合将使一个人变得更卓越和优秀。[2]未来的大学将全部开放,学生文凭将不再是一张纸,更多的会是记录课程学习经历的数字档案。学生的学习评估不仅看考了多少分,更关注学生在哪里学习,学了哪些课程,他在学习中创造了什么,分享了什么,体验了什么,收获了什么,等等。

(八)学制的概念将基本消亡,学习就是一段不一样的旅程

学制基本上是工业化流水线思维在教育领域的外化,它按照工业设计的思维追求标准化、同质化,在同样年龄、固定时间、固定场所、固定教师讲授固定内容,将教育体系中的一切标准化。其实,同样的内容,有的学生需要学习20年,有的学生只需要学习5年,强迫学习不仅是对人性的摧残,也是对资源的浪费。在3.0版的学校中,学制概念将基本消亡,教育周期弹性化,学制更加灵活。学习成为生存的需要,伴随人的一生。学习、就业、创业无法区分。学习不是特定阶段的统一任务,而是成为人生的一段旅程。

在这样的背景下,学生根据自己的身心发展特点和父母的工作特点,根据自己的个性和心理需求安排学习内容。学校将没有学制的概念,混龄学习成为常态。学习内容将差异化和多样化,人们不再比较同一时间谁的考分更高,学不好可以反复学,暂时不需要的可以不学,等需要时再学。

(九)学校将成为人们的精神栖所、心灵家园

当下的教育体系一直强调知识的存储、传播,有意无意地忽视了知识的创造与破坏。有时人就像一台"机器"。未来,个性化、人性化将成为主流,指望学习力提升已经不能拯救学校,未来学校要成为人们心灵的栖所,成为人们生命相遇、心灵相约的圣地,现实世界生活社交的场所。人们选择学校

---

[1] 徐蓓.人工智能时代,教育究竟什么样[N].解放日报,2017-05-26(014).
[2] 朱永新.未来,传统学校将被"学习中心"替代?[N].文汇报,2017-05-26(6).

不是为了功利的目的,而是为了寄托精神,这才是学校永续存在的最重要的理由。学校学习要给所有人带来快乐,而不仅仅是胜负优劣,要培养学生悦纳自我的能力。学校要与人的天性合作,成为快乐生活的空间,满足学生好奇、好玩、好动的天性,呵护好奇心,宽容好玩心,善用好胜心。

(十)社会教育供给机制将更加完善,教育券成为学校的通货

3.0版学校的教育资源供给以免费为主,政府为基本的学习内容买单。基本教育资源获得成本逐渐降低,它最终如空气一样,成为全体民众共享的公共品。未来学习是个性化的,每个人除了完成国家规定的基本课程外,可以设计和定制自己的课程。[1] 对于个性化学习资源,学生自己付费。WISE(世界教育创新峰会,World Innovation Summit for Education 的简称)的调查显示:未来,私人为教育买单的经费将大幅增长。所以,课程外包和政府采购将成为未来学校的重要特点。政府资源和企业资源将难以区分公与私,政府购买服务获得个性资源,或者政府颁发教育券,把选择权交给学生。政府的教育券可以流通,学生可以到新东方、学而思,甚至国外的教育资源提供方买单,即哪里教得好,就到哪里学习。

上述预测是基于信息技术与教育教学的深度融合,将教育从技术手段信息化转向用信息化的思想重构教育。技术不仅改变了产业形态,更改变了人们的生活方式和思维方式。正是技术的变革和应用,社会对教育的需求发生了深刻变革,从而使学校的范式革命成为可能。

三、"三通两平台"的本质与意义

"三通两平台",就是"宽带网络校校通、优质资源班班通、网络学习空间人人通、教育资源公共服务平台和教育管理公共服务平台"。很多人都知道什么是"三通两平台",但是"三通两平台"意义何在呢?

现代化信息技术手段在教育中运用不平衡、使用率低,优势资源区域分配不均衡,缺乏信息系统管理和应用人才,制约着我国教育信息化的发展。如何通过信息化手段构建创新有效资源的分配,是各地区教育机构和教育工作者

---

[1] 徐蓓.人工智能时代,教育究竟什么样[N].解放日报,2017-05-26(14).

亟待思考和解决的问题。这是"三通两平台"的出发点,也是"三通两平台"的目标。

促进教育公平,充分利用优质教学资源,就是"三通两平台"的意义。不管你是在偏远的山村,还是在繁华喧闹的城市,都能享受、学习到最优质的教学资源。不管你是在白天,还是在黑夜都可进行自我学习,不再受时间限制。"择校、陪读、学区房……"这些问题都将不复存在。"三通两平台"作为教育信息化的抓手,在当前教育信息化发展过程中是必须要走的路。

"学习空间人人通",则不仅需要全社会倡导学习型社会和终身学习的理念,还需要大力推进在线参与式学习文化,倡导新型的资源建设和共建共享的机制,让基础设施成为教育创新与人才培养的基石,让优质资源成为教育创新和人才培养的重要资源,并通过校校通实现东西部地区和城乡之间教育资源的均衡,进而培养具有乡土情、国际观、具有良好信息素养和数字化生存能力的、信息时代的世界公民,这也是"三通两平台"的最终意义[1]。

四、认识学习空间

"网络学习空间人人通"是学生、教师、管理者、家长等多个主体之间的交流、分享、沟通、反思、表达、传承等活动的载体,能够支持学习者个性化学习,能够鼓励学习者之间进行交互的一种网络设计产品。空间既指网络虚拟学习环境,也指个体能够存放知识、分享知识的物理空间。学习空间有四种形态。

1. 实体空间

实体空间主要指教室、实验室、创客空间、书房、图书馆等物理形态的空间。这种真实空间的存在当然是必要的,它是实现人际交流,如师生、生生互动最主要的场所。但是,随着社会发展,真实空间也面临智能化改造等问题。

2. 低级形态的存储空间

低级形态的存储空间,如云盘等,叫作实体存储空间,实现了数字资源的存储功能。这类存储空间给人们的生活带来了巨大的便利,它是网络学习空间的基础。无论空间怎么演变,存储空间都是必不可少的。

3. 类似于平台的空间

类似于平台的空间,如支付宝,它是一个平台,但它同时具有很多空间

---

[1] 焦建利.漫话"三通两平台"之"三通"[J].中国信息技术教育,2013(10):19-20.

的功能。进入平台之后,你会发现你的整个账本记录得清清楚楚,除此之外,它还有各种各样的应用,依托在这个平台上,所以它也有自己的空间。只不过这个空间你看不见,摸不着,只需要一个账号登录进去使用就可以,所以这就是我们所说的典型 SaaS(Software-as-a-Service)业务,就是软件即服务。上海市电化教育馆开发的上海市普通高中生综合素质评价信息管理系统其实就在逐渐演变为基于平台的学习空间。

图 3-4 上海市普通高中生综合素质评价信息管理系统

4. 以学习、交互为核心的学习空间

这个学习空间实现了资源的存储和推送,实现了数据的采集与分析,实现了评估、作业布置、任务布置,实现人和人之间,包括教师和教师之间、教师和学生之间、学生和学生之间,以及学生和其他的资源提供方之间的对话互动,这是未来的一种泛在的学习空间。祝智庭教授曾构建了基于学习空间的智慧学习生态系统[1],该空间的特点如下:

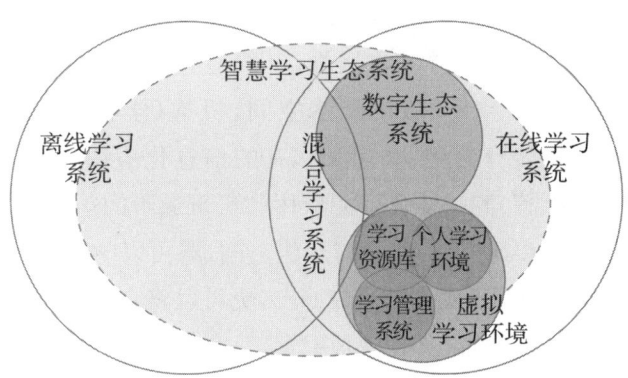

图 3-5 技术增强的学习系统图谱

---

[1] 祝智庭,彭红超.智慧学习生态系统研究之兴起[J].中国电化教育,2017(6):1-10,23.

强调"通",既有通的内容,又有通的方式,即信息能否在不同主体之间进行无缝传递,包括主动推送,蕴含社交网络服务(Social Network Service,简称 SNS)的思想;

强调"分享",资源在不同的主体之间能够通过一定的规则进行主动传送和分享;

强调"整合与集成",所谓的学习空间,是一个包含了传统的多种学习功能的聚集页面,不再需要登录多个系统操作相关业务,而是所有和主体相关的业务均无缝整合在学习者的页面中,通过该空间操作所有的功能;

强调"个性化",学习空间更加强调个性化,强调不同的主体的空间内容应该适应主体的特征。[1]

五、理解"人人通"

我国教育正处于巨大变革的时代,变革的核心是如何从适应工业化时代的规模划一的教育转向按个人需求和偏好定制的个性化教育,即向"为每个学生提供合适的教育"转变。新技术应用与教育方式的同步变革,展现了代表当代教育的三个主要发展方向:构建基于互联网的个性化教育新模式;应用技术,发展学生面向 21 世纪能力的学习新方式;从"用经验说话"转向"用数据说话",增强对教学行为进行分析、诊断和干预的洞察力的教育评价治理新范式。

"人人通"作为大型学习型互联网资源分享平台,应该具备社交网络、移动互联网、服务教育信息化等基本属性,一般应包括学习资源管理、个人实名学习空间、班级网络空间、教师研修空间、机构(学校、各级教育主管部门)、企业空间等,是教育公用、共用和私有的信息化应用聚合的平台,是泛在学习环境("校校通")和一体化资源应用("班班通")的落脚点。

每一个用户都会拥有自己独立的知识空间,既可以学习和分享彼此的资源,也可以与相同兴趣爱好的人结交成好友,更可以将自身的知识拿出来展示给身边的人进行售卖,从而让知识变成财富,获取丰厚的利润和回报。

"人人通"的目标是让每校、每班、每人都拥有实名制的学习、交流、分享空间,通过跨平台交互技术形成教与学、教与教、学与学的全面互动,真正把技术

---

[1] 祝智庭,管珏琪."网络学习空间人人通"建设框架[J].中国电化教育,2013(10):1-7.

与教学实践的融合落实到每个教师与学生的日常教学活动与学习活动中。让每一个人都拥有公平受教育的机会,让每一个人都享有优质的教育资源。

通过"人人通"可以打造互联网知识分享平台,每一位用户都可以在这里分享自己的知识,开设自己的知识店铺,与"知"同道合的人成为朋友,更可以邀请亲朋好友参加自己的知识联盟,从而获取可观的收益。

构建"人人通",即通过政府引导、企业投入的合作模式形成以教育主管部门为主导的区域网络学习空间机构平台,并按学校形成学校网络学习空间,形成中小学校之间的校际互动、教学互动、教师—学生—家长互动的网络学习、交流、分享平台。

教育技术的优势首先是能帮助学生建构概念、丰富学习资源、强化刺激(特别是从虚拟现实、增强现实技术的沉浸式应用中获得强烈的刺激),从而加快概念建构,在大数据支持下及时获得反馈评价。它也能帮助教师及时了解学生,促进教学决策的科学化,提高针对性,使教育教学从基于经验转向基于数据。未来的技术环境还将基于人工智能的进步而推广。康奈尔大学布兰登·胡克伟教授认为,人工智能时代的计算机是可增强创造性和强化认知学习过程的第三个大脑半球,它与人类是平等、共生的合作关系,或者说它可以实现人类与设备之间的混合思维。人工智能教师将能为学生提供周到细致的学习支持,能基于智能判断决定教学决策,给出学习反馈和分析。当然,教育技术能做的还有很多,随着教育技术的进步,越来越多的教育创造将不断发生。

第二节 物联网与机器智能的影响

一、物联网与智慧校园

"智慧校园"与物联网技术密不可分。依据 IDC(互联网数据中心,Internet Data Center 的简称)的最新数据预测,截至 2020 年,全球将有 310 亿个互联设备联网工作。届时,人们将体验到连续的、无处不在的互联网。

智能化的"物联网"是信息技术革命第三次浪潮"质"变的产物。伴随物联网，出现了"智慧地球""智慧城市"及"智慧校园"。智慧校园是更高级别的数字校园。数字校园核心内容是"数字化"，交流的对象是人；智慧校园是通过物联网实现信息交流，核心内容是"智能化"，交流的对象已经不仅仅是人，更多的是"物"。可见，"智慧"与"数字"是有质的区别的。

数字校园是互联网时代的产物，互联网是物联网的基础。

互联网时代的数字校园目标是信息的互通互联，信息交互的主体只是人，而物联网时代的智慧校园信息交互的主体由单一的人延伸到了"物"，比如校园内的建筑物、教学仪器仪表、桌椅板凳、图书杂志、学校的设备等，智慧校园中的人与校园内的"物"有机地集成了一个智能化整体，其核心内容除了反映出集成化的特征外，更主要的是赋予了这些"物"以智能。[1]

二、机器智能

2017年，人工智能已经成为热门技术，主要是因为卓越的计算能力、漫无边际的数据集、深度神经网络领域超乎寻常的进步。人工智能（Artificial Intelligence，简称AI），可以解决超乎想象的若干问题。事实上，人工智能的概念很宽，种类也很多，人们对它的理解往往不同。按照水平高低，人工智能可以分成三大类：弱人工智能、强人工智能和超人工智能。

弱人工智能（Artificial Narrow Intelligence，简称ANI），如语音识别、图像识别和翻译等，是擅长于单个方面的人工智能。它们大都是统计数据，以此从中归纳出模型，属于"工具"的范畴。谷歌能战胜世界冠军的人工智能AlphaGo，是优秀的信息处理者，但属于"弱人工智能"。

通用人工智能（Artificial General Intelligence，简称AGI），又名"强人工智能"或"通用机器智能"。属于人类级别的人工智能，在各方面都能和人类比肩，人类能干的脑力活它都能胜任。它能够进行思考、计划、解决问题、抽象思维、理解复杂理念、快速学习和从经验中学习等操作，并且和人类一样得心应手。但是，目前通用人工智能只存在于科幻小说。2017年的人工智能系统，都不能通过等同于人类的智力的通用测试。

---

[1] 黄荣怀,张进宝,胡永斌,等.智慧校园:数字校园发展的必然趋势[J].开放教育研究,2012,18(4):12-17.

弱人工智能运用案例包括辅助驾驶、聪明顾问、虚拟客户助理、专注于各种任务的特定智能（比如财富管理等）；强人工智能将给人们的生活和商业活动带来巨大的、甚至是毁灭性的影响。

对于超人工智能[1]（Artificial Super Intelligence，简称 ASI），牛津哲学家、知名人工智能思想家尼克·波斯特洛姆（Nick Bostrom）把它定义为"在几乎所有领域都比最聪明的人类大脑都聪明很多，包括科学创新、通识和社交技能"。在超人工智能阶段，人工智能的计算和思维能力已经远超人脑。此时的人工智能已经不是人类可以理解和想象的。超人工智能将打破人脑受到的维度限制，其所观察和思考的内容，人脑已经无法理解，人工智能将形成一个新的社会。[2]《复仇者联盟》中的奥创、《神盾特工局》中黑化后的艾达，或许可以作为超人工智能的例子。

三、万物互联时代

互联网时代的高速发展，让世界上的万物能够认知、说话，由万物本身把信息传递出来。当前，在移动互联网开放理念的影响下，物联网作为信息通信技术新的突破方向，是新一代信息技术的重要组成部分，在推动从"＋互联网"到"互联网＋"时代扮演了重要的角色。

"万物互联"只是开始，目的是为了"控制"，使其为人类发展提供服务。

5G 是 4G 下一代蜂窝标准。这是目前被国际电信联盟（ITU），第三代合作伙伴计划（3GPP）和欧洲电信标准协会（ETSI）认可的官方标准。IT 研究与咨询服务公司 Gartner 预计，到 2020 年，3% 的基于网络的移动通信服务提供商（CSP）将推出 5G 商业化网络。从 2018 到 2022 年，国际上将主要利用 5G 来支持物联网通信、高清视频和固定无线接入。

5G 的两大驱动力，一个是移动互联网，另一个就是物联网。无论是用户体验速率还是连接数密度，都和支撑其发展的物联网息息相关。而随着未来 5G 应用的推广，届时网络带宽、时延、速度等瓶颈将被逐一突破，物联网产业有望迎来一个新的快速发展期，"万物控制"的前景不可估量。物联

---

[1] 李开复,王咏刚.超人工智能何时来临？[J].书摘,2017(9):98-103.
[2] 尼克·波斯特洛姆.超级智能:路线图、危险性与应对策略[J].现代工商,2015(5):96.

网与机器智能对教育的影响,更是不可估量。

第三节 虚拟社区里的学习生态系统

一、学习社区

"学习社区"是由教师和学生组成的小组,小组成员具有明确的目的,并在一定的环境下参与到实现该目的的相关活动中。"学习社区"或"学习共同体",是指由学习者及其辅助者(包括教师、专家、辅导者、同伴等)共同构成的团体,他们彼此之间经常在学习过程中交流,分享各种学习资源,共同完成学习任务,因而在成员之间形成了相互影响、相互促进的人际关系。

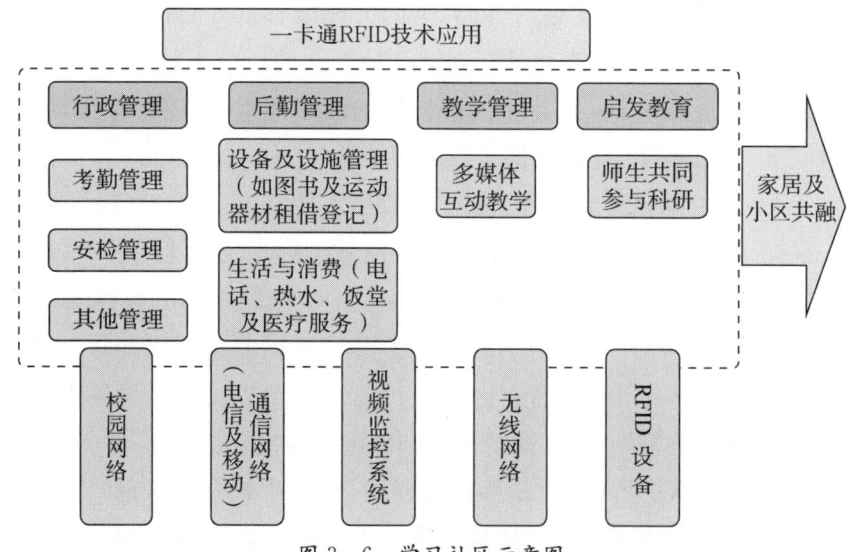

图 3-6 学习社区示意图

从以上这些关于学习社区的定义中可以得出其组成部分:

(1) 参与者——学习者、同伴和个体;

(2) 意图或目的——学习日程、探索与描述意识与知识、相同观点和期望、知识建构;

(3) 活动——按照一定的日程,互相支持,获取知识,能力和态度的追

求,合作、凝聚力和反思,尊重不同的观点、价值和生活方式,小组讨论;

(4) 环境——工作、家庭和表演环境。

二、虚拟现实与混合现实

什么是虚拟现实?

虚拟现实(Virtual Reality,简称 VR)设备基本上就是一部头戴式的显示屏,可通过内置的显示屏营造一个完全虚拟的空间。它的画面生成和渲染由相连的计算机、游戏机或手机负责,而动作传感器的加入可以把你的动作投射到虚拟世界当中,从而实现身临其境之感。

临场感是 VR 的核心。通过一系列软硬件的配合工作,VR 设备有能力"欺骗"你的大脑,让你认为自己真的身处在另一个世界。但由于技术的不成熟,VR 设备目前在这方面的实际效果还不是特别好,用户在体验时可能会因为延迟(扭头动作和实际视角的转变)而产生眩晕。

什么是增强现实?

和虚拟现实类似,增强现实(Augment Reality,简称 AR)也需要使用一部配备传感器的可穿戴设备,比如谷歌眼镜或爱普生智能眼镜等。但两者的相似点也仅限于此。

AR 是一种更偏实用性的技术。它所带来的体验可能不会像和恐龙碰面或坐过山车那么刺激,但分析师认为,AR 应用的潜在市场实际上要比 VR 更大。

和 VR 不同的是,AR 的工作方式是在真实世界当中叠加虚拟内容。这些内容可以是简单的数字或文字通知,也可以是复杂的虚拟图像。如此一来,使用者就不必在其他设备上查看相关信息,以便腾出双手进行其他任务。很显然,AR 是一项非常适合在企业环境当中使用的技术,它能让现场工作人员方便快捷地获取相关信息。

什么是混合现实?

混合现实(Mixed Reality,简称 MR)可以说是三者当中最不为人知的,但有意思的是,它可能是进入主流市场最容易的方式。

MR 的关键词是灵活性,它试图把 VR 和 AR 的优点集于一身。从理论上讲,MR 可让用户看到现实世界(类似 AR),但同时又能呈现出可信的虚拟物体(类似 VR)。随后,它会把虚拟物体固定在真实空间当中,从而给人以真实感。

而在 MR 当中,体验者是可以感受到虚拟物体与现实世界之间的依存关系的。它也完全符合现实世界中的透视法则,走近会变大,离远之后会变小。这听上去的确很棒,但有关 MR 方面的应用研究目前还都处于闭门测试状态。

三、虚实结合构筑新的学习生态系统

未来的学校,是虚拟学校与实体学校的融合,称为 3.0 版学校,它是一种虚实结合的复合体。[1] 虚拟学校是一个全体民众共建、共享、共治的教育平台,是社会的基础设施。它像空气一样可免费使用,实行基本教育资源的免费供给。人们不管在哪里,都可以获得虚拟学校的智能服务。

在学校 3.0 时代,虚实交融的泛在学习将是学校的常态。泛在学习会将课前产生的数据提供给教师,教师据此调整教学目标,精准分析学情,根据学生课前、课中、课后产生的数据,确定学生学习的新起点和适切目标。在泛在学习中,学生学习将从有限的教学时空,转向无边界的知识建构。

实体学校与虚拟学校相融,满足不同地域的体验和实践需求。学校的物理地点将模糊,空间概念淡化,学生可能不知道自己属于哪所学校,归属感逐渐消失,跨校、无校学习成为常态,泛在的线上服务和就近的实体体验学习结合。虚拟学校成为社会教育系统的大脑,担当资源提供者、学习引导者和管理服务者的功能,绝大部分的讲授内容将被虚拟学校承担。实体学校与虚拟学校配合,主要是组织学生进行深度学习,开展实践、体验、创造、合作、沟通交流等。

虚拟学校是基于网络、全天候的,实体学校则根据学生需要,预约使用。实体学校可以是具体的学校,也可以是其他学习或实践体验空间,学生根据各自的需要在多样的空间以多样的方式学习,即所有的实体空间都可以开展学习活动,包括知识的获得、储存、编辑、表现、传授、创造等。

---

[1] 张治,李永智.迈进学校 3.0 时代:未来学校进化的趋势及动力探析[J].开放教育研究,2017,23(4):40-49.

最优化的智慧学习环境将提高人们的创造性和问题解决综合能力。3.0版学校的特征可以用下图表示。

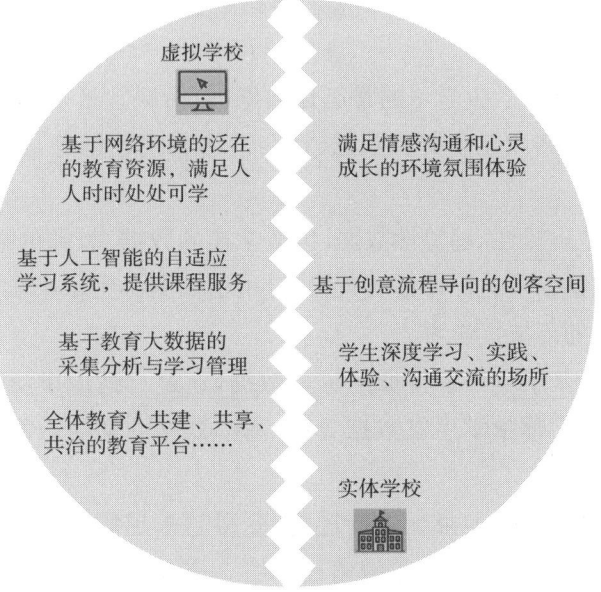

图3-7 3.0学校概念图

在学校3.0时代,学校治理的核心将基于数据。数据驱动学校创新,分析促进教育变革[1],未来学校的大数据采集更加自然而广泛,汇聚成学生成长和学校服务大数据系统。学生客观信息的采集范围将扩展,涵盖课堂内外、正式和非正式学习环境、线下和线上学习、学习活动和生活表现等。学校获取与学生成长和发展相关的数据,形成系统、完备的学生大数据系统,整合并标准化为能够反映学生综合素质的多源数据与信息,建立学习分析模型,对学生综合素质发展进行多维度、全方位考察,形成基于大数据的学生个体和群体的综合素质数字画像。此外,学校提供的服务数据和管理数据也会形成另外的数据系统,为学校不断改进提供数据基础。未来学校的大数据系统将基于多个维度提供价值判断和结果输出,将基于大数据的评价结果及时用于个体生涯规划、学习改进、办学服务提升、高校分类遴选和持续跟踪培养、政府基于数据的治理等,实现大数据背景

---

[1] 杨宗凯.大数据驱动教育变革与创新[J].大数据时代,2017(5).

下的发展性诊断、学习成长导引、分类遴选、治理服务改进等。未来学习将由数据分析驱动,学校通过新技术采集学习数据,并用大数据分析学生状态,驱动学习者全面提升。移动终端、电子介质、可穿戴设备等都是基于信息收集技术的产品。在未来学校数据大脑时代,至少有三类数据驱动学生学习。

第一类是基于学生学习的常态化数据,包括课堂教学数据、学习检测数据、学习探究数据和互动交流数据、社会情绪表现数据等,用于驱动学生即时学习。

第二类是阶段性、趋势性数据,包括学校的数据、教师的数据、班级的数据、个人的数据以及达标评估的数据等,用于预测学生未来学习的最近发展区,驱动学生的可持续学习。

第三类是基于学习者特征的综合数据,通过自适应学习系统或者有经验的数据分析导师帮学生做数据分析,基于数据的学与教的流程也会发生变化。

基于数据的学校本身会不断进化,变得越来越聪明。谷歌等搜索平台利用搜索改善其人工智能,越搜索越聪明。那学校怎么变得聪明呢?学生学习是信息传递与信息重构,如果让学生学习的过程成为数据产生的过程,那么学校就可以像谷歌一样,不断发现规律,优化教学服务和管理体制,从而让学校变得聪明。

大数据正帮助教师更好地了解"真实"的学生和教育,现有的技术已表明:适当的剧烈运动有利于提高记忆力;不吃早饭的学生成绩总体不好,数学能力、阅读量和肺活量直接有关;每天自由阅读半小时的孩子学业成绩优秀;教室二氧化碳浓度过高可能导致孩子容易上课睡觉……聪明的学校就是能够不断改进,自动为孩子提供需要的学校。

这种3.0版学校不是学校单一的创新和技术应用,需要全社会治理系统和社会文化的协同配合。技术将在学校中普遍采用,但文化的作用巨大,需要营造更加宽容、注重实效的文凭文化和学历管理系统。对学生个性化发展的追求,将催生更为多样和专门的学校类型或学校服务,学校发展将出现多样化和差异化。

第四节 教育进入大数据时代

随着"互联网+"时代的到来,教育大数据已经成为炙手可热的词汇。但是,对教育大数据是什么、为什么要采集教育大数据等问题,还有很多争议。下面试图探讨两个问题。第一,教育大数据藏在哪？第二,教育大数据能帮到谁？在此基础上,分析大数据带来的革命以及大数据发展面临的挑战。

一、教育大数据藏在哪？

在信息技术专家看来,一切行为皆有数据,一切数据都可被挖掘。我们知道,对一个人来说,最强大的数据藏在基因中,基因中的信息演变成了世界上其他的信息,但是正常的人并不能够通过 DNA 来找到数据,找到所需要的信息。我们通常所说的大数据有可能是散落在图书馆等各个地方的资源,也有可能是具体到教育教学部门和教育管理的数据,包括学籍管理系统、成绩档案系统等的数据,这些往往以纸制为主,以及那些会随风而逝的教与学行为数据和结果数据。尤其是教与学的数据,有很多非结构化的东西,量很大,但是不容易捕捉,它常常并没有被记载下来,因此我们认为它不存在,这些大量的结果和行为数据就是我们要研究的对象。

一个学生的成长数据究竟有多少呢？举一个例子,过去一个学生完成了九年义务教育,在他毕业的时候,我们做一张小卡片就把他的数据记录下来了,包含个人和家长的基本信息、教师与学校相关信息、各个学科的考试成绩、身高体重等数据,所以大部分学生毕业的时候也许就拿到这么点数据。除此以外,许多学校还留下了该学生的图书馆和体育馆的使用记录、医疗信息和保险信息等。这些结构化的数据总体来说 10KB 就足够了。荷兰一家著名的行为观察软件公司研究发现,在一节 40 分钟的普通中学课堂中,动作、姿势、运动、表情、情绪、社会交往与人际交互中各种信息的全新数据,有 5~6GB，其中可以归类、分析、标签的可分析量化数据有 50~60MB，这大约是用传统方式积累五万年所达到的数据。

从过去简单的定量描述到后来的质性分析，教育大数据为我们提供了可能性。以前并不是没有这些数据，也不是没有意识到这些数据的价值，而是这些数据被表象的结构化数据所掩盖了。比如一个学生考了 78 分，这是一个数字，78 分背后的东西却被忽略了，除了排名、位置、是否会进入下一个学校读书，还有努力程度、家庭背景、学习态度、智力水平等相当多的东西和这个 78 分紧密联系在一起，这些就是数据。所以在国际上，我们对大数据有"4V"(Volume 大量、Velocity 高速、Variety 多样、Value 价值，简称"4V")特征的描述，这是数字走向数据的大前提。

江苏教育信息化研究中心做了一项研究：学生一个学期的数据（包括结构化的数据）有约 1.68PB，非结构化的数据远远超过 35EB。其实，政府所掌握的是非常简单的非结构化的数据，大量的课堂实验数据、教学过程数据、课程信息数据往往没有被挖掘出来，或者没有被列入大数据统筹的范围。一个人在课堂上的表现情况（数据）的采集，以前是在录播教室中，当一个学生站起来的时候，一个摄像头会对准他，当他站起来回答问题的时候，数据被采集；现在，流行的是全息的摄像，对于教室里每一位学生都可以追踪，在整个过程中学生所经历的每一个细节，包括微表情、眼球的运动，都可以被追踪，这时候从举手、抬手、回答问题，一直到深层次的情绪变化、心理反应、人际交互等都可以被跟踪。这是 K12 教育评估中所蕴含的一个巨大的数据矿藏。

学生在成长过程中会经历各种各样的学习经历，比如，大规模的考试数据（考试中写的作文多年以后是找不到的）、面试数据、阅读数据，很多信息被采集。对于纸质书而言，有很多东西很难被找到或被记录下来，比如笔者在大学英语书上画过的一幅漫画。实验数据（如 DIS 信息数据）、社交平台关键词检索数据、购物数据以及在各种学习平台（包括慕课平台、其他泛在学习平台等各种各样的教育软件和教育学习平台）上开展教与学的数据，这些都是大数据隐藏的地方，同时是值得挖掘的地方。真正的大数据是"上帝之眼"，可以洞悉一切，从行为到结果，从白天到黑夜，从外在到灵魂。因此，它知道一切。

当我们在采集数据的时候，往往采集的是经过处理的数据，例如，当学生被问到喜不喜欢某一位老师时,会回答喜欢或不喜欢,但学生在呈现这个信息的时候,往往忽略了自己内心的真实感受,而依据周围的环境以及这件事带来的后果,进行加工(回答)。在中国有一句话叫做"人在做,天在看。"很多人忽略了"天"的存在,这时候数据是真实的;而当你知道,每天有一双眼睛在盯着你的时候,你就不会这样想了,比如,当你看到摄像头盯着你的时候,你会装作微笑的表情,因此数据就失真了。数据要在自然状态下被采集,保持本真状态,这是大数据采集的一个原则。采集到全流程、全方位的大数据,这是未来大数据发展的一个理想状态。所以,理想的状态就是"大数据是'上帝之眼'"。

二、教育大数据能帮到谁?

教育大数据的挖掘方兴未艾,有的人迷茫,不知道这些数据有什么作用;有的人恐惧,担心这数据会不会影响到前途和命运;有的人观望,等待数据能给他带来各种福利……大数据到底能帮到谁?谁有权使用学生的数据?更多的人意识到大数据的价值,认识到大数据就是等待挖掘的宝藏。当下,大数据可以帮助的对象包括四类。

第一,政府的教育治理。政府的决策很多不是基于数据的。政府要实现基于大数据的教育治理,已经成为共识。

第二,学校的办学改进。学校为学生提供各种各样的服务,包括个性化的和面向全体的、共性的和复杂的服务,这些教育服务在一个学校里,为了整体的发展而忽略了个体的价值。但是,每一个人的成长都是一个不可复制的过程,试想,如果把一个人的思维重新注入另一个人体内,其行为是否会表现得高度一致。每一个人都是在基因表达和时空的特定环境下的一种互动,因此,学生的个体成长是不能被复制的。因此,教育服务者应该怎样在学生成长过程中提供最优化的帮助,而不是在发现其做错了以后再重新教一遍。大数据可以帮助学校改进教育服务和学习环境的设计。

第三,企业的产品改进。每天都会涌现许多教育互联网公司,他们都想让自己的产品做得更加优秀,但是怎么能做到更优秀呢?也许他们需要从大数据中寻找支持。

第四,学习规律的发现。对于怎么学,我们知道的很少,脑科学的相关研究也才开始展开。认知规律、成长规律、智慧生成的规律等我们知道的很少，所以教育大数据能够帮到这些研究人员。

大数据的应用也许不只有这些，但是要到实用阶段还需要一个艰难的过程，以下一些成功的例子也许能带来一些启发。

第一，教育大数据为教育治理的现代化提供了支撑，比如上海市电化教育馆做了一个招生报名系统。政府教育资源配置和宏观调控、科学决策以及对学校和其他事业单位、机构的绩效评估，包括对高等学校提供遴选评鉴都需要大数据的支持，提高教育经费使用的边际效益，弘扬先进的教育理念等都离不开教育大数据。有一篇报道说，现在的教育经费投入制度是否是最优化的，教育经费投入的伦理学是否真的做到了公平，我们把钱投入一个机构，并不会论证这样做有什么价值，或者说有没有一个更加高效的测算模型，大数据无疑会帮助政府提高决策的精准性和科学性。

第二，大数据可以改善学校的服务。举例来说，下图显示的是某校和其中一个班级的学生数学学习成绩，其中，浅灰色的是班平均，深灰色的是校平均，这个班级的三角函数明显比全校差，我们可以推测该教师在教授"函数综合"时可能在知识、情感以及努力程度方面与校平均情况存在差距。数据为学校教育的管理提供了支持。同样，可以根据教学发展规律设计教育流程，从而为改进教学提供支持。

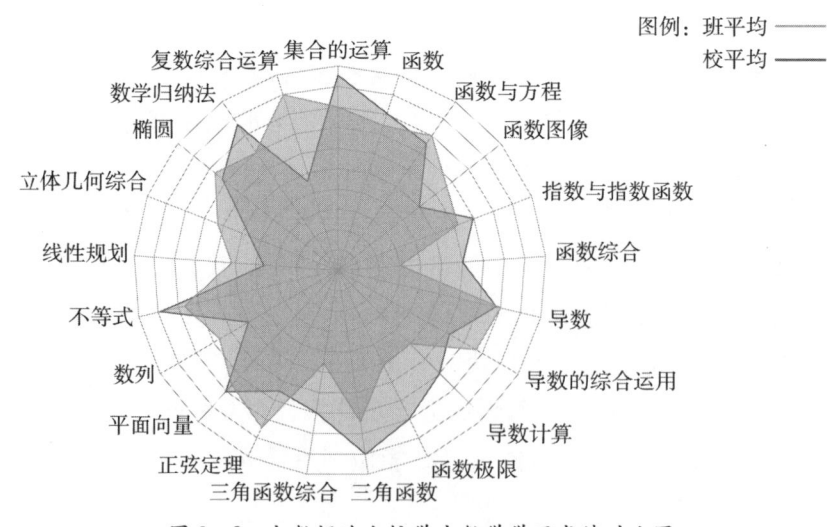

图3-8 大数据为全校学生数学学习成绩对比图

第三,教育大数据可以改进学习。传统的学习过程中不有各种考试,对于考试的目标自然是学生的学习数据,但这个数据往往是单向的,通过学生做错的过程了解学生的表现,也就是从学校和教师方指向学生的家长方,评价缺少逆向的反馈。如,通过做对的情况反映教师的教学是否有益,对比过去的单反馈的教师获取信息,在改进教师的教学方面的作用还很有限。因此,针对双向反馈,大数据技术通过对学习过程中数据的采集和分析的瓶颈,有可能实现一种双反馈的学习。我们不仅能纠正学生的错误,而且能从教学和学生行为数据分析错误的原因,从而从双向意义上改进教与学的过程。

基于大数据的学习分析学现已经成为一门独立的学科,甚至成为和教育学并列的学科,很多人知道教育学是一级学科,学习分析学是其中的一个分支,现在很多师范学校已经把教育分析学作为和教育学并列的学科,对于教育从学说走向科学提供了支撑。

此外,基于大数据的学习分析,能够支持面向每个人的个性化学习。个性化学习是优质的教育,但是成本极高,很多学校无法支持这一过程,所以变成了利于个体个性化学习的部署,这是成本决定的。"一对一"的教学就是最好的吗?也许未必,可能需要在微观的文化背景下才是最好。但对学生来说,在什么情境下是最好的,在什么情况下需要得到独特的服务,这一方面由于我们过去没有教育大数据的支持,能做的一直很有限,现在也许在技术背景下为此提供了可能。就像下图里呈现的不同的人在达到不同的目的需要的支撑或走过的路径都是不一样的,在什么情境下、在什么时机、在什么路径下该怎么提供独特的帮助,大数据是一个核心的支持依据。

图 3-9 大数据支持下的个性化服务

在过去，我们无法照顾到个人，所以如果一个班上有几个学生"失败"，教师会理所当然、问心无愧地说："这是正常的，我的学生不可能每个都成功。"但技术能够让这个借口消亡。基于大数据的自适应学习技术不仅可以通过双回路的反馈对教学重新设计，还可以根据个人的学习能力和偏好，定制和推送学习内容或任务，从而引领教育进入一个高度个性化的时代。

中国教育的核心问题，一个是公平均衡，一个是个性和高效，还有一个就是灵活和创造，其中个性方面的不足是我国整体教育质量的一个巨大的瓶颈。另外，在传统应试教育方面，大数据率先提供了帮助，如很多学校为了提高学生的考试分数，对学生进行大数据的甄别。这对于学生来说是很需要的，我们不能以非官方的理由忽略对学生高考分数优异表现的追求，一所学校的班主任或校长若在早期对相关学生进行预警，便能够对学生的学习有所帮助。除此之外，还有其他的行为干预，过去的预警往往是事后的，当人犯了错误之后进行惩罚或者补救性措施，但最好的方法是防患于未然，背后就是进行行为干预。进行早期预警，是行为干预采集大数据的原因。

在大数据技术方面，自适应学习是最近的研究热点。它是整合了现代技术以及教育学、心理学的综合应用，可以提高教育公平。在大城市中，往往集中了非常优秀的教师，但在西部地区、边缘地区、农村地区，优秀教师非常缺乏。要对他们提供支持，把优秀的教师动员到农村、边疆去可能有点困难，自适应学习可能是一个更好的解决方案。大数据创造的自适应学习可能为此提供了一定的支撑。除此之外，对于教育前沿规律的发现，我们想当然地认为教育就应该是那样，其实未必。例如，肺活量和数学成绩之间的关系，很多人认为喜欢运动的孩子肺活量才大，喜欢运动的人往往头脑简单、四肢发达，但事实上往往不是这样。经过大数据分析，我们发现肺活量与成绩的相关性非常大，特别是数学科目，相关性极强，肺活量大的学生，数学成绩明显要优于其他学生。这些也许会颠覆一般人的常识，但它为教育工作者改进教学、寻找教育的规律提供了支撑。

还有教室座位和成绩之间的关联性分析，也许大家会认为座位和成绩之间的关联是模糊的，现在通过大数据也许就会找到中间的关联性。当然有些人会觉得这些没有什么必然性，也许一个班没有规律，但在全国找一万个班进行分析，就可能找到其中的关联性。

除此之外，还可对学校教学动态以及教学成效进行整体评估，当我们对练习进行分类汇总的,可以率先找到学生擅长的内容和薄弱之处,这样可以对教学行为进行追踪和反馈。

对于某一个知识点掌握得好与不好等的分析已在教育中是一种常态化的应用了。还有未来对每一个学生做一个数字画像,对目前教师给学生写的每一条评语进行大数据分析,可以发现一个学校的评语基本可以概括为四到五种学习者模型,要么这个人爱学习爱劳动成绩好,要么这个人爱劳动成绩不好……总之你会发现,教师只对几个变量进行重组,所以写出来的评语几乎是千人一面,或者非常单调。每个人都是不一样的,怎么把人的不一样表现出来?这就需要大数据为每个学生做数字画像。除了学科成绩,数字画像中还要看到学生其他方面的成长,他的运动、情商、社会交往、情绪表达等。数字画像对于一个人的生涯设计,包括因材施教、高校的持续培养和就业都有重要的价值,这些在没有大数据之前都很难做到。以前大学生在找工作的,用人单位都会看档案,档案是经过高度加工后的信息,原始的未加工数据才能更好地表现一个人。而这些,都会因为大数据技术的普遍运用得以解决。

三、大数据带来的教育革命

在当今的信息时代,云技术、物联网和基于二者的大数据技术正推动教育发生着变革。未来教育在互联网等技术的作用下会变得越来越个性化,对大数据技术的应用,将有利于个性化教育,标准化的学习内容由学生自主学习完成,学校和教师更多地关注学生的个性化培养,教师由教学者逐渐转变为助学者。在逐步到来的大数据时代,互联网教育与学校教育将逐渐分离,更多的交往互动、个性化服务和灵活的学制将使学校获得新的生机。

1970年,托夫勒写了第一本畅销书《未来的冲击》。在书中,托夫勒不仅批评了以哈钦斯为代表的面向过去的教育,支持了以杜威为代表的面向现实世界的教育,更创造性地提出了明确的面向未来的教育:小班化,多师同堂,在家上学趋势,在线和多媒体教育,回到社区,培养学生适应临时组织的能力,培养能做出重大判断的人,在新环境迂回前行的人和敏捷地在变化的现实中发现新关系的人,以及应对不可预见的未来的核心素养。

48年后的今天,基于云、物联网、数据库技术、社会网络技术等的成熟应用,托夫勒当年感性预知的理念性的东西清晰地展现在我们面前:信息不仅仅是一种视觉和感官的东西,更是可捕捉、可量化、可传递的数字存在。于是,从1970年到现在,教育悄悄发生了一场革命。"教育革命"一词,正是托夫勒最早提出的,而今,我们已经明确知道了带来这场革命的真正原因,那就是大数据。

正在发生的这场教育变革与之前的远程教育和在线课程的最大不同在于,前者不过是"数字"而已,后者却是"数据"。数据的集中以物联网、云计算等综合技术的成熟为基础,过程性和综合性的数据,它更能考量真实世界背后的逻辑关系。

未来的教育在互联网教育的推动下,会更加个性化和普及,只不过教师和学校的定义和内涵需要重新定位。

云技术、物联网和基于云技术和物联网的大数据是教育变革的技术推动力量。在向大数据时代、知识时代跨越的过程中,知识将无处不在。目前,仅就知识传播而言,教育资源正在经历的是平台开放、内容开放、校园开放的时代,这是前所未有的。未来的教育会是怎样? 主流的模式必将是:视频成为主要载体,教育资源极其丰富,翻转课堂、按需学习、终生学习、不以年龄划分学生,远程教育的提法将消失,距离不再是问题,教育在学校之外发生,等等。

在线教育本身很难改变学习,在这场教育革命的浪潮中,由在线教育引发的教育由数字支撑到数据支撑(教育环境、实验场景、时空变化、学习变化、教育管理变化等)的变化,却是很多人没有在意的巨大金矿。教育环境的设计、教育实验场景的布置、教育时空的变化、学习场景的变革、教育管理数据的采集和决策,这些过去难以科学实现的任务,在云、物联网、大数据的背景下,变成一种数据支撑的行为科学。

硬件的高速革新和软件的高度智能化,新一轮的教育信息化的浪潮已势不可挡地来到了我们面前。作为教育人,我们应该如何面对? 围观,等待,还是抵制? 显然,这些都是下下之策,这样做,我们只可能被浪潮击垮。唯有掌握良好的"冲浪"技术,具备相应的预判能力,我们才能逐浪前行,甚至在浪尖上优雅起舞。

目前,全国各地都在推进教育信息化工作。建立教育的信息化服务公共平台,开展数字化校园的实验工作,设立各种"数字化学习"试点学校,开发"微课程",开展"翻转课堂"教学研究,一对一的"E课堂"教学实践……这是一系列不断加码的举措。然而,这条路并不好走。要充分做好"螺旋式"上升的准备,最重要的是顶层设计和理念超前。当一些概念、一些观点第一次呈现在大家面前时,带来的撞击不仅仅是"洗脑"般的泥沙俱下,更多的应该是"醒脑"后的深度思考。

失去了知识垄断的学校,剩下什么呢?是教室,是厅堂,还是食堂?如果回答不了这个问题,学校就会成为创新的阻碍。

大数据时代,互联网教育与学校教育将逐渐分离,正如电影院和电视机在初期竞争的时候水火不容,而成熟以后会各得其所。翻转课堂提供了一种学校教育与互联网教育共存的新模式。事实上,学校里更少的课堂与更多的实验室,更多的交往与更少的讲授,更多的互动与更少的灌输,更个性化的服务与更灵活的学制,将是未来学校得益于互联网教育从而获得新生的机会。

四、大数据发展面临的挑战

教育大数据研究方兴未艾,很多学者激情拥抱大数据,并对大数据的发展异常乐观,有的却将信将疑,无所适从。现在再去怀疑大数据技术对教育的革命性影响显然是误判形势、贻误时机,但是,把大数据吹上天,盲目乐观,也是不可取的。教育大数据发展必须直面一些困难和矛盾,主要集中在以下八个方面。

1. 教育大数据的结构性短缺

现在很多互联网公司都在想方设法采集学生的作业数据,或者学习的过程类数据,但这些还不能被称为大数据。量大的数据不能被称为大数据,因为其结构是短缺的,这背后的根本原因在于目前的教育组织落后于技术发展和教育实际需要。很多数据在教育公司,而这些公司壁垒森严,数据不共享,因此我们得到的往往是片面的数据。

教育大数据的结构性短缺涉及社交数据、检索数据、行为轨迹,还有其他类行为数据的无法聚齐。例如,学生的朋友圈数据、搜索引擎中的检索数据或网络购物信息数据都无法得到;通过移动公司手机跟踪查出孩子的运动轨迹,让我们知道他们在运动场的时间多,还是在图书馆、小卖部的时间多,这种数据在某一层面上都不可能共享。这些数据在技术上是可能共享的,但是在政策体系上是无法共享的,所以很多人拿到的数据都是结构性短缺的数据。另外,我们,特别是教师,过多关注学科学习的数据而忽视学生成长数据。教师以自己为中心,关注学生在自己所教学科上学到了什么,成绩有没有达到预期目标,但对学生的长效成长发展往往不太关注,这也是学校的独特机制决定的。很多学校是分段教学,初中只管初中目标是否达到,高中只管学生有没有考上大学,就像铁路警察,都只管一段,往往因彼此之间不会合作,忽略了对于学生的大数据的长期追踪也因此忽视了学生的长期成长。

大数据的价值不在于数量之大,更在于可被积累和挖掘,进而实现从知识关联到学习关联——对学习关联的持续追踪和挖掘才是教育大数据的核心价值。可见,结构短缺的数据无疑是教育大数据挖掘的一个现实瓶颈。

2. 群体大数据和个体小数据存在价值的矛盾与冲突

大数据往往在为寻找共性规律服务,个体小数据往往不会完全归属于某一大数据,但个体小数据对于个性化成长又至关重要,它对于一个人来说才是最有价值的。个体小数据往往被群体规律所绑架,导致个性的成长被忽略,这个问题是值得担忧的。很多教师以大数据为基础设计教学,提供教学服务,但是会忽略个体学习需求。

比如,同一个学生,在不同班级学习的结果很有可能大不相同,这就是个体小数据与大数据之间的差异造成的。当然,数据不是为了证明,而是为了发现、指引、激励,不仅为了让学生学得更好,还能够解释学习是怎么发生的。除此之外,数据服务要从"人怎么学得好"到"你怎么学得好"的过程转变。个性化服务源于精确的反馈,但反馈越精确会导致教育决策越难,掌握大量数据时,决策反而更艰难,也会忽略其他东西。比如,系统按照你的喜好推送新闻,但也会限制你的视野。教育大数据帮我们寻找共性规律,但是不能让大数据绑架个性,这是教师必须面对的时代命题。

3. 大数据集权和人类智慧的枯竭

我们用大数据来寻找集权,好像掌握了大数据就掌握了决策话语权,但人类不再用自己的智慧去问那些该问的问题,所以我们担心人类群体性智慧会降低。我们使用学习者模型但不去构建模型,模型就会单一化,这是一个必然规律。所以,当一个学习者模型或只有几个学习者模型整合在一起的时候,整个人会变得越来越狭窄化,智慧会变得越来越少。大数据并不是让你学得更多,而是让你学得更多样,只有多样化的学习才会催生多样化的智慧,这是人类智慧整体进化的源泉。我们通过大数据寻找规律,但不能被规律束缚而不再创新,创新的学习方式和打破规律的举动才会催生新的智慧。

4. 追求数据之大从而掩盖问题的本质

现在我们在做大数据研究时想要更多更大的数据,穷尽一切变量,结果变量非常多,尤其是教育大数据。马化腾先生曾经说过:"大数据最难做的就是教育和医疗,特别是教育,因为教育的变量实在太多了。"信息越多,问题越多,最终,在整个研究过程中噪声会掩盖真相。

5. 数据精细和隐私的伦理之间的矛盾

数据越精准,人就会越透明,因此人会产生一定的危机感,幸福感也会因此而丧失。当学生在学校里,所有数据都透明了,学生就没有了隐私,甚至他的未来就被预测,就被看透,这样的人生就变得索然寡味。未知的未来才具有挑战的魅力。另外,学生的学习和成长教育大数据到底属于谁?谁有权采集?可以帮助谁?采集数据有没有许可,如,学生在教室中做鬼脸,我们有没有权利采集?此外,面对数据采集的恐慌,和为了数据采集而产生的造假,也是常见的社会问题。教育大数据发展在一开始就会遇到数据精细化和隐私保护的矛盾与冲突,在发展大数据的过程中需要在机制体制、文化和心理上寻求破解之道。

6. 数据便捷性的追求和安全性的担忧

如果大量的数据被聚集在一个U盘里,那么失窃的概率就会增加,失窃后的破坏性就会增大。以前,偷一个人的档案,只要拿走几张纸。现在,拿走一个U盘,就可以获得全上海150万学生的数据,这是非常可怕的。所以大数据越集中,技术越发达,我们对于数据安全的担忧就会与日俱增。数据的价值也许会让人产生犯罪的冲动,这是大数据时代我们对数据安全的担忧。

7. 教育大数据评估与人的发展主动性之间的矛盾

当数据本身也成为未来因素的时候,未来就不再是数据原因,数据只是一种诱发。人的未来不是由过去决定的,因为大数据主要是对于过去数据的采集,我们在做预测的时候,预测房屋会不会倒塌和预测人的未来行为之间差别非常大。房屋会不会倒塌,可以通过各种物理变量进行准确的预测,但是人的行为是很难预测准的,有人会产生正反馈,有人会产生负反馈。所以教育大数据与人的发展之间的矛盾非常明显。大数据对于教育的预测就像科学算命一样,永远测不准。我们不能因为预测就把人看透看死,更应该考虑人的发展的主动性和能动性特征。

8. 大数据的科学性与教育的艺术性的冲突

大数据是一种技术,技术追求的是一种科学性,在教育上运用大数据却是一项艺术,要把握它的精准和模糊的度,不是越精确越好,有时候模糊是非常必要的。数据很重要,但比数据更重要的是教育本身,只有有意义的活动才会产生有意义的数据。数据创造不出经历,经历却可以创造数据。所以很多教师、校长,忽视了更多经历的创造,学生的成长就会被大数据绑架,这是一个潜在的冲突。所以,面对大数据,如何把握它的精准和模糊的度,这正在考验着每一位教育人。

大数据的应用其实是让人越来越聪明的,聪明的核心是让人理智,理智的人总是在适应这个世界,而不理智的人总是让这个世界适应他自己。但是,正如伯纳特先生所说:"世界的进步总是取决于那些不理智的人。"大数据让你理智的同时,希望还能让你保持那种不理智的冲动。

教育大数据的结构性矛盾伴随着教育大数据的蓬勃发展,问题的解决也许永远在路上,但是唯有直面,才能在教育大数据发展的路上走得更为稳妥而高效。

学习平台和空间的兴起,是教育现代化的必然路径,但是,当下对空间的理解还存在很大的差异,空间标准的建立还亟待完成,但是,无论如何,我们该对智慧学习空间充满期待。学习空间更多的指向环境和设施,但是其精髓在于基于教育教学本质规律的智能应用,未来智能时代带给教育的冲击和想象也许更为精彩。

第四章

● 人工智能激起的"冲击波"

AI机器人AlphaGO的改进型Master挑战人类围棋顶尖高手,竟以60∶0的成绩完胜让世人震惊。那么,其工作原理是什么?可以为人类的学习带来哪些启发?现实的教学方式是否能带来真正的智慧?

本章将通过溯源孔子的学习图像和杜威的思维训练,明晰人工智能时代来临所需要的三种技术突破;通过展示自适应学习平台的智慧,明确会给教师、学生和内容提供商带来的改变;通过阐释自适应学习模式的五个层面,畅想孔子和杜威所追寻的学习诗意境界得以完全实现的美好未来。

第一节　人工智能带给教育的挑战

随着人工智能时代的来临，作为人工智能在教育领域的应用，人们越来越意识到自适应学习对于未来教育领域的变革性作用。在传统的教育环境下，受制于环境和条件，师生比例的差距，使师生一比一的教与学很难实现。教育信息化的智能推荐系统——自适应学习系统便应运而生了。自适应学习技术是以计算机技术特别是人工智能技术为重要支撑的，能预测学习者在某个具体的时间点要取得进步所需的内容和资源类型。自适应学习是一种新的教育形态。在自适应学习的广泛运用下，整个教育的生态系统会发生改变，"教师教什么，怎么教"将被重新界定；"学生学什么，怎么学"也需要重新界定。

一、孔子的学习图像

"学而时习之，不亦说乎？有朋自远方来，不亦乐乎？人不知而不愠，不亦君子乎？"是《论语》开篇的第一则，微言大义，极不简单，是全书思想的基础所在，根本所在和精髓所在。

要全面了解这句话的含义，首先要对"学而时习之"的"习"字作一个比较贴切的把握。南怀瑾先生在《论语别裁》中写道："讲句良心话，当年老师、家长逼我们读书时，那情形真是'学而时习之不亦苦乎'。孔子如果这样讲，我才佩服他是圣人，因为他太通达人情世故了。"可见他根本不认同这种解释。造成误解的最大原因有两个：其一，随着时代的演变，人们逐渐将古人用来表达不同意象的"学"与"习"重合等同起来；其二，朱熹的解释，强调了"习"字含有的"反复不断"的含义，误导后人以为"重复学"就是"习"在这里的本意。[1]

南怀瑾先生继续分析道,"习"就是"小鸟反复试飞"的意思。其实,同一个"小鸟反复试飞"的意象,在不同的语境中,含义会有所偏向。它可以表达"演练、练习"的意思,如果强调需要反复多次才能达成的意思,就衍生出"熟习、熟练"的含义。所以要想准确把握孔子的本意,需要依据当时古代的用语习惯和语境来领会他的真实用意。孔子这里的"习"字可以有"演练、试验、实践"等含义,但绝不会仅仅是"温习、复习"这种完全不合逻辑的误解。

有一则故事,最能体现孔子所讲的"习"字含义。有一次孔子随师襄学鼓琴,曲是《文王操》。孔子苦苦练了很多日子,师襄子说:"可以了。"孔子说:"我已经掌握了这个曲子的弹法,但未得其数。"又练了很多日子,师襄子又说:"可以了,你已于其数。"可是孔子仍说:"不可以,未得其志。"又过了相当的时间,师襄子认为这回真的可以了,可是孔子仍然认为自己没有弹好这首乐曲。于是,孔子反复钻研,体会琴曲的内涵,直到他看到文王的形象在乐曲中表现出来了,才罢休。

可见,孔子在"学而时习之,不亦说乎?"这句话中,要表达一种境界的提升,一种行为的变化,恰恰是要强调"学"与"习"的差异性!其实,从"学"到"习"的过程,隐含一种从理论到实践的过程,是从思想到行为的一种归依。这才是孔子要表达的真正思想内核![2]"习"字既体现出"实践"的含义,又与学习到的东西有关,"小鸟反复试飞"这种意境,恰恰是最好的诠释。只有学到的能用得上,才能体现学习的价值,在实践中体验成就感,"学以致用"才是孔子提倡学习的根源和出发点。学习者能在实践中将学到的知识转化为实践中的智慧,实现自己的价值,能不快乐吗?在实践中验证并丰富对真理的领悟,能不快乐吗?在实践中施展自己的才学,实现自己的理想与抱负,能不快乐吗?这才是孔子"乐"的真谛!

当我们深刻理解了"习"字之后,对"学而时习之,不亦说乎?有朋自远方来,不亦乐乎?人不知而不愠,不亦君子乎?"这句话的理解就得到了整体提升。

第一句"学而时习之,不亦说乎?"的字面含义是"学到的东西有机会付

---

[1] 张伟."学而时习之,不亦说乎"中"习"含义辨析[J].课程教育研究,2015(32):241-242.

[2] 同[1].

诸实践,这难道不是一件值得高兴的事情吗?"这句话的主旨是"学以致用",隐含的意思是"将学到的知识不断实践化,并在实践中得到学习最关键的元素——智慧"。在实践中体现学习的核心价值,这才是令人开心的事!

第二句"有朋自远方来,不亦乐乎?"的字面含义是"有志同道合的朋友从远方来,这难道不是一件值得高兴的事情吗?"隐含的含义是与学习到的"知识""智慧"持续进行交往,并在此基础上形成被人们普遍重视甚至认同的"德性",这才是令人开心的事!

第三句"人不知而不愠,不亦君子乎?"的字面含义是"别人不理解还能不生气,不也是君子应该具备的气度吗?"隐含的含义是"我们掌握或领悟到的知识、真理、智慧、德性可能不被别人所理解或认同,但是并不因为别人的不理解与不认同,它就没有价值,它的价值对整个人生、宇宙、心灵的意义非常之大,这种价值只有通过自身不断地内在超越,才能达到儒家人生的完美追求——'君子'的境界"。

《论语》第一段就是一个完整的有机体,开宗明义告诫人们,孔子所追求的"智慧学习"的不同层次,大致可分为五个层面。

孔子所说的"学",就是将呈现在面前的信息不断结构化逐步形成知识的过程,这是智慧学习的第一层面,即"化信息为知识"。正如建构主义学派所主张的那样,人类的学习是基于认知图式对信息的不断"顺应"、不断"同化"与不断"平衡"的结构化过程。第二个层面,就是通过"小鸟反复试飞"的不断实践,逐步形成学习最核心的环节,"化知识为智慧"。第三个层面,就是将所学到的知识、智慧不断地与更大的学习群体进行交往,形成大家认同的德性,"化智慧为德性"。第四个层面,就是不断超越所学得的知识、智慧、德性,逐步形成体现"君子"人生的价值,"化德性为价值"。最后,价值又以"信息"的方式回归人生学习的生态系统,"化价值为信息",只不过这时的信息是螺旋上升的更高层次的"信息"。

如此理解,孔子的"学习图像"就显得相当清晰了。"学而时习之,不亦说乎?"中"学"表明的是不断将信息结构化,逐步形成知识,"习"表明的是不断将知识实践化,逐步形成智慧;"有朋自远方来,不亦乐乎?"表明的是将具有差异的智慧进行持续交往,逐步形成德性;"人不知而不愠,不亦君子乎?"表明的是将德性不断进行内在超越,逐步形成"君子"价值;最后再将价值以信息的方式回归人类学习的生态系统。由此看来,孔子的学习图像十分清晰,是一个由"信息—知识—智慧—德性—价值—信息"所组成的一个持续不断、反复渐进、螺旋上升的学习生态系统。

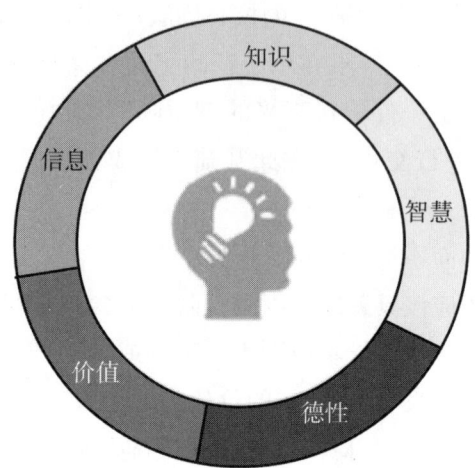

图4-1 孔子追求的学习图像

可以说,孔子的一生就是智慧学习的一生,就是践行和完善其"学习图像"的一生。孔子发出"朝闻道,夕死可矣!"的喟叹,足见其对智慧学习境界追求的优先排序;"三人行,必有我师焉。择其善者而从之,其不善者而改之。"足见其对智慧学习的关键把握与深度洞察。连孔子的弟子也总结出每天对智慧学习的"一日三省":"吾日三省吾身,为人谋而不忠乎?与朋友交而不信乎?传不习乎?"活脱脱是一个曾子版的"学习图像"。孔子的一生就是智慧学习的一生,就是践行其学习图像,完善其学习形态,追求更高学习境界的一生。正因为对智慧学习的不断追求,孔子在世时已被誉为"天纵之圣""天之木铎""千古圣人",是当时社会上最博学者之一。后世尊称他为"至圣"(圣人之中的圣人)、"万世师表"。

孔子在《论语·为政》中,是这样描述他终生追求智慧学习境界的:"吾十有五,而志于学。三十而立,四十而不惑,五十而知天命,六十而耳顺,七十而从心所欲,不逾矩。"就是说,我十五岁,有志于学习,进入志趣探究阶段;三十岁,说话做事能够自主独立完成,进入智慧学习自主自立阶段;四十岁,能够明辨是非,不致迷惑,进入智慧学习不惑明辨阶段;五十岁,知晓天下万事万物运行的规律,进入到智慧学习规则熟稔阶段;六十岁,能够听进各种层次和形态的言语,进入智慧学习范式融合的阶段;到了七十岁,能够随心所欲,任何思想和行动都不会越出规矩,进入智慧学习思想自由的境界。也就是说,在生命的全流程中,孔子经历了六个境界的学习形态:(1)志趣探究;(2)自主自立;(3)不惑明辨;(4)规则熟稔;(5)范式融合;(6)思想自由。

孔子学习图像的最高境界是"舞雩之乐"。"侍坐"章里讲,孔子和子路、冉有、公西华、曾皙谈志向,轮到曾皙时,曾皙竟说出一段诗情画意的话来:"暮春者,春服既成,冠者五六人,童子六七人,浴乎沂,风乎舞雩,咏而归。"一下子把孔子感动得心旷神怡,喟然叹服。这幅学习图像展示的是这样的诗意学习场景:暮春时节,春服已经穿好,我会同五六个青年,六七个少年,到沂水河里洗洗澡,在舞雩台上吹吹风,既可畅谈天文地理、人生奥秘,又可诚意正心、格物致知,还可人文审美、哲学情思,更可游戏自由、啸傲山月,然后唱着歌回来。一袭布衫,大袖飘飘,身体的宽舒与心灵的自由相得益彰。几个大人,配上几个嬉戏无状的顽童,使学习气氛活跃而不拘谨,学习的诗意自然地流淌。

实际上孔子的"学习图像"既是对自己学习境界的一种深度体验,也是对中华民族的"学习"特征和形态的精准提炼,更是中国文化"学习"特质的高度领悟。正因为对学习图像的深度把握,孔子的教育理念为"有教无类""因材施教",教学方式有侍坐式教学、对话式教学,教学方法为启发式教学。孔子的教学贡献主要有五点:

(1) 对传统的各科教材的小心选择和灵活运用,为中华民族"化信息为知识"提供一些基本的材料,如孔子对传统诗、书、礼、乐、春秋的删改、修订;

(2) 善于激发学生学习的积极性和注意培养学生的独立思考能力,如"循循善诱""温故知新"等,以激发学生"化信息为知识"的潜能;

(3) 注意学生的个别差异和学习的过程和态度,主张"因材施教",注意学生"学思行"的结合,以引导学生"化知识为智慧"的实现;

(4) 善于运用问答法的教学形式,启发学生积极的思维活动,以催化"化智慧为德行"的契机;

(5) 注意关于道德教育任务的培养,向学生传授"知""仁""勇"三方面的知识,这也是知、情、意的道德教育的基本过程,以实现君子品质的锤炼。

2000多年前孔子所追求的学习图像,因为时代和技术的限制还留有很多遗憾。比如,信息载体和信息技术的严重匮乏,知识资源积累的薄弱,知识结构的碎片化,学习探究活动的昂贵,学习交往互动的闭塞,知识核心价值认知的错位,知识传承数据的流失,等等。当我们进入移动互联的信息时代,信息的海量、知识的爆炸、大数据技术、物联网技术,实现和实践孔子"学习图像"的崭新时代来临了。

由此看来,自适应学习应该追求的是将信息结构化、知识实践化、智慧交往化、德性系统化、价值生态化,由"信息—知识—智慧—德性—价值—信息"所组成的一个持续不断、反复渐进、螺旋上升的学习生态系统。

二、杜威的思维训练

在中国,孔子的教育思想源远流长;在美国,约翰·杜威的教育理念则历久弥新。如果说,孔子的"学习图像"解释和探究的是智慧学习的"生态圈",那么,杜威的思维训练解释和探究的是智慧学习的"有机链"。

《天才儿童的思维训练》被誉为美国人的"教子圣经",是约翰·杜威的名著之一,英文名是"How We Think",直译过来是"我们如何思维"。可以说,《天才儿童的思维训练》是一本教育史上的奇书、好书。这本书问世至今,影响力长盛不衰。凡是梦想把儿童训练成天才的父母们,都能从书中吸取实用思想,训练出优秀的孩子。由此,法国教育家贝廷评价说:"为什么美国人是乐观、活跃的实用主义者? 其根本原因就在于他们儿童时期就得到了实用的思维训练,他们的老师和父母都自觉地从《天才儿童的思维训练》一书中吸取营养哺育他们。约翰·杜威是一切受教育者的教父。"哈佛大学心理学博士塞德兹甚至说:"《天才儿童的思维训练》始终是培养未来人才的圣经。"

杜威认为,好的教学必须能唤起儿童的思维。要理解"什么是思维"的问题,必须明确哪些不是"非思维"脑部活动。其实,人们通常谈论的"记忆"和"意识流"不能算真正的思维,这两者充其量也只能算思维的起点和基础。

如何思维是杜威所论述的一个重要命题。在《民主主义教育》一书中,杜威就多次谈到了什么是思维。他指出,所谓思维或反思性思维,就是识别我们所尝试的事和所发生的结果之间的关系,思维就是有意识地努力去发现我们所做的事和所造成的结果之间的特定的连接,使两者连接起来。[1]他还指出,"思维"是在事物还不确定或者可疑,或者看问题时发生的"一个探究的过程、一个观察事物的过程和一个调查研究的过程。在这个过程中,

---

[1] 吴举宏.中小学教师教学研究存在的问题及其分析[J].中小学教师培训,2012(6):33-35.

获得结果总是次要的,它是探究行为的手段。"在杜威看来,反思思维是求知的最好方式,它是"对任何信念或假定形式的知识,根据其支持理由和倾向得出的进一步结论,进行的积极主动的、坚持不懈的和细致缜密的过程"。

在《天才儿童的思维训练》一书中,杜威对反思性思维作了进一步的阐述。首先,他将反思性思维与那种毫无系统性,缺乏证据及盲目顺从于传统和权威的常规思维作了比照。在他看来,常规思维基本上是由传统、权威和冲动所决定的。更为重要的是,杜威发现,平常学校所教授的逻辑和实际的思维有着本质的区别。因为实际思维不采用逻辑的形式,但思维的结果用逻辑思维来表述。在此基础上,杜威提出了关于思维训练的观念:(1)要引导儿童从游戏的态度发展到探索的态度;(2)只有当儿童运用事物和感知来支配他的身体、协调他的活动时,才能得到发展;(3)对儿童来说,教育必须以经验为基础;(4)在传统的语言教育中,教师有垄断连贯叙述的习惯,有碍学生连贯思维的发展;等等。

为此,杜威提出了学习就是学习思维,就是学习者基于自身经验持续探究的思维结构的优化,就是熟稔思维结构优化的相关规则、技巧和方法,以促进学习者智慧和道德的发展。这种学习才是真正意义上的"智慧学习"。作为一个思维过程,具体可分成五个步骤,通称"思维五步"[1]:(1)疑难的情境;(2)确定疑难的所在;(3)提出解决疑难的各种假设;(4)对这些假设进行推断;(5)验证或修改假设。当然,这五个步骤的顺序并不是固定的。对于学习者来说,学习的流程大致简化为"感觉到的困难—困难所在及其界定—对不同解决办法的设想—运用推理对设想的意义所做的发挥—进一步的观察和试验,得出结论。"

由"思维五步"出发,杜威认为,教学过程也相应地分成五个步骤:(1)教师给儿童提供一个与现在的社会生活经验相联系的情境;(2)使儿童有准备去应付在情境中产生的问题;(3)使儿童产生对解决问题的思考和假设;(4)儿童自己对解决问题的假设加以整理和排列;(5)儿童通过应用来检验这些假设。

这种教学过程在教育史上一般被称为"教学五步"。在杜威看来,在这种教学过程中,儿童可以学到创造知识以应付需求的方法。杜威认为,这才是教育的最高境界,这种教育形态培养的儿童才真正具有持续探究的兴趣、

---

[1] 单中惠.杜威的反思性思维与教学理论浅析[J].清华大学教育研究,2002,23(1):55-62.

深度反思的品质和激情创新的特质。

所以,教学也应该是基于思维的教学——反思性教学,也可相应地分成五个阶段:(1)有一个对活动本身感兴趣的连续的活动;(2)在这个情境内部产生一个真实的问题,作为思维的刺激物;(3)要占有知识资料,从事必要的观察,对付这个问题;(4)必须负责一步一步地展开所提出的解决问题的方法;(5)要有机会推广应用来检验想法,使这些想法意义明确,并且让自己去发现它们是否有效。

当然,反思性教学步骤并不是一成不变的,而是随着学生的学习模型和知识掌握的程度模型变化而变化的。

十九世纪末,因为工业革命的影响,美国的课堂与现在很多传统教育的课堂似曾相识。在一间间鸽笼一样的教室里,桌椅按照几何图形一行行密密麻麻地排列,儿童们面无表情,静听手持现成教材的教师照本宣科。教学脱离儿童生活经验、纯知识灌输流水作业,是美国传统教育的主旋律。杜威针对此种现象,提出以儿童为中心,以儿童如何学习为起点,在经验中思维,在体验中学,在做中学,在反思中学,在探究中学。杜威认为,当时美国教育面临的一个崭新问题:儿童怎样才能了解过去,并能把这种了解转化为评价和认识现实生活的强大动力?这种智慧学习一定是基于学生经验的学习,是过程持续性与交往作用性相互融合的学习,是促进学生智慧和道德生长学习,正如一位诗人所说:"经验的拱门闪耀光芒,照亮人间那些人迹罕至的角落,只要我们步步接近,一切边缘就会消失萎缩。"

总之,杜威从思维特征和思维过程出发,解剖了人为什么需要学习、人是如何学习、人需要学习什么以及如何因材施教等智慧学习的深刻命题。如果说,孔子的"学习图像"从系统生态的角度启发我们自适应学习的全景的广度追求,那么,杜威的"探究路径"则是从学习的路径和方法,启发我们自适应学习建构的深度。在杜威看来,无论是学还是教,都应该培养学习者的反思性思维,完善学习者智慧学习的思维结构及其原则,以培养学生对某个问题进行反复的、认真的、不断的深思与探究。

三、智能时代新契机

无论是孔子"学习图像"所揭示的智能养成生态圈,还是杜威"探究路径"所揭示的智能培育的有机链,都因时空和技术的局限,总有一种未能如愿以偿的缺憾。随着人工智能时代的到来,一切皆有可能。当人类学习插上人工智能这个翅膀后,一种新的学习形态必将涌现。

"人工智能"一词最初是在 1956 年达特茅斯(Dartmouth)学会上提出的。从那以后,研究者们发展了众多理论和原理,人工智能的概念也随之扩展。人工智能是研究、开发用于模拟、延伸和扩展人的智能的理论、方法、技术及系统应用的一门新兴的技术科学。人工智能是计算机科学的一个分支,它企图了解智能的实质,并生产出一种新的能以与人类智能相似的方式做出反应的智能机器,该领域的研究包括机器人、语音识别、图像识别、自然语言处理和专家系统等。

人工智能从诞生以来,理论和技术日益成熟,应用领域也不断扩大,可以设想,未来人工智能带来的科技产品,将会是人类智慧的"容器"。人工智能是对人的意识、思维的信息过程的模拟。人工智能不是人的智能,但能像人那样思考,也可能超过人的智能。人工智能的应用越来越广泛,涉及机器视觉、指纹识别、人脸识别、视网膜识别、虹膜识别、掌纹识别、专家系统、自动规划、智能搜索、定理证明、博弈、自动程序设计、智能控制、机器人学、语言和图像理解、遗传等。

人工智能时代的来临,仰仗三种技术突破。

1. 更廉价的并行计算

当人开始思考时,大脑中的数百亿神经元被同时激发,制造出用于计算的同步电波,进行着人类固有的一种并行计算过程。同样,在人工智能软件中,一个基本的结构就是建立一个神经网络,进行各个进程的同步运行和计算。神经网络中的一个节点大致类似人脑中的一个神经元,它能通过和周围节点的互动弄清接收到的信号。

问题的关键在于,一个程序想要辨认出某个口语词汇,必须听到所有音素以及它们之间的关系,想要识别某幅图片,必须同时看见每个像素以及它和周围像素的关联,这两者都是深度并行的任务。

目前,这个难题已被吴恩达和斯坦福大学的一个研究团队攻克下来了。吴恩达是斯坦福大学计算机科学系和电子工程系副教授,人工智能实验室主任,是人工智能和机器学习领域权威学者之一。

2009 年,吴恩达和斯坦福大学的一个研究团队在图形处理器(graphics

processing unit,简称GPU)的新型芯片的基础上,开始开发并行运行神经网络。这项发现让神经网络的节点之间能拥有上亿的连接,开启了神经网络新的可能性。如今,在GPU集群上运行神经网络被应用云计算的公司当作常规技术使用,如脸谱网用它来识别照片中的好友,而一些公司用它来为用户推荐可信赖的内容等。

2010年,时任斯坦福大学教授的吴恩达加入谷歌开发团队XLab(X实验室)——这个团队已先后为谷歌开发无人驾驶汽车和谷歌眼镜两个知名项目。吴恩达与谷歌顶级工程师开始合作建立全球最大的"神经网络",这个神经网络能以与人类大脑学习新事物相同的方式来学习现实生活。谷歌将这个项目命名为"谷歌大脑"。[1]

吴恩达最知名的是他开发的人工神经网络通过观看一周视频,便自主学会识别哪些视频是关于猫的视频。这个案例为人工智能领域翻开了崭新一页。吴恩达表示,未来将会在谷歌无人驾驶汽车上使用该项技术,来识别车前面的动物或者小孩,从而及时躲避。

2014年5月16日,百度宣布吴恩达加入百度,担任百度公司首席科学家,负责百度研究院的领导工作,尤其是"百度大脑"计划,为并行计算增添了新的一笔。

2. 可分析的大数据

每种智能都需要接受训练。人工智能之所以取得突破,部分是因为对全世界令人难以置信的海量数据的收集。大规模数据库、自我追踪、网页cookies[2]、网上足球、太字节(TB)级别的存储、几十年的搜索结果、维基百科以及整个数字世界都成了让人工智能变聪明的老师。

在《与大数据同行——学习和教育的未来》一书中,作者做了六个方面的描述:

(1) 大数据正在进入教育的方方面面,并将对这个世界的学习产生深远的影响,它能告诉我们什么是最有效率的,并且揭示那些过去无从发现的谜题;

(2) 大数据改善学习的三大核心要素——反馈、个性化和概率预测,过

---

[1] 王辰越.吴恩达:google大脑背后的"X教授"[J].中国经济周刊,2013(22):76-77.

[2] 存储在用户本地端的数据。

去我们相信自己发现因果关系的能力,如今必须意识到我们通过大数据看到的往往是相关关系;

(3) 大数据有能力将数据的生成与处理、利用分隔开来,在信息上为教育松绑,同时将学校和课本转化为数据平台,促进学习的改善;

(4) 与大数据同行是有一定风险的,因为我们对潜在后果和概率性结果的预测有加大教育不平等的可能;

(5) 大数据将使教育的性质从根本上发生改变,这个社会将最终学会如何去学习,它给了我们更全面、更精细的视角,来看待世界的复杂性和我们身处其中的位置;

(6) 利用大数据,我们可以使决策者得以在全面而坚实的经验基础上改善其决策的质量,从而使教育决策从意识形态的偏见中脱离出来。

在教育大数据领域,可汗学院作了有益的探索。可汗学院基于每个学生的答题准确率运行了一个统计模型,用以判断学生是否"精通"某个学科领域。网站存储了超过10亿条已完成的习题的记录,这相当于大量揭示学习行为的数据。系统还能为学习者确定最适合他们所学主题的学习路径,使他们不仅能够根据自己的步调学习,还可以按照最有效的顺序进行学习。

可汗学院的实践凸显了大数据时代教与学的变化,让我们以崭新的方式看待学校、班级、课本和课程:将它们看作收集和分析数据的平台,并把分析结果用于教育的改进。

尽管教育决策的意义重大,但其制定过程却往往基于相对较少的数据。实际上,此类数据的收集和分析,并不是由客观的局外人,而应该是由典型的内部人士操作的。有一个相对重要的问题是,教师和学校如何能够做到客观地收集和分析那些反映自身能力与课堂失误的数据,如何依靠此系统的客观实在性,而不是高度主观性和倾向性?

从组织上看,有关反馈和质量保障的信息数据,应该由与结果无利益关系的专业人士进行收集,否则,相关流程的信息可能被弯曲。因此质量控制通常交由专门机构负责,其任务是还原事实,而不是把情况描述成管理者希望的样子。[1]

---

[1] 陈阳,洪方恩.《与大数据同行:学习和教育的未来》提要[J].中国多媒体与网络教学学报(电子版),2017(1).

可汗学院和吴恩达先生创建 Coursera[1]学习平台,并不是因为要让许多教育活动被仿制在数字环境之中,而是因为当学习发生在数字环境之中时,可以收集过去无法获得的数据。在这一过程中,大数据有能力将数据的生成与处理、利用分隔开来,在信息上与教育松绑,同时将学校和课本转化为数据平台,以促进学习的改善。

正如吴恩达解释的那样:"建设人工智能就像造一艘火箭飞船,需要一个巨大的引擎和许多燃料。飞船的引擎是各种学习型算法,而燃料是我们提供给这些算法的大量数据。"

3. 深度的学习算法

数字神经网络在 20 世纪 50 年代就被发明出来,计算机科学家又花费了几十年时间探究如何驾驭数百万甚至数亿神经元之间多如天文数字的组合关系。IBM(国际商业机器公司)的沃森、谷歌的搜索引擎、阿尔法围棋以及脸谱网的算法,都显示了深度学习的深层次算法。

2015 年,谷歌公司开源了 TensorFlow[2],代码质量高,设计干净,被誉为"业界良心"。以 repository 软件包为例,使用 TensorFlow 库实现了多种深度学习算法。[3]

在 TensorFlow 版本中,可用模型列表有:

(1) 卷积网络(Convolutional Network);

(2) 循环神经网络(Recurrent Neural Network ,简称 LSTM);

(3) 受限玻尔兹曼机(Restricted Boltzmann Machine);

(4) 深度信念网络(Deep Belief Network);

(5) 作为 RBM 堆叠的深度自编码器(Deep Autoencoder as stack of RBMs);

(6) 去噪自编码器(Denoising Autoencoder);

(7) 堆叠的去噪自编码器(Stacked Denoising Autoencoder);

(8) 作为去噪自编码器堆叠的深度自编码器(Deep Autoencoder as Stack of Denoising Autoencoders);

(9) 多层感知器(MultiLayer Perceptron);

(10) 逻辑回归(Logistic Regression)。

---

[1] 免费大型公开在线课程项目。

[2] 一个基于数据流编程的符号数学软件库。

[3] https://github.com/blackecho/Deep-Learning-TensorFlow

其实，在人工智能业界已经有不少开源的深度学习框架，比如谷歌的TensorFlow、脸谱网的Torch、加州大学伯克利视觉和学习中心的Caffe等。

TensorFlow，谷歌第二代深度学习技术，被使用在谷歌搜索、图像识别以及深度学习框架，是一个非常好用的网络结构可视化工具，对于分析训练网络非常有用。

Caffe(全称Convolutional Architecture for Fast Feature Embedding)，是一种常用的深度学习框架，它开始于2013年底，在视频、图像处理方面应用较多，是第一个主流的工业级深度学习工具。在计算机视觉领域，Caffe依然是最流行的工具包。

中国的百度开源Paddle也加入了这一新潮流，也成为中国第一家开源深度学习系统的大型科技公司。

2016年9月，百度首席科学家吴恩达宣布将开源该公司的人工智能综合平台"百度大脑"底层的深度学习平台Paddle，其已经在百度内部投入到生产环境。该平台全称为Parallel Distributed Deep Learning(并行分布深度学习)。

具体来说，Paddle包含多种在业界比较常用的深度学习模型，包括深度神经网络(DNN)、卷积神经网络(CNN)、递归神经网络(RNN)、复杂记忆模型、NTM等，并支持多种优化算法。在模型训练方面，Paddle可以支持多机多显卡训练，能够充分利用使用者的硬件性能，并支持Python/C++预测接口。性能和灵活性样本，与Caffe、TensorFlow相比，Paddle的最大优势之一就是易用，可以一键式安装，配备了丰富的样本和完善的中英文双语文档。Paddle功能完善，性能优先并兼顾灵活，相对于其他优先灵活但提高了使用难度的系统而言，更值得考虑使用。百度已经为Paddle设立了官方网站，包含完整的文档和安装指导。

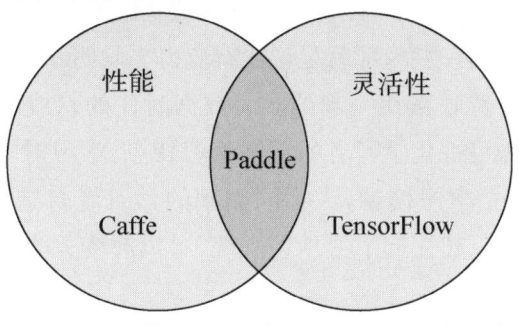

图4-2 Caffe、TensorFlow、Paddle三者的关系

随着深度的学习算法与大数据分析结合,新的人工智能算法将越来越好,未来人工智能虚拟圈里将完成整个循环。吴恩达在硅谷的演讲中解释道,以前人工智能的虚拟圈,比如做一个很好的产品,可以得到很多很好的用户,这些用户可以提供很多的数据,最后,用人工智能就可以让很多的产品越来越好,让你得到越来越多的用户,如此产生人工智能的良性循环。

第二节 对人类"智慧"的再认识

智慧本身是什么?怎么提升?现实的教学方式是否能提升智慧?

- 智慧(Wisdom,Wit):对事物能迅速、灵活、正确地理解和解决的能力。[1]智慧使我们做出导致成功的决策。智慧,经年累月形成的对人、事、物的生活哲学;智力,能够影响并体现在解决问题等方面上的一种综合能力。

- "智力"是通过改变自身、改变环境或找到一个新的环境去有效地适应环境的能力。智力也叫智能,是人们认识客观事物并运用知识解决实际问题的能力。

- 智商,为了方便对智力进行比较而延伸出来的计算值。

现有的教学方法中,肯定有一些合理的成分,但是可能还有一些糟粕。我们对这些糟粕能不能定义呢?现在定义这些糟粕可能有点难,但是不能不定义。比如我们认为那些机械的训练对于智慧的提升是意义不大的,因为没有让人变得更聪明。大脑中的结构有没有改变?如果改变了,那就变得更聪明了;如果没有改变,那就是说没有变得更聪明。

大数据是和智慧联系在一起的。大数据时代的在线学习,实现全面地记录、跟踪、掌握和可视化学习者的不同学习特点、学习需求、学习基础和学习行为,为学生建立学习模型,为不同类型的学习者打造个性化的学习路径。教育大数据可以建立起学习预警系统,可以改变人类的学习方式,能更

---

[1] 新华字典[M].第10版.北京:商务印书馆,2004.

有效地实现"个性化自适应学习"。[1]

教育信息化的浪潮,如电子书包、教育资源库,早在几年前就席卷而来,如海啸一般,但来过之后还是一片风平浪静。这是为什么?

没有理念的改变,再多方法的改变,也不能成就革命性的变化。要实现教育的革命性变化,光有信息化的手段与方法是不够的。理念的改变,需要有智慧。

自适应学习平台体现了计算机的智慧。自适应学习平台根据学生的表现调整学生学习材料的呈现方式和内容。平台借助科学的分析模型,根据学生的学习过程中的表现,制定专门的学习材料和内容,以此适应学生的发展水平和个性化的学习。自适应学习平台可以完成从"教师传授为中心"到"学生发展为中心"的转变,其中的主要原因是教师和家长都能及时掌握学生的学习程度,能及时跟踪学生真实的学习情况,能及时动态调整学生的学习策略。

然而,自适应学习平台需要高级的数字化技术及智能技术的支持。自适应学习对学习环境和要求可归纳为:丰富的媒体表现形式、良好的适应性、敏感的反馈系统、便捷快速的通信,这必然要求在学习环境广泛应用多媒体、人工智能、网络通信等高新技术。

高新技术影响平台的智能水平,而平台的智能水平更大程度上取决于教育理念。关于教育理念及其技术实现方面的内容,请阅读本书的第五章和第六章内容。

一、阿尔法围棋为什么能赢世界名将?

阿尔法围棋能打败人类围棋顶尖高手,人工智能碾压人类智商的恐惧感再次笼罩网络。谁来捍卫人类的尊严?它们还会在哪些领域挑战人类,我们的未来是否充满危机感?

我们需要对电脑智慧要有正确的认识,让人工智能为教育更好地服务,以人工智能技术为基础的自适应学习给我们带来了兴奋感,她能适应我们教育工作者吗?我们教育工作者能适应她悄悄地来到我们身边吗?

---

[1] 姜强,赵蔚,王朋娇,等.基于大数据的个性化自适应在线学习分析模型及实现[J].中国电化教育,2015(1):85-92.

过去30年中,有2次人机大战给人们留下格外深刻的印象。

第一次:IBM深蓝vs卡斯帕罗夫。1997年,美国IBM公司的深蓝(Deep Blue)超级计算机以2胜1负3平战胜了当时世界排名第一的国际象棋大师卡斯帕罗夫。深蓝的运算能力当时在全球超级计算机中居第259位,每秒可运算2亿步,它主要依靠强大的计算能力穷举所有路数来选择最佳策略。深蓝是人工智能发展史上一个里程碑。[1]

第二次:谷歌阿尔法围棋vs李世石。2016年,美国谷歌公司旗下深度思考(DeepMind)团队开发的阿尔法围棋(AlphaGo)以4∶1的成绩打败了韩国围棋名将李世石。谷歌的围棋人工智能程序和围棋名将之间的比赛,堪称人工智能发展的一个重要里程碑,也让全世界的目光聚焦在人工智能这个热门科技领域。

围棋一直被看作人类最后的智力竞技高地。据估算,围棋的可能下法数量超越了可观测宇宙范围内的原子总数,显然,深蓝式的硬算在围棋上行不通。

阿尔法围棋程序是一款人机对弈的围棋程序,它的棋艺不是开发者教给它的,它是"自学成才"的。游戏是人工智能最初开发的主要阵地之一,比如博弈游戏就要求人工智能更聪明、更灵活,用更接近人类的思考方式解决问题。

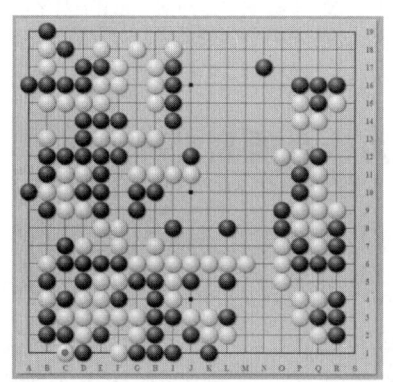

图4-3 谷歌AlphaGo vs 李世石棋局

围棋每一步的可能下法非常多,棋手起手时就有19×19=361种落子选择。

---

[1] 丙宸.人工智能自我意识的觉醒[J].科学之友(上半月),2016(6):10-13.

既然围棋对于人工智能来说这么难攻克,那么对于阿尔法围棋程序的设计者来说,是否也需要具备很高的围棋水平?设计者们只需要懂得围棋的基本规则即可。阿尔法围棋背后是机器学习领域的专家。专家们利用神经网络算法,将棋类高手的比赛记录输入给计算机,并让计算机自己与自己进行比赛,在这个过程中不断学习训练。

阿尔法围棋的主要工作原理是深度学习。"深度学习"是指多层的人工神经网络和训练它的方法。一层神经网络会把大量矩阵数字作为输入,通过非线性激活方法取权重,再产生另一个数据集合作为输出。这就像生物神经大脑的工作机理一样,通过合适的矩阵数量,多层组织连接一起,形成神经网络"大脑"进行精准复杂的处理,就像人们识别物体、标注图片一样。

阿尔法围棋理解一个原则,理解一个价值目标,一旦确定这个目标后,便会去不断学习,会从大量的教训、案例中找出规律,并且用这个规律实现目标,打败别人,这就是智慧。

同时,我们意识到,大量的机械训练之后,很多思维程序化不是真正的智能!我们用"机械训练"这种方法来训练孩子,做作业,做好了就给奖赏,做不好就给惩罚。这种学习理念是非常落后的。做多了,所以熟练,所以考得好,考得好所以得到强化;得到奖赏后,更进一步努力做作业。这种训练不会带来智慧的提升。机械训练不能提升智慧,不会让人变得更聪明,所以我们的孩子上学上了5年、10年后做智商测量,智商没有提升,还有可能变笨了!

孩子掌握一大堆的知识、一大堆机械的东西,会做题,其他方面,如解决问题的综合性能力、创造思维、批判性思维等没有得到很好的发展。这是问题的关键。

阿尔法围棋能赢世界名将,给我们教育者带来的启示和思考有五点。

(1)人类的智慧非常了不起,能做出很多了不起的事情。

(2)现在的机器智能非常厉害,要引起重视,科幻小说内容很容易变成现实。

(3)机器越来越聪明,而我们教的学生是否也能越来越聪明?

(4)我们要适应机器智能的发展吗?还是要求机器适应我们?

(5)现在或在不久的将来,有越来越多的人不再把孩子送到学校读书了,用软件在家里教育孩子,我们能适应吗?

我们必须了解自适应学习方面相关的理论、技术及应用情况，了解上海教育在教育信息化的进展和发展趋势。

我们要知道自适应学习技术会带来教育的深度变革，能运用"一些技术"改变教学方式。

基础教育需要深度变革，我们必须理解复杂体系的运转机制，理解如何使体系变得更好，理解如何成功地推行大规模的变革，理解技术在持续的、全面的教育改革中应当起到什么样的作用。

二、电脑智慧是如何体现的？

自适应学习技术自20世纪70年代就开始被大量研究。随着人工智能时代的来临，作为人工智能在教育领域的应用，人们越来越意识到自适应学习对于未来教育领域的变革性作用。

因材施教，自古以来就是教育所要努力的方向。自适应学习技术是以计算机技术特别是人工智能技术为重要支撑的，能预测学习者在某个具体的时间点要取得进步所需的内容和资源类型。自适应学习是一种新的教育形态。对于教育管理机构来说，由于运用了教育新形态，需要重新思考怎么来管理教育，以适应新形态的发展。对于教育从业者来说，开发自适应学习的相关系统，研究自适应学习相关技术，为理论上和技术上来支撑自适应学习的实践和应用提供了指导。

著名的Knewton（牛顿）公司成立于2008年，已经吸引了全美100多万名学生在其平台上学习数学等基础学科和阅读。其自适应学习平台的智慧体现在学生、教师、内容提供商三项核心服务优化学习过程，可供我们学习借鉴。

1. 学生方面

平台为学生提供内容推荐服务，引导学生进行最适合他的下一步学习和活动，并当学生在学习中遇到困难时，课程的难度会自动降低。

技术上，平台不仅能提供错题本，还应用了一些复杂的逻辑，能为学生讲解答疑。系统里有大量内容，此时最应该呈现给学生的知识是哪一个？系统用到一些统计分析的模型，来判断哪些适合学生学习。

系统会给每一个内容打分，然后根据分数排序，决定学生下一个该学习的内容。每个模块里的内容可大可小,有可能是一个小问题,也可能是一个学习活动,这和很多互联网公司为用户做的推荐是一样的原理。而内容打分的一个很重要的基础就是知识图谱,以及他们之间的相互关系,知识个图谱让系统更好地决定哪个内容是最适合学生学习的。这套算法系统能够更准确地判断用户真实水平,为学生推荐与其水平相适应的学习课程。通过不断提问和测试判断学生的真实水平,教师再为学生提供与之水平相适合的课程辅导。在平台上,如果学生在测试过程中遇到困难,系统就会不断地降低测试难度,直到用户可以掌握的知识水平。同样,如果用户水平很高,平台就会不断地增大测试题目难度,直到用户遇到学习困难。连续的自适应学习能够以多选择模式和自由试题反馈两种方式及时给学生发送个性化的反馈,保证学生不会注意力不集中,或者能够快速自我修正。这将调节学生学习的步调,实现迭代发展和快速学习。

自适应学习系统能够建构一个学习社区组织来改善学生的课程参与度。[1] 例如,牛顿数学准备(Knewton Math Readiness)根据学生使用的教材的不同将学生进行一级分组,再根据学生作业互查机制和学生的能力反馈结果进行二级分组,使每组组员的能力可以互补。适应性课程与游戏有着很多的共同点,所有学生都有展示自身技能和反馈的机会。

自适应课程用一种游戏的方式悬疑性地逐步增加作业的难度,让学生过关式地进入下一个要学习的层次。强化多种游戏元素可以将适应性课程真正转换为游戏性的学习体验。

2. 教师方面

平台为教师提供学情分析服务,可以使用它来监测每个学生的知识空白,即时调整,为每个学生提供个性化教学。系统根据每个学生的个人学习路径和方式的不同提供视频、在线教材以及课程问题等课程,并且持续地评估学生的掌握程度并且作出调整,学生通过获得课程奖励实现进步,进入到下一轮的学习。

平台为一个学生学习所要安排的内容,包括在线传送给学生的学习部分和在实体设备储存部分,这样可以控制学生学习的时间、地点、路径以及步调,而不是给所有学生安排相同学习进度分配相同的内容,也不能依据学

---

[1] 胡琼月.教育迎来 DT 时代,Knewton 个性化课程[J].大数据时代,2017(5).

习者的学习时间来推荐内容。

教师应用对整个学习过程有敏感的洞察力。自适应学习让教师能够对学习过程,特别是学习效率、参与程度以及知识的记忆力有较好的洞察力。教师可以掌握学生在整个课程中活动和表现的模式,也可以深入研究一个学生的学习概览来判断是什么让这个学生的学习变得痛苦。

自适应学习平台Knewton上,教师可以使用实时预测技术来监测每个学生的知识空白,从而为每个学生提供个性化教学。

教师通过平台可以观察学生多样的学习需求。目前,学生需求的多样性增加了教师和学校的管理难度,学生多样性越大,则需要考虑的需求就越多。Knewton让教师可以强调学生的多样性需求,同时观察学习进程。例如,系统能够发现一个学生在数学单词方面有问题是因为它在阅读理解方面有缺陷;系统就会指导教师进行教授特定的关于语法和词汇的材料,并建议教师对这个学生进行相应的单独辅导。然后,如果系统发现有个学生在理解数学概念上没有问题,但是却在处理数学计算上很粗心,就会通知教师:这个学生应该受到关于如何增加估算能力和答题后检查。然后,教师就可以精确地指导学生,并让他了解自己存在的问题。自适应学习能够帮助教师精准地掌握他们正在教授的以及评估的是什么样的内容,这样能够保证这些内容能够被分析,并且实现调整改善,并且不会让学生因为过时的或者低效率的材料而遭遇学习障碍。

3. 内容提供商方面

平台提供内容洞察和分析服务,能够根据学生特点和学习习惯,即时调整内容供应,使教学更加个性化,从而提高学习效果。

在技术平台上,学习材料开始适应性地满足每个学生独特的学习需要,同时,学生可以生成大量有价值的数据,通过分析这些数据,确保学生保持最有效、最高效的学习方式。合作者能够利用Knewton的开放平台,创建与每个学习者匹配的学习内容和体验,对于正在或即将与其合作的出版商和内容供应商,未来可以将自适应学习技术集成到自己的产品中去,为教师提供成熟的预测分析技术。

自适应学习平台Knewton,向教师、学习者提供了非常多的智能工具,体现了电脑的智慧。

三、人工智能真的能完全替代老师的工作吗?

"老师"一词最初指年老资深的学者,后来把教学生的人也称为"老师"。《师说》中,"师者,所以传道授业解惑也"。"教师"则指在各级各类学校中以教育培养学生为职责的专业工作者。

教师的工作对象是学生群体,每个学生都是有主体意识的个体,在身体、心理、智力水平和思维方式等方面都有自己的特点,可能获得的发展需要和发展潜力都有所不同。每个学生都是独特的个体,身心都处于多变的阶段,他们都具有主观能动性,并渴望得到别人的认可。这就要求教师在教育活动中要随时了解不同学生的发展特点和规律,充分发挥学生的主观能动性,并且注意随时调整自己的教育方式,做到因材施教、因时施教。

学生的学习和发展过程是一个在错综复杂的环境中不断转化的、渐进的、长期的、复杂的过程。培养人的教育活动是一个比较漫长的过程。教师的工作非常辛苦。

技术变革的节奏如此迅速,其所带来的影响如此深远,人类的生活将不可避免地发生改变。新技术的介入可能使我们的教育生态系统更有效,使教师的工作更有效、更轻松,甚至它可能会替代教师的工作。

让我们思考这两个问题。"机器人教师"离我们还远吗?"机器人教师"可能给教育带来的变化是什么?

(1) 监考。考场内监考的,也可能不再是教师,而是一台来回巡视的机器人,只要学生稍有舞弊的歪念,就能被"机器人教师"感应到。

(2) 作业。批改作业,通过功能强大的"机器人教师"能高效地完成。

(3) 课间巡视。通过功能强大的"机器人教师"能灵敏地感知学生的表现和生理反应。

(4) 艺术体育教育。"机器人教师"在知识的识记、忍受高工作强度乃至一般的歌舞绘画技能等方面超过一般的教师。

(5) 学习辅导。比如,谷歌的服务依赖于人工智能技术的发展,教育学领域在其影响下已开始出现显著的转变。自从谷歌创建以来,很多图书馆员与教师都走向了失业。我们对用来堆放书籍和报纸杂志的物理空间的需求越来越小,因为现在大部分知识都可以在网上找到。除此以外,开放教育资源,如维基百科、可汗学院等,都在改变教育领域的格局。通过人工智能搜索,所有资源都触手可得。

(6)课程资源建设。人工智能能提供的不仅是优化设计,而且能够不断改进,因为它使用的是个人数据来判断课程中的弱点。人工智能甚至可能做到自动生成课程大纲和教学内容。

那么,人工智能真的完全能替代教师的工作吗?

首先,要考虑让教师相信自适应学习的作用。

若要让教师愿用,就必须减负! 教师肯定认为减负是必须的,但更重要的是他们必须相信。相信我们的机制,相信我们的内容,相信我们的服务。光用美丽的话语是不能打动他们的,因为他们认为他们自己才专业。这才是最重要的!

自适应产品要想真正地融入当下的K12教育,不能只关注学生,一定还要关注教师,回答"产品解决了什么他们认为自己不能解决的问题或者难以解决的问题"这个疑问。而且产品要让他们用起来方便,不挑战他们的专业。这样他们才有可能愿意使用。

毕竟,从学习本身来看,95%以上的中小学生都不适合只面向系统进行自主学习,学习需要监督。但自适应学习系统的作用其实是把教师真正解放出来,让教师去做更有价值的事情,比如花更多心血在更有价值的教学活动和教研上,花时间去照顾每一个学生,花精力去了解学生的兴趣和学习目标。

如果有了自适应学习系统,教师就可以去处理更多的主观性信息,例如学生的学习倾向性、学习计划,以及要如何组织学习活动等。

另外,教师还可以基于自适应学习系统,参与开发出更具个性化、本地化的内容,例如自己专门录一段视频讲解,发给自己的学生等。就目前的技术和研究来说,自适应学习不是用来替代教师的,而是用来帮助教师,给教师减负的。

其次,要正确对待自适应学习引发的兴奋,消除自适应学习引发的恐慌。

技术不是万能的,人类大脑的工作原理,也远非数学算法所能解释或取代的。在线教育无法代替人与人之间的沟通,教育的重要性就在于传递人际沟通。当缺少了人际沟通,忽略了"人"的因素,进行的就不是"人"的教育,因此,无论技术有多成熟,在教育中,人际沟通一定是放在首位的。创造力的激发,当场应对的问题绝对不是在线学习视频能够解决的,是要在一个深度的交往当中实现的。

我们必须对电脑智慧有正确的认识,随科技发展的进步,要有一个再认识的过程。未来的发展给了我们无限的遐想:一部分学生能适应"自适应学习系统",机器完全可以替代教师的大部分工作;不适应"自适应学习系统"的教师,将无所适从。

第三节 自适应学习模式的出现

孔子和杜威不仅是中国和美国教育理论与实践的巅峰,也是人类智慧学习追梦的经典。孔子的"学习图像"为我们揭示了智慧学习的系统和环节,在孔子的眼里,学习是一种基于信息生态的螺旋递进的循环学习;杜威的"思维训练"为我们揭示了智慧学习的路径和方法,在杜威的学习世界里,学习是一种基于问题解决的思维反省的探究学习。

随着人工智能时代的到来,孔子和杜威所追寻的学习诗意境界的实现将皆有可能。随着更廉价的并行计算、可分析的大数据和深度的学习算法的技术的融合和深化,学习将越来越呈现个性化、主体性、创意化、创新性、自反馈、开放性和共享性等自适应多样形态。

因此,自适应学习应该是受学习者个性兴趣驱动的、受大数据分析反馈导引的、能够解决实在问题的、知识创新流顺畅的学习生态系统,它主要包括五个层面:

(1) 从学习系统和环节层面来说,是一种基于信息生态的系统学习;
(2) 从学习路径和方法层面来说,是一种基于问题解决的探究学习;
(3) 从学习目的和意义层面来说,是一种基于潜能发展的兴趣学习;
(4) 从学习形态和方式层面来说,是一种基于数据挖掘的反馈学习;
(5) 从学习内容和对象层面来说,是一种基于知识转换的创新学习。

一、基于信息生态的系统学习

自适应学习系统主要由"信息媒体"所组成,它可以为远距离学习提供更为优越的前提条件,可以以不同于传统的方法,使远距离学习更为简单、高效,也更具个性化。在这种学习方式下,学习是通过自身原有知识经验与自适应学习系统进行交互活动来获取知识与智慧、德性与价值的过程。在这个过程中,学习者能够自我组织、制订并执行学习计划,自主选择学习策略,并能控制整个学习过程,对学习进行自我评估。系统充分地考虑到教学行为的个人化与学习行为的个人化特征,打破了传统学习群体的结构,把学生作为一个个体,置于一个更为个人化的情境之中。

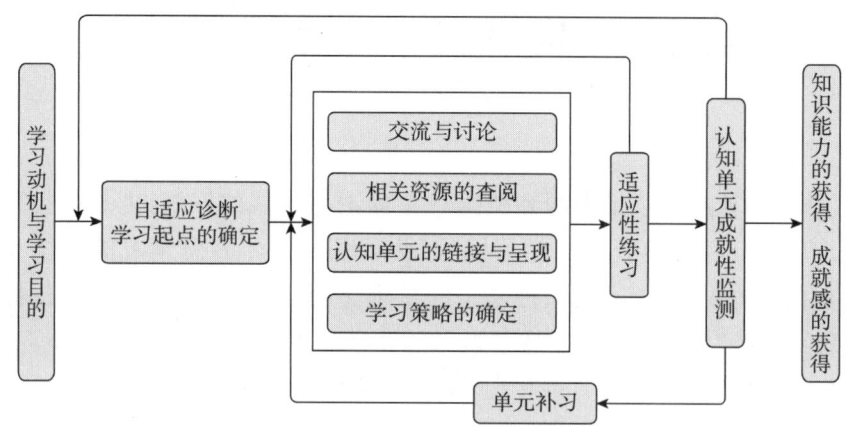

图 4-4 基于信息生态的系统学习示意图

在这个信息生态中,教学资源(包括文本、图像、声音、视频等)可以适应各种学习者的需要和背景进行不同的组合,也就是教学内容的组织和呈现与个别特征相适应,整个学习的过程是在网上探索及与他人协同学习的过程。

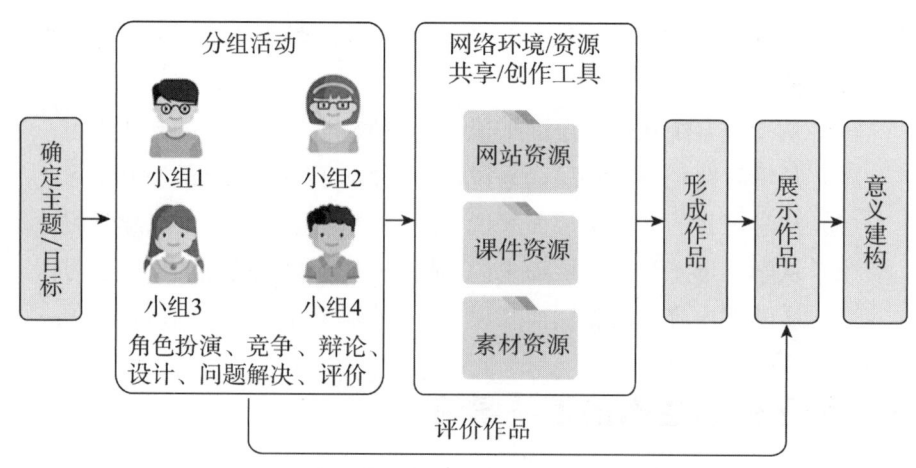

图 4-5 基于情境感知的个性化学习系统示意图

自适应学习信息生态系统是一个基于情境感知的个性化学习系统。

（1）基于知识水平的个性化学习。自适应学习系统通过作业和各种测试,了解学生的能力结构、知识水平和掌握知识力度的情况,再根据学生对不同知识的掌握水平,实现不同层次的个性化学习推荐。若学生已经掌握,可以做一些建议性练习;若没掌握,可以做一些补偿性练习。系统会根据学生的个性化的知识掌握情况,让学生进行适应性学习。

（2）基于学习情境的个性化学习。系统可以通过智能装备感知到学生的学习情境,感知学生的学习状态。随着技术的进步,移动设备的情境感知能力将越来越强大,它将集成更多的遥感器、探测器、采集器,通过这些电子化的微型感知,捕获学生状况、设备、场所、问题、应对策略方法等真实世界的信息,以及我们所处生活环境中各种人类感知不能直接感受到的信息,采集到方寸之间的移动设备中。这些数据进入到数字化的虚拟世界中,经过计算、处理,变成自适应学习、决策的参考知识。

实际上,当自适应学习系统在学校得到高效利用的时候,有完备的学习数据记录与分析、可视化的个人知识结构,学校教育将展示基于信息生态的系统学习的可能性。

首先,学校可以根据学生的学习能力,为学生提供更灵活的课程安排,从而更加适合学生的个体需求,而不是按照传统的学期或固定的课程节奏来组织。学校开始将网络学习融入其中,为广大学生拓宽学习的时间。学生和他们的家长可以制定个性化的学习课程与活动,以反映学生的个性、兴趣和家长的目标与价值观。

其次,学校通过教学系统能够感知学生的学习情境,学生通过平板电脑、手机等各种装备跟学习内容交互。交互过程当中,系统不仅会采集学生的使用时间、个人信息等基本信息,还会采集他做的练习、测试和各种交互式的学习活动。然后,系统会对学生的知识结构进行分析,对学生的学习情境进行建模,对学生的学习偏好和兴趣进行分析。

第三,学生的学习将无处不在。自适应学习系统既有学习者的认知模型,又有结构化的知识网络和结构化的知识空间。正式学习与非正式学习融合在一起,人际交往互动与自适应学习系统认知网络连接。学生通过各种智能终端、传感器、智能环境,如物联网集成的智慧图书馆、智慧教室等学习,学习过程中,信息的采集是自然的,数据交互也是非常自然的。

二、基于问题解决的探究学习

在自适应学习系统中,学生采用主动的学习方式,能够自我组织、制订并执行学习计划,且能控制整个学习过程,对学习进行自我评估。学习过程受学生本人支配,学生对自己的学习全部负责。教师只是学习的指导者、建议者,而不是学习过程的主宰者。

教师的主要工作是规划教学目标,学习的辅导和咨询,教学资源组织和编译,学习环境的创设与维护。学生的学习流程则是一个基于问题解决的探究学习。其基本流程如下图所示。

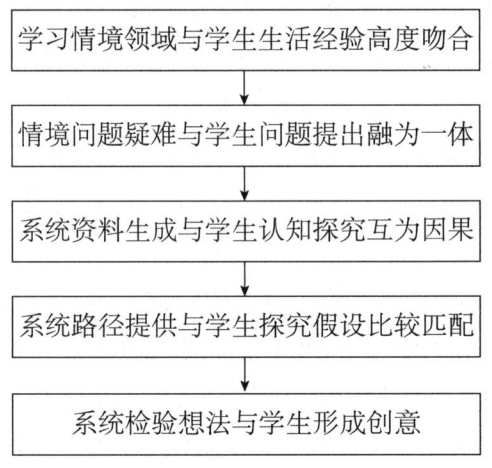

图 4-6 基于问题解决的探究学习

(1) 学习情境领域与学生生活经验高度吻合。杜威认为,要懂得经验或经验的情境的意义,就必须想到设定一种情境,设定与学生日常生活中感兴趣或与活动相关的作业。杜威对教育情境的第一个要求是与儿童日常生活的相似性。如果创设的情境与儿童的过去经验相剥离,远离儿童可以认识到的范围,就无法激起儿童的学习和探究的欲望,这样的刺激是不成功的。若儿童没有从内心主动地融入情境,则无法理解呈现给他们的问题的意义,就只能在外界的压力和强制下从事遥远而抽象的作业,他们内在的主动的和天生的好奇心没有被唤起,这时他们的学习是被动的,结果的消极性是显而易见的。

（2）情境问题疑难与学生问题提出融为一体。这是最重要的一个步骤。杜威认为，如果儿童不能主动发现一个他感兴趣的问题，其他的步骤就不具任何意义了。杜威认为，"智慧所学习的任何事物都是在进行有主动的兴趣的活动方面发挥作用的事物"。在杜威看来，主动作业能"抓住儿童强烈的自发兴趣和注意力"，并使学习系统有可能与生活联系，"成为儿童生长的地方"。因此，学生自己发现问题，主动作业有利于满足儿童的本能和兴趣，使学生感到学习不再是苦事，而是乐事。在提供的材料当中如何能让学生感兴趣是进一步促进学生学习的关键步骤，一般需要系统通过问题的引领或者提供多样的材料引起学生的兴趣。

（3）系统资料生成与学生认知探究互为因果。系统提供学生要解决问题的必要资料。这里所谓的资料，绝非是解决问题的答案，而是进一步探究必不可少的资源。学生的涉猎范围受年龄、阅历等方面的限制，当学生发现问题时，系统给学生提供帮助，让学生通过资料去自我发现问题的真相。在以上的两个步骤当中，要充分发挥系统的推荐引导作用，充分发挥教师的启发引领作用，发挥学习共同体成员的互动生成作用。

杜威在《思维与教学》一书中写道："教师在旧式教学里是独裁之王，在新式教学里是无用之物。但在事实上，他应该是一个社会集团（儿童与青年的学问的集团）的领导者。他的领导，不以地位，而以他的渊博知识和成熟的经验。若说儿童享有自由以后，教师便应逊位而退处无权，那是愚笨的话。"他又说："为了减轻教师的责任，有些学校里，不让教师决定儿童的工作，或安排适当的情境，以为这是独断的强制。"

从上述杜威的言论中可以看出，他很重视教师的主导作用。同样，在自适应学习系统中，也必须发挥教师的作用，才有利于自适应学习过程的进一步的完善。

（4）系统路径提供与学生探究假设比较匹配。学生发现足以吸引自己的问题，并根据现有资料，提出自己的解决办法和想法，大胆推论、猜想，提出假设性的答案。学生在获得资料后，通过人机对话、师生对话或学习共同体成员的对话，根据发现的问题，提出自己的解决方法。

（5）系统检验想法与学生形成创意。自适应学习系统按照学生确定的方案，验证解决问题的想法，看它是否通过人机对话，或者师生对话，或者学习共同体成员的辩论或争论,使学生进一步加深对于问题的认识,明白事情的起因、发生过程,并通过争论,探究为什么会有这样的结果,这样的结果对于其他知识有着怎样的影响等。

三、基于潜能发展的兴趣学习

学习者通过在自适应学习环境中的探索和交互建构自己和知识,从而进行有效学习,而不是仅仅通过教师的讲授或操练与练习来进行学习。学生在学习环境中的探索和交互时,不仅要掌握所学的知识,更重要的是要掌握学习的方法,也就是要进行元认知技能的训练,同时也加强知识的运用能力以及与他人合作的能力。在自适应学习系统中,主动的学习方式促使学生潜能的发展。

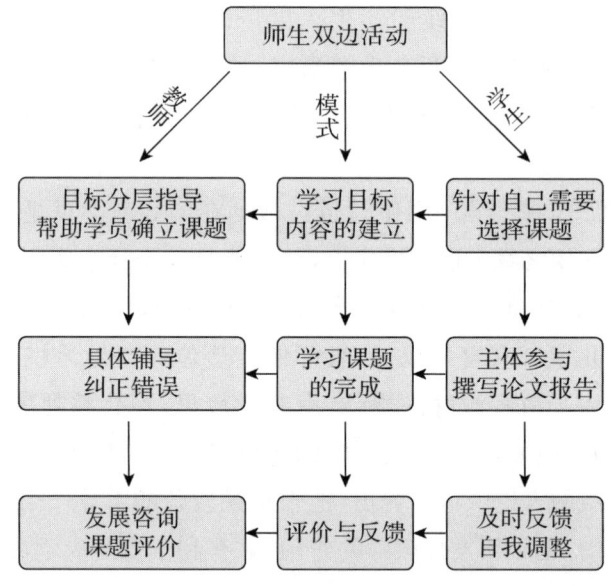

图 4-7 自主学习指导模式结构

自适应学习系统追求的是一种基于学习者潜能发展的个性化学习。对个别学生来说,他的学习过程完全是个性化的,包括学习的进程,探索知识空间的路径,学习过程中所得到的反馈信息等。自适应学习中,学生是一个具有自己独特个性的个体,其个性在其在学习过程中的选择得以充分的体现(学习过程中,学生对学习环境中的提示和反馈进行自主评价和自主选择,而不是由学习环境来控制),而不是一个完全同步的群体中没有个性中的一分子。可以说,学生所学得的知识和能力是自己定做的产品,而不是教学工业生产线印制众多相同的产品。

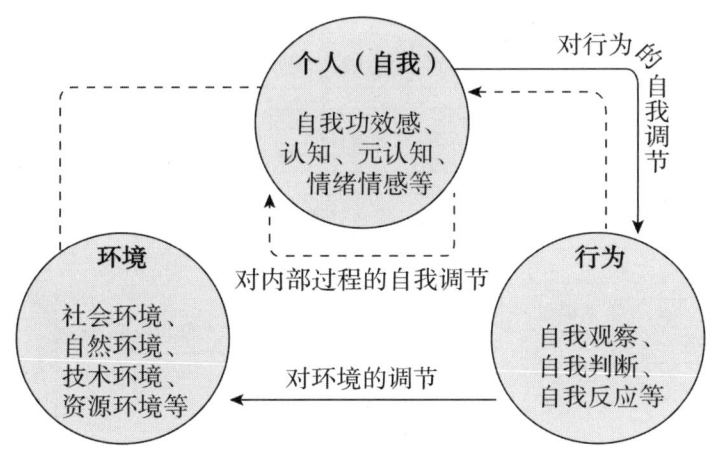

图 4-8 基于学习者潜能发展的个性化学习

四、基于数据导引的反馈学习

自适应学习对学习环境的要求可归纳为:丰富的媒体表现形式、良好的适应性、敏感的反馈系统和便捷快速的通信。

学习必须得到快速的反馈,包括指导教师和学习同伴的反馈。自适应学习是一种自主的、个性化的学习,但它不是一种完全独立的学习,它需要学习环境中有组织良好的反馈系统,以帮助学生作出自主决策。学生之间的交流与讨论也是必不可少的,这可以让学生从不同角度去认识所学的知识,丰富自己的认知结构,而且相互之间的协作,对情感、态度等方面也有良好的促进作用。

在反馈过程中,既要有高级的数字化技术及智能技术的支持,还要有知识语义化转换,更要有教育大数据分析。学生通过情境感知到学习之后,向终端云平台求教,云平台会向学生推荐最合适的学习内容、最合适的专家和人际网络,以及最合适的学习服务,这是反馈的基本逻辑。

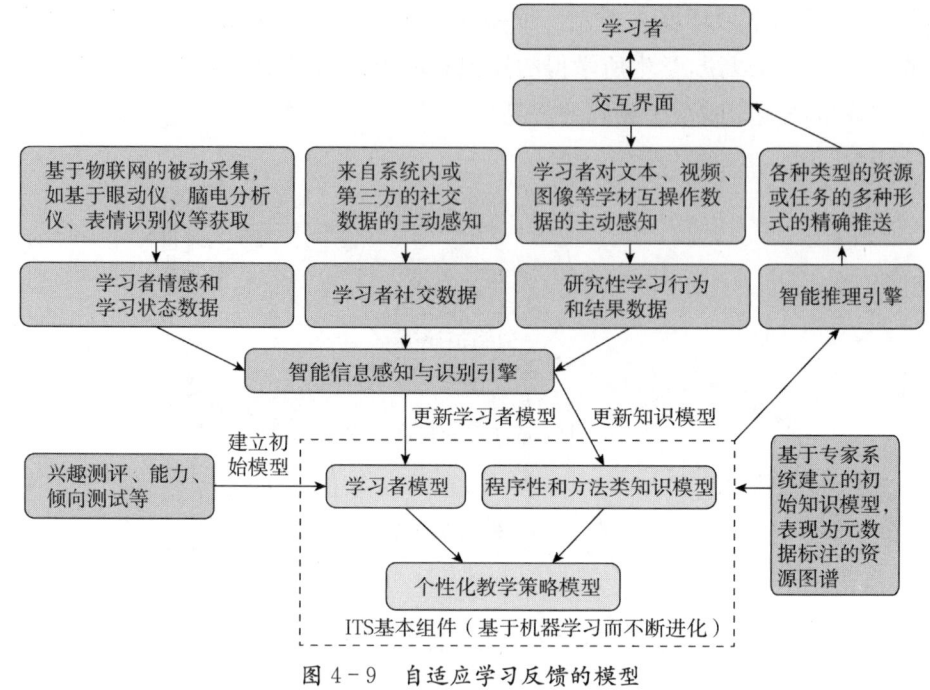

图4-9 自适应学习反馈的模型

五、基于知识转换的创新学习

自英国哲学家、科学家波兰尼于1958年提出"隐性知识"以来,人们对知识的认识越发全面和深刻了。

隐性知识,通常也被翻译为"默会知识"。波兰尼认为:"人类的知识有两种。通常被描述为知识的,即以书面文字、图表和数学公式加以表述的,只是一种类型的知识。而未被表述的知识,像我们在做某事的行动中所拥有的知识,是另一种知识。"他把前者称为显性知识,而将后者称为隐性知识。

隐性知识是指我们拥有但难以言述的知识,和显性知识相对。关于隐性知识,波兰尼有两个论述特别重要。第一,我们知道的多于我们所能表达的。隐性知识比显性知识更加丰富,隐性知识扩大了我们知识的疆域。第二,隐性知识相对于显性知识来说具有优越性。比如,有一个原理或规则,我愿意和能够去记忆和理解它,某种特定情况下能够主动地运用它,能够运用得比别人更加有效,能够借此有所创造、发现和发明……这些虽然很难用明晰的语言进行表达,是隐性知识,但与那作为原理或规则的显性知识相比,更为宽博,也更有效度。

知识创新学者克劳斯·奥托斯·凯莫在"组织尚未具体化的知识"一文中又把默会知识分为两种形式:一种是物化的默会知识,它通常被视为是默会知识;另一种是尚未物化的默会知识,它通常被当作是一种"自我超越"的知识,"想象力层级"的知识。也就是说,从认识论角度来看,知识可分为"外显的知识""默会的知识"和"自我超越的知识"。

同时,克劳斯·奥托斯·凯莫还从行为建构的角度,将行为类型分成四类:(1)"履行的"行为,侧重于传递知识创新价值的结果;(2)"制定战略的"行为,侧重于改进履行的过程背景;(3)"心智模式化的"行为,侧重于重新构建履行的假设背景;(4)"重新塑造的"行为,侧重于重新思考履行的识别背景。

由此,从知识创新的角度来看,我们可以把知识分为 12 种类型。

表 4-1 知识创新框架中的 12 种知识类型

认识论的/行为类型	外显的知识	默认的知识	自我超越的知识
履行的	知道是什么	使用中的知识	行为中的反馈
制定战略的	知道如何	使用中的理论	行为中的想象
心智模式化的	知道为什么	使用中的形而上学	行为中的灵感
重新塑造的	知道目的	使用中伦理、审美	行为中的直觉

在对知识创新的理解上,日本一桥大学学者野中郁次郎认为,存在在显性知识与隐性知识之间的对话,是知识创新的基础。由此,野中郁次郎提出知识创新的"自我超越"的 SECI(Socialization 社会化、Externalization 表象化、Combination 结合化、Internalization 内在化)模式。SECI 模式描述了四种转换形式:从默会知识到默会知识、从默会知识到外显知识、从外显知识到外显知识,以及从外显知识到默会知识。所有这四种转换对知识的创新都是必要的。每一种知识转换的模式都可以被理解为自我超越的一个过程,这中间包括了每一个人的自我超越、团队的超越、组织的超越以及系统的超越。

在四大转换过程中,"社会化"是指个人的默会知识的分享过程。分享经验是认识他人的思维方式和情感方式的关键。在特定的意义上，默会知识只有在自我成为更大的自我的组成部分时，才能够被分享。

"表象化"要求默会知识要有一定的清晰度，要求它能够被转化成易被人所认识的形式；个人在对话中超越自我的内在和外在的界限，深度聆听并为所有参加者的共同利益作出贡献。

"结合化"包括外显知识转换成更加复杂的外显知识。为了散布和传播不完全的知识，对这样一类知识进行编辑，使之系统化就成了这一转换程式中的关键所在。在这里，新的知识逾越了原有的团体范围，并且通过组织得到散布和传播。

"内在化"意指新的创新的外显知识转换为个人的默会知识的过程。为了使外显知识能够具体化，通过实践、训练和联系来学习是非常重要的。

从这层意义上说，自适应学习应该是一种基于知识转换的创新学习。在这个系统中，应根据知识转换"四象限"（复制—摩擦—反应—生成）设计和实施学习对话转换。

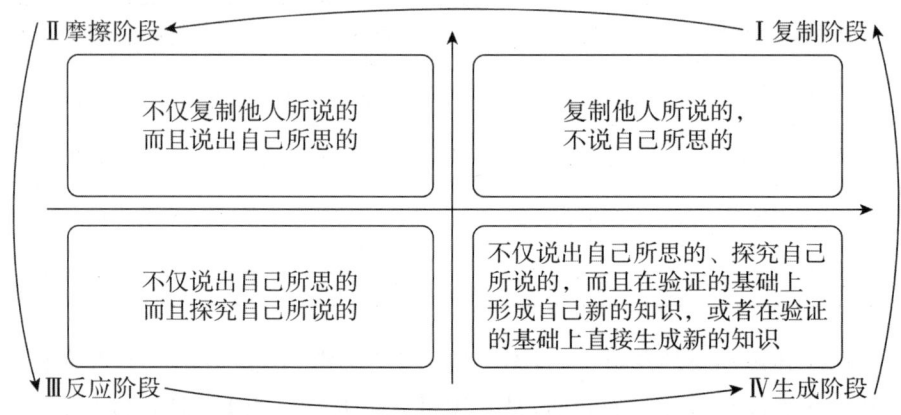

图 4-10　知识转换"四象限"示意图

在自适应学习过程中，学生处于知识学习的复制阶段时，系统就应该多使用传授式对话、体验式场景，以求知识复制的质优量大；在摩擦阶段，系统就应该多采用启发式、点拨式对话情景，以求知识摩擦的星星点火；在反应阶段，宜采用互动式、演练式对话，以求知识反应的畅快连接；在生成阶段，系统宜采用分布式、探究式对话场景，以求知识生成的自主创新。

自适应学习系统，追求的是一种基于学习者潜能发展的个性化学习。自适应学习中，学生是一个具有自己独特个性的个体，其个性在其在学习过程中的选择得以充分的体现,而不是由学习环境来控制,成为一个完全同步的群体中没有个性中的一分子。

我们要知道自适应学习技术会带来教育的深度变革,能运用一些技术改变教学方式。基础教育需要深度变革,我们必须理解复杂体系的运转机制,理解如何使体系变得更好,理解如何成功地推行大规模的变革,理解技术在持续、全面的教育改革中应当起到什么样的作用,都是在未来当自适应技术全面运用到教育变革中后,需要我们深层思考的问题。

第五章

自适应学习的生存机理

21世纪的课程变革无论是广度还是深度,比以前任何时候都有一种跨越式的需求,这些需求都聚焦在学生的核心素养及其他必需的素养上。加德纳的多元智能提供了培养人的潜能发展框架,谢弗勒的人类潜能又提供了人类潜能实现维度,新的需求呼唤新的模式即基于知识图谱建构的自适应学习模式。

本章将首先介绍在国内外新课程改革教学背景下，自适应学习系统建构的核心三要素和迭代升级的四个版本，接着通过对智能发展启示、智能能级进阶和潜能实现维度的深入阐述，明确自适应学习生态系统建构过程中需要关注的重点，最后论述自适应学习生态系统中的知识图谱建构，学习及时反馈和双向细目达成的基本逻辑。

第一节　学习新需求呼唤新模式

一、21 世纪学习新需求

放眼世界,许多国际组织、政府机构都在思考和探索全球化时代下儿童应该具备的核心能力(key competence)。在过去的 30 年,至少有十几个国际组织和委员会、政府部门、私人联盟和私立机构提出了解决 21 世纪挑战所需要能力的框架和概述。这些框架和概述描摹的是 21 世纪学习应该拥有的新的范式,这为自适应学习建构提供了新的学习范式参照。

联合国教科文组织于 1996 年国际教育会议中,提出了"学习的四个支柱"(the four pillars),分别是:

(1) 学会认知(learning to know)——使学生学会如何学习,即掌握认知的手段,而不在于知识本身;

(2) 学会做事(learning to do)——使学生具有在一定的环境中工作的能力,包括如何对待困难、解决冲突、组织管理和承担风险等多方面的综合能力;

(3) 学会相处(learning to live together)——使学生学会设身处地去理解他人,从而消除彼此间的隔阂、偏见与敌对情绪,和周围人群友好相处,并且从小就要培养学生具有为实现共同的目标与计划而团结合作的精神;

(4) 学会生存(learning to be)——为适应社会的迅速变革与发展,应使学生学会掌握自己命运的基本能力,即思考、判断、想象、表达、情绪控制和社会交往等方面的能力。这些能力既是个人完善自身的个性所需要的,也是作为社会成员发挥自主性和首创精神进行革新与创造的保证。[1]

这四大支柱并非平行并列,而是一个基础(学会相处)与三个基本因素

---

[1] 吴昌涛.教育的四大支柱和学校体育教学[J].机械职业教育,2011(6):16-17.

（学会认知、学会做事、学会生存）的关系。在三个基本因素中，第二个因素是学会在一定的环境中为完成某种任务所需的工作能力；第三个因素是指学会适应社会迅速变化与发展所需的应变能力，即自我生存所需的能力；只有第一个因素才与获取知识有关，而且这里强调的是使学生学会如何学习，即掌握认知事物的手段与方法，以适应知识的掌握、智慧的获得、德性的养成与价值的超越。

2015年底，联合国教科文组织（UNESCO）聚集全球教育专家集思广益，发布了《反思教育：向"全球共同利益"的理念转变？》(*Rethinking Education: Towards a global commongood?*)。[1] 这份报告是联合国教科文组织成立70年以来，继《学会生存：教育世界的今天和明天》（1972年）和《教育：财富蕴藏其中》（1996年）之后，第三份具有标杆意义的教育报告。报告共84页，由五大部分正文组成，"导言""第一章　可持续发展：核心关切""第二章　重申人文主义方法""第三章　复杂世界中的教育决策""第四章　教育是一项共同利益吗？"。

我国著名教育学者顾明远教授认为这份报告必定像前两份报告那样对世界教育的发展产生重大的影响。报告重申了联合国教科文组织一贯的人文主义方法，呼吁国际社会遵循"个人和社会在当地及全球层面采取负责任的行为，争取实现人人共享的更美好的未来，让社会正义和环境管理指导社会的经济发展"。

联合国教科文组织总干事伊琳娜·博科娃在这一报告的"序言"中开门见山地写道："我们在21世纪需要怎样的教育？在当前社会变革的背景下，教育的宗旨是什么？应如何组织学习？本出版物的思想便是由这些问题有感而发。"这种重新审视的结果就是我们21世纪的教育应该向"全球共同利益"的理念转变。

在博科娃看来，新的学习范式应该是"超越识字和算术，以学习环境和新的学习方法为重点，以促进正义、社会公平和全球团结"。

在"导言"中，报告对知识、学习和教育重新下了定义，这为未来基于学生学习和成长的教育变革指明了方向。

知识在有关学习的任何讨论中都是核心议题，可以理解为个人和社会

---

[1] 联合国教科文组织总部中文科.反思教育：向"全球共同利益"的理念转变？[J].现代远程教育研究，2017(5).

解读经验的方法。因此,可以将知识广泛地理解为通过学习获得的信息、认识、技能、价值观和态度。知识本身与创造及复制知识的文化、社会、环境和体制背景密不可分。

学习可以理解为获得这种知识的过程。学习既是过程,也是这个过程的结果;既是手段,也是目的;既是个人行为,也是集体努力。学习是由环境决定的多方面的现实存在。获取何种知识以及为什么,在何时、何地、如何使用这些知识,是个人成长和社会发展的基本问题。

教育可以理解为有计划、有意识、有目的和有组织的学习。正规教育和非正规教育机会意味着一定程度的制度化。但是,许多学习即便是有意识和有计划的,其制度化程度要低得多(如果能够形成制度的话)。这种非正式教育不像正规教育或非正规教育那样有组织、有系统,可能发生在工作场所(例如实习)、地方社区和日常生活中的学习活动,以自我指导、家庭指导或社会指导为基础。

二、国际课程教学新趋势

20世纪末,随着信息技术的发展,在信息技术与教育深度融合的大时代下,课程改革面临新的课题。如何在信息知识型社会中培养学生的创造性思维,提升学生的信息素养,已成为了各国课程改革核心关注的问题。综观各国课程改革的状况,有5个基本理念。

(1) 注重基础学力的提高。各国课程改革对于儿童的关注的核心问题是提高儿童的基础学习力,以便他们能够适应学习化社会的需要。基础学力包括读、写、算能力以及信息素养等,这些都是未来公民所必不可少的基本素质,因此,培养儿童的基础学力,是适应未来社会的前提,是开展终身学习、促进自身的完善与发展的基础。所以,使儿童具备基础学力是课程改革首要的目标。例如,德国巴伐利亚州课程改革指导思想是,向成长着的一代传授广泛的、出色的、综合的基础知识,培养学生终身学习的能力和关键素养,包括问题解决能力、迁移能力、灵活性、交际能力、合作能力、创造性能力、自主性和可信性等。[1]

---

[1] 陈时见,王芳.21世纪以来国外高中课程改革的经验与发展趋势[J].比较教育研究,2010(12):1-6.

（2）信息素养的养成。在当下这个信息时代的社会,如何从瞬息万变的信息世界中快速地获取必要的信息,这对公民的信息素养提出了一定的要求。各国课程改革都极为重视对学生信息素养的培养。例如,英国的国家课程已修改了课程名,以前的"信息技术"改为"信息和交流技术"（information and communication technology,简称ICT）。这门学科旨在为全面提高学生的信息和交流技术能力,为学生有能力快速适应社会奠定基础,学生可以运用ICT创造性地发现、探究、分析、交换、提供信息,学会如何使用ICT迅速地从社区、文化中获得思想和经验。同时,课程还要求在数学、理科、历史以及其他所有学科的教学中也要根据具体内容,加强对学生信息和交流技术的指导。

（3）创新性与跨文化思维的培养。全球化社会的发展要求人们需要与世界各地的人们进行交流,这就需要具备跨文化的思维与创新精神。为了培养具有创新性及跨文化思维的学生,各国课程改革都注重对这方面的人才培养,认为教育应该培养拥有广阔视野,具有创新精神,并且能够从全球化视野的角度去考察并解决问题。在这方面,外语教学成为课程改革的一大热点。

（4）强调价值观教育和道德教育。为了培养有道德、有素质的公民,各国课程普遍注重文化道德教育以及价值观的引导。例如,英国在1999年9月9日颁布的课程改革方案中明确提出,学校教育应该反映有利于达成促进机会均等、形成健康和公正民主、生产经济和可持续发展基本目的的永恒价值,包括自身、家庭及相互关系,学生所属的更广泛的群体、社会的多样性及生存的环境,并肯定了对真理、正义、诚实、信任、责任感等美德的信念。

（5）尊重学生经验、发展学生个性。尊重儿童经验,倡导教育向学生生活世界的回归,发展儿童个性,是世界各国课程改革的一大热点。例如,德国北威州的课程纲要规定帮助学生形成成熟的对社会负责的个性包括:第一,形成每个学生独特的能力;第二,树立社会责任感;第三,建立民主社会理想;第四,培养基本价值观;第五,参与文化活动;第六,在职业和劳动界从事活动的责任。

21世纪的课程变革无论是广度还是深度,比以前任何时候都有一种跨越式的需求,这些需求都聚焦在学生的核心素养及其他必需的素养上。

图 5-1 核心素养示意图

这些有效的、基于研究的课程模型可以指导 21 世纪学习。

斯滕伯格和舒伯特尼克主张课程应该关注培养学生的"3R"能力：推理（Reasoning，分析、批判思考和问题解决的技能），应变（Resilience，灵活性、适应性和自主性的生活技能），以及责任（Responsibility，运用智慧、才智和创造力，实现共同利益的知识）。[1]

瓦格纳和哈佛大学变革领导小组确定了另一套能力和技能。根据与几百个商业人士、非营利性教育领导者访谈，瓦格纳强调学生需要 7 种生存技能来为 21 世纪生活、工作和公民身份做准备：（1）批判思考和问题解决；（2）合作和领导；（3）灵活性和适应性；（4）主动性和创业精神；（5）有效的口头和书面沟通；（6）获得和分析信息；（7）好奇心和想象力。[2]

瓦格纳提倡课程建立在不同的原则基础上——新"3R"：严谨（Rigour）、相关

---

[1] Sternberg R J, Subotnik R F. Optimizing student success in school with the other three Rs: reasoning, resilience, and responsibility[M]. IAP-Information Age Pub. 2006.

[2] 托尼·瓦格纳.教育大未来[M].海口：南海出版公司，2013.

性(Relevance)和尊重(Respect)。[1]严谨指的是学生可以获得学习结果的能力;相关性指的是理解他们的学习怎样与真实世界的挑战和未来工作相联系;尊重指的是培养学术和社交能力过程中促进教师和学生之间的尊重关系。

阿克曼和帕金斯支持综合"元课程"与传统核心课程中教授思维能力。康利强调学习者发展思维习惯的重要性,包括分析、解释、精确性和准确性、问题解决以及支持思考与反思的推理。莱维和默南赞成培养专家思考的技能,运用细节知识和元认知来支持决策。

普林斯基提倡学生本位的课程建立在"3P"基础上,由激情(*Passion*,包括个性)、问题解决(*Problem solving*,包括沟通)及生成(*Producing*,创造力和技能)三部分组成。[2]

美国国家教育和经济中心的塔克和科丁也呼吁学校采用一种"思考的课程"可以更深层次地理解学科,并把这种理解应用到作为成年人提升解决即将面临的复杂真实问题的能力中。

以上模型的显著特点是为实现有效教学而开展探究、设计和合作学习。基于这些学习模型的课程与更加直接的教学形式相综合,对于建构知识、理解、创造力和其他的21世纪技能来说是十分必要的。

最后,由企业界和教育界人士组成的"美国21世纪联盟",提出了《21世纪学习框架》,确定出21世纪工作和生活中对于成功至关重要的能力和技能。包括"4C"——沟通(Communication)、合作(Collaboration)、批判性思考(Critical thinking)和创造性(Creativity),在核心学科和21世纪主题下掌握这些能力。这一框架是基于这样一种观点,即迎接21世纪挑战将需要广泛的技能,包括核心学科技能、社会和跨文化技能、除英语外的熟练语言,以及善于理解影响社会与经济政治因素。

2016年,历时3年集中攻关的《中国学生发展核心素养》也基本形成,其研究成果于2016年9月13日在京发布。中国学生发展核心素养,以科学性、时代性和民族性为基本原则,以培养"全面发展的人"为核心,分为文化基础、自主发展、社会参与三个方面。综合表现为人文底蕴、科学精神、学会学习、健康生活、责任担当、实践创新六大素养,具体细化为国家认同等十八

---

[1] 刘徽.未来社会的七个关键力:读《教育大未来》[J].现代教学,2014(17):77-79.

[2] 辛西娅·露娜·斯科特,和茜茜,盛群力.21世纪需要哪一类学习:总体愿景与"四个学会"新解[J].数字教育,2016,2(4):79-86.

个基本要点。根据这一总体框架,可针对学生年龄特点进一步提出各学段学生的具体表现要求。

三、上海课程改革聚焦点

上海学生在2009年和2012年连续两次的PISA考试当中均分别取得了科学、阅读、数学三项成绩的第一。上海学生在经合组织举行的两次PISA测试中独占鳌头,引起了不小的国际反响,这次测试展开了基础教育国际互相学习的新篇章。就2012年的PISA成绩为例,上海学生高水平的比例更多,低水平学生的比例更少,这是上海基础教育水平整体的反映。同时从2012年的PISA数据分析当中,我们可以看到中国政府以及我们的学校在追求教育质量的过程当中所做出的努力。

PISA是国际学生评估(Program for International Student Assessment)的缩写,是一项由经济合作与发展组织(Organization for Economic Co-operation and Development,OECD)统筹的学生能力国际评估计划。主要对接近完成基础教育的15岁学生进行评估,测试(预测)学生们能否掌握参与社会所需要的知识与技能。PISA测试的关注方向主要有三方面:一是学生应用知识和技能解决实际问题的能力,而非考核课程内容的掌握;二是以抽样方法对教育系统进行整体评价,而非针对学生个体和学校;三是研究教育系统、学校、家庭、学生个人特征等对成绩的影响。

首次PISA于2000年举办,此后每三年举行一次。PISA包含三个核心领域:阅读素养、数学素养、科学素养。在每一个评审周期里,大约有三分之二的时间会针对其中一项进行深入评估,其他两项则进行综合评测。2012年,PISA首次尝试引入了基于计算机的问题解决测试。

PISA的调查对象为15岁初三与高一的学生,从各个国家中抽取4500到10000名学生,目的是测试学生对社会需要的知识水平与技能的掌握程度。因此,试题偏重于实际应用与情境化。PISA的题型有简单题或开放式问题、选择题、封闭式问答题等题型。测试要求受测学生必须灵活运用学科知识与认知技能,针对情境化的问题自行建构答案,因此它能深入检视学生的基础能力。

香港学者程介明认为,上海取得PISA的好成绩的关键是学生学习的整个过程与环境的影响。第一,中国学生学习的强度与密度,是许多其他文化的学生难以比拟的。中国课堂里面40分钟的活动强度与密度,往往超过西方国家课堂几倍甚至几十倍。第二,中国学生的学习是全时间的。课堂以外,还包括课后的、课外的、校外的,还有学校、家长以至学生自己组织的学习活动。第三,中国教师经常地、有组织地进行专业的研讨与提高,也是其他国家难以比拟的。第四,上海对于薄弱学校的改造,花了不少工夫,是提升整个教育体系的关键。[1]

其实,我们再向教育的核心部分——课程教学变革挖掘下去,更能找出其中的原委。

20世纪80年代,随着《中华人民共和国义务教育法》颁布,实现"双基",提高全民素质成为时代主旋律。我国在基础教育领域实施的课程教材"一纲一本"模式,已不适应"一大、二多、三差异"的国情,探索"一纲多本"成为国家课程教材改革的新要求。

在这一背景下,1988年3月,国家委托上海市编制一套九年义务教育教材,供全国经济发达地区使用。由此,上海启动了"一期课改"。一期课改确定了"两个改变""三个突破"的目标。"两个改变"即改变以升学为中心的"应试教育"课程教材体系;改变以必修课为主体的课程教学模式。"三大突破",即减轻负担,提高质量;加强基础,培养能力;提高素质,发展个性。

为达成这一目标,上海率先在全国尝试"必修课—选修课—活动课"的课程结构的类型改革,其改革的目标是不断提升学生的"学力",包括基础性学力、发展性学力和创新性学力。

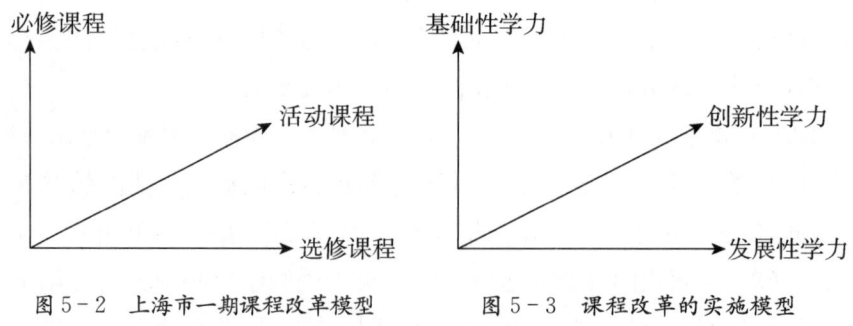

图5-2 上海市一期课程改革模型　　图5-3 课程改革的实施模型

---

[1] 程介明.从PISA能看到什么[J].上海教育.2010(24):30-31.

上海"一期课改"计划经过五年的努力完成三项任务:制订一套中小学课程设置方案和教学计划,编写一套中小学教材、练习册和教材说明书,编制一套录音、录像、幻灯、电影、计算机等辅助教学的软件。

在"一期课改"实践与认识的基础上,1998年10月上海启动了以提高公民基本素质为宗旨,以德育为核心,以培养学生创新精神和实践能力为重点的"二期课改"。"二期课改"的主题是深入实施素质教育,主要解决三大问题:如何重点培养学生的创新精神和实践能力;如何更有力地加强德育;如何以信息化带动课程教学的现代化。

为了解决这三大问题,"二期课改"深化尝试"基础型—拓展型—研究型(探究型)"的课程结构的功能改革,其主攻方向为学生学习状态的优化(包括知识技能状态、过程方法状态和情感态度价值观状态)。"二期课改"的工作任务主要包括:整体研究课程结构;制订各学科改革的行动纲领及课程标准;启动幼儿教育的课程教材改革;特殊教育的课程教材改革;建立课改研究基地。

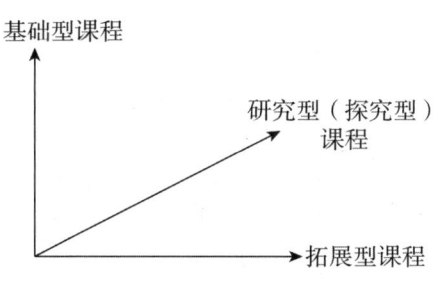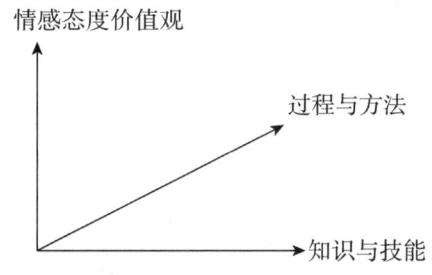

图5-4 上海市二期课程改革模型　　图5-5 课程改革的探究维度

近年来,上海课程改革在一期基于"学力"课程改革和二期基于"学态"(学习状态)的基础上,又更向前迈进一步:对标国际教育核心素养新理念,进行基于"学养"(学习的核心素养)的课程系统内涵改革,主要探究以下3点:(1)从"知识涵养""关键能力"和"必备品质"三个方面系统建构学生学习新生态;(2)以课程、教学、考试、评价、录取联动改革为突破口,将"学习素养"导向整体融合到课程教学改革和考试招生改革中去;(3)在小学和学前,以基于课程标准的教学和评价,夯实基础核心素养。

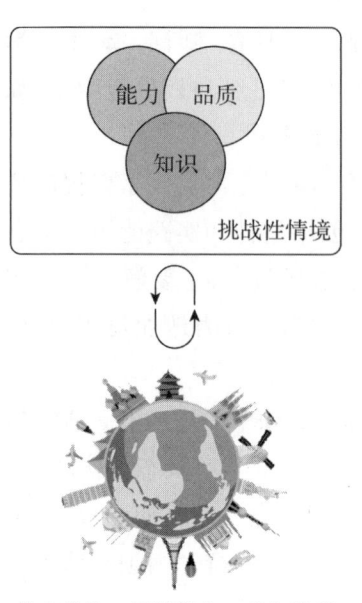

能力
品质
知识
挑战性情境
核心素养＝关键能力＋必备品质

图 5－6　核心素养与知识涵养、关键能力、必备品质的关系

考试招生改革
课程教学改革
核心素养

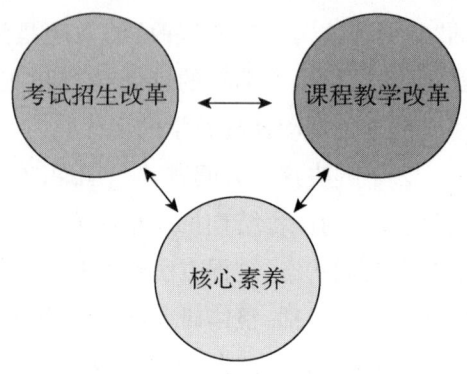

图 5－7　教—考—招联动的改革思路

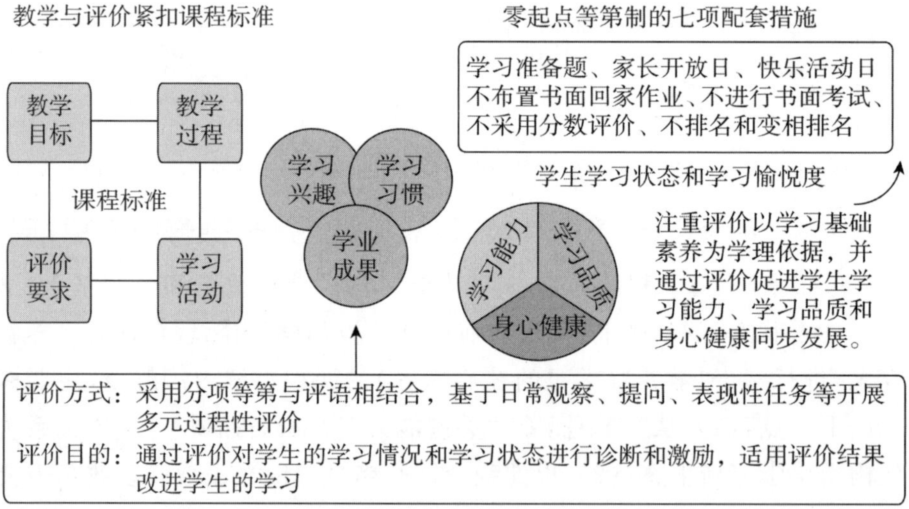

教学与评价紧扣课程标准
零起点等第制的七项配套措施
学习准备题、家长开放日、快乐活动日
不布置书面回家作业、不进行书面考试、
不采用分数评价、不排名和变相排名
教学目标
教学过程
课程标准
评价要求
学习活动
学习兴趣
学习习惯
学业成果
学生学习状态和学习愉悦度
学习能力
学习品质
身心健康
注重评价以学习基础素养为学理依据，并通过评价促进学生学习能力、学习品质和身心健康同步发展。
评价方式：采用分项等第与评语相结合，基于日常观察、提问、表现性任务等开展多元过程性评价
评价目的：通过评价对学生的学习情况和学习状态进行诊断和激励，适用评价结果改进学生的学习

图 5－8　小学、学前段的评价方式变革

上海近 30 年课程教学改革之路，以学生如何学习为改革起点，根据不同个性的学习“人才”，施以智慧的教育，历经“学力—学态—学养”的三个层面的改革，从课程教学结构类型、结构功能和系统内涵进行全方位、深层次的

改革,在较深层次上践行着"以人为本""育人为本"的素质教育理念,取得了令人瞩目的成绩。

2016年起,英国政府正式开始在英格兰50%的小学引用"上海数学教学法"。[1]英国教育部学校部部长尼克·吉布(Nick Gibb)就"为何英国要引用上海数学教学法?"回答道:"近来的国际测试显示,与一些东南亚国家相比,英格兰15岁学生不懂基本运算的比例要高出逾10%。上海、香港及新加坡等地区及国家高居世界数学成绩排名榜,他们使用的都是这种方法,因此可以看出此方法的有效性。英国尝试与上海作了教师交换项目,初见成效,英方学校成绩有提高。我们引入此方法,是要确保年轻人可以为21世纪的学习与工作做准备。过去我们常说的'Can't do maths.'(英国社会的一种风气,认为数学太难,学不来)将成为历史。"

四、课程改革下的自适应学习

在如今信息化社会的时代背景下,教育与数字化深度融合,教育也经历着深刻变革,这种形势呼吁新的教育形式,呼吁新的课程改革,呼吁新的教学形态,呼吁新的学习范式,以培养当今及今后社会和经济所需要的基础能力和核心素养。

在新的课程改革背景下,也呼吁一种新的学习范式——自适应学习。"新课改"背景下的课程学习系统应该是一种自适应学习系统。这种系统是受学习者个性兴趣驱动的、大数据分析导引的、能够解决实在问题的、知识创新流顺畅的学习生态系统。

"新课改"背景下的自适应学习系统就是通过教育大数据平台的支撑和学习分析技术的支持,能够让学习者在多维发现、多样选择的基础上,开展"课程分类探究、教学分层递进、个体情景体验、群体合作共享"的自适应学习行动,以实现多元潜能的个性化发展。这些学习行动可以表现为5个层面的样式:(1)基于信息生态的系统学习;(2)基于问题解决的探究学习;(3)基于潜能发展的兴趣学习;(4)基于数据挖掘的反馈学习;(5)基于知识转换的创新学习。

---

[1] 陈冰,刘绮黎.上海学生凭什么学霸全球?[J].新民周刊,2013(48):48-49.

在自适应学习生态系统中,核心三要素是"学生学习""教师教学"和"课程实施"。在适应"课程实施"分类方面,有针对全体学生应该拥有的基础核心素养而建构的基础型课程,有针对不同发展倾向学生应该拥有的个性素养而建构的拓展型课程,有针对领域资优学生应该拥有的拔尖素养而建构的研究(探究)型课程。在适应"学生学习"形态方面,有针对基础型课程的知识结构化学习,有针对拓展性课程的模块化学习,有针对探究性课程的创客式学习。在适应"教师教学"模式方面,有针对结构性学习形态的"结构耦合教学",有针对模块化学习"主题定制教学",有针对创客式学习的"知识转换教学"。

表5-1 自适应学习系统三要素对应关系简表

学生范围	全体学生	优势倾向学生	领域资优学生
课程类型	基础型课程	拓展型课程	探究型课程
学习形态	结构性学习	模块化学习	创客式学习
教学方式	结构耦合教学	主题定制教学	知识转化教学

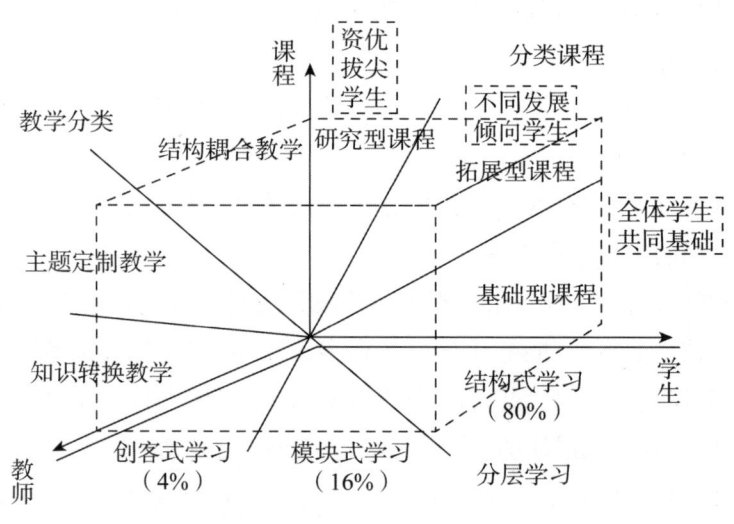

图5-9 自适应学习系统建构示意图

在自适应学习系统建构过程中,要关注3个要素、12个关键问题的解决。

1. 从学生学习维度,要解决的四个关键问题

(1) 学生个性化知识图谱如何生成?

(2) 学生个性化学习轨迹如何记录?

(3) 学生个性化学习策略如何引领?

(4) 学生个性化学习社交圈如何设计?

2. 从教师教学维度,要解决的四个核心问题

(1) 如何开发出基于教育目标驱动教师备课、上课应用型模板(引导学生自主学习的学习模板)?

(2) 如何开发基于双向细目质量分析的练习与测评模板?

(3) 如何开发基于模块化学习(问题提出、目标分析、路径设计、问题解决)的定制式教学框架?

(4) 如何开发基于知识创新驱动的相扑式教学、侍坐式教学模式?

3. 从课程实施维度,要解决四个核心问题

(1) 教师根据学生自适应学习情况,围绕课程知识图谱,明确新的学习起点和学习目标(学什么);

(2) 教师根据学生自适应学习情况,实施新的教学计划,使大部分学生在高层次上进行学习(怎样学);

(3) 教师选择和设计能符合学生学习情况信息的测评工具进行测评(怎么测);

(4) 确保目标、教学和测评彼此一致(一致性问题)。

鉴于自适应学习系统建设的复杂,自适应学习系统要采用迭代升级的方式进行建构,大致有 4 个版本。

• 自适应学习 1.0:基于学科知识结构学习的自适应学习,核心要点涉及单科"资源""题库"和"评价导引"。

• 自适应学习 2.0:基于交叉学科知识学习的自适应学习,核心要点涉及"多学科资源"与"跨学科整合"。

• 自适应学习 3.0:基于智能倾向多元发展的自适应学习,核心要点涉及学生潜能数据分析与综合评价导引。

• 自适应学习 4.0:基于拔尖创新素养培养的自适应学习,核心要点涉及创新素养培育与资优拔尖方略。

第二节　智能谱系与能力发展

一、多元智能领域

多元智能理论由美国哈佛大学教育研究院心理发展学家加德纳于1983年提出。加德纳从研究脑部受创伤的病人发觉到他们在学习能力上的差异，从而提出本理论。

20世纪初，法国心理学家比奈创造了智力测验，用来测量人的智力的水平。1916年，德国心理学家施太伦提出了"智商"的概念：智商即智力商数，它是用数值来表示智力水平的重要概念。1935年，亚历山大第一次提出"非智力因素"。所谓"非智力因素"是指记忆力、注意力、观察力、想象力、思维力等智力因素之外一切心理因素，主要包括动机、兴趣、情感、意志、性格等，这些非智力因素都是直接影响和制约智力因素发展的意向性因素。但是，这一理论提出后，并未受到人们的关注。

1967年，美国在哈佛大学教育研究生院创立"零点项目"，由美国著名哲学家戈尔曼主持。"零点项目"的主要任务是研究在学校中加强艺术教育，开发人脑的形象思维问题。在从这以后的二十年间，美国对该项目的投入达上亿美元，参与研究的科学家、教育家超过百人，他们先后在100多所学校做实验，有的人从幼儿园开始连续进行20多年的跟踪对比研究，出版了几十本专著，发表了上千篇论文。多元智能理论就是这个项目在20世纪80年代的一个重要成果。

哈佛大学霍华德·加德纳教授[1]在参与此项研究中首先重新考察

---

[1] 霍华德·加德纳是世界著名教育心理学家，最为人知的成就是"多元智能理论"，被誉为"多元智能理论"之父，现任美国哈佛大学教育研究生院心理学教育学教授、波士顿大学医学院精神病学教授，任哈佛大学"零点项目"研究所主持人。专著超过20本，发表论文数百篇。《纽约时报》称他为美国当今最有影响力的发展心理学家和教育学家。哈佛商学院教授称："加德纳是本时代最明亮的巨星之一，他突出表现人类成功的不同智慧。"美国特质教学联盟主席称："推动美国教育改革的首席学者，加德纳当之无愧。"

了大量的、迄今没有相对联系的资料,即关于神童的研究,关于脑损伤病人的研究,关于有特殊技能而心智不全者的研究,关于正常儿童的研究,关于正常成人的研究,关于不同领域的专家以及各种不同文化中个体的研究。通过对这些研究的分析整理,他提出了自己对智力的独特理论观点。基于多年来对人类潜能的大量实验研究,加德纳在1983年出版的《智力的结构》一书中,首次提出并着重论述了他的多元智能理论的基本结构,并认为支撑多元理论的是个体身上相对独立存在着的、与特定的认知领域或知识范畴相联系的八种智力,这些为多元智能理论奠定了理论基础。

根据加德纳的理论,学校在发展学生各方面智能的同时,必须留意每一个学生只会在一两个方面的智能特别突出;而当学生未能在其他方面追上进度时,不要让学生因此而受到责罚。加德纳认为:人的心智涵盖语文、逻辑数字、空间、音乐、肢体、运动、博物、人际及内省等多种样貌;这些智能各自独立,例如,有语文优势的人,并不表示他的音乐和肢体运动也一定好;每个人的聪明才智,都由不同面向的"智能"组合而成。

在大多数的情况下,我们会有二至三项优势智能,可以作为自己的"能力之岛",去提升较弱的智能。"能力之岛"的概念是心理学家罗伯特·布鲁克斯提出的隐喻。布鲁克斯长期在临床上接触到一些学习障碍的青少年,他们对自己的形容是"我想不出自己有什么事情做得好""我觉得自己很笨、什么都学不好""我以后大概没有办法找到一份工作"等。"我感觉他们被否定自己的汪洋大海淹没,"布鲁克斯接着转换角度思考,"若是每个人在这片汪洋中,可以找到一个稳固的岛屿,从对自己的一点小小肯定做基础,慢慢地以这个岛屿为基础就能够站起来。"

加德纳认为过去对智力的定义过于狭窄,未能正确反映一个人的真实能力。他认为,人的智力应该是一个量度他的解题能力(ability to solve problems)的指标。根据这个定义,他在《心智的架构》[1]这本书里提出,人类的智能至少可以分成7个范畴(后来增加至9个):

(1) 语言(Verbal/Linguistic),这种智能在作家、演说家、记者、编辑、节目主持人、播音员、律师等职业上有更加突出的表现;

---

[1] Gardner H. Frames of mind:the theory of multiple intelligences[M]. New York:Bask Books,1983.

(2) 数理逻辑（Logical/Mathematical），从事与数字有关工作的人特别需要这种有效运用数字和推理的智能；

(3) 空间（Visual/Spatial），空间智能可以划分为形象的空间智能和抽象的空间智能两种能力，形象的空间智能为画家的特长，抽象的空间智能为几何学家特长，建筑学家形象和抽象的空间智能都擅长；

(4) 身体—运动（Bodily/Kinesthetic），运动员、舞蹈家、外科医生、手艺人都有这种智能优势；

(5) 音乐（Musical/Rhythmic）；这种智能在作曲家、指挥家、歌唱家、乐师、乐器制作者、音乐评论家等人员那里都有出色的表现；

(6) 人际（Inter-personal/Social），人际关系智能，是指能够有效地理解别人及其关系及与人交往能力；

(7) 内省（Intra-personal/Introspective），这种智能在优秀的政治家、哲学家、心理学家、教师等人员那里都有出色的表现；

(8) 自然探索（Naturalist），自然智能强的人，在打猎、耕作、生物科学上的表现较为突出，自然探索智能应当进一步归结为探索智能，包括对于社会的探索和对于自然的探索两个方面；

(9) 存在（Existentialist Intelligence），人们表现出的对生命、死亡和终极现实提出问题，并思考这些问题的倾向性。

另外，有其他学者从内省智能分拆出"灵性智能"（spiritual intelligence）。

二、智能发展启示

根据多元智能理论，在自适应学习系统建构过程中，要关注 6 个方面。

1. 自适应学习系统应正视学生差异

传统的教学通常是以教师为中心而建立的班级制度，全班学生接受相同的教学方式，使用一样的教科书，接受标准化的考核和评审，这种无差异的课堂势必会出现优而不优、差而更差的现象。多元智能理论认为，每个人与生俱来都不同程度地拥有几种智能。人各有智，智各有异，学生的差异只是学生智能优势表现的领域不同而已。因此，自适应学习系统应正视学生差异。

2. 自适应学习系统应善待学生差异

自适应学习系统善待学生差异的前提是需要了解学生的表现与优势智

能。美国学者托马斯·阿姆斯特朗认为观察才是评价学生多元智能的最好办法。自适应学习系统要善于了解学生的智能特征,挖掘出每个学生身上与众不同的优势智能。

3. 自适应学习系统应优化学生差异

为了实现课堂教学的高效,自适应学习系统应满足多元化的教学模式,无论是个性化的,还是多元化的教学模式,自适应学习系统都应具备相适应的支持系统。高效教学越来越强调设计意识和反思意识,自适应学习也应根据个人差异,因人而异,主动设计多样化的学习活动,形成多样的学习成果并且让学生根据自身不同的学习需要来进行选择。

4. 自适应学习系统应激发学生反思提问

传统的低效课堂提问是教师向学生进行单一提问,提出的通常是记忆性的、重复性的、更多偏向理解性的问题,缺乏创造性的问题。中外古代先贤孔子与苏格拉底非常重视课堂上的提问,因为此过程是教师将要传授的学习内容转化为学生想学习的内容的契机。思维是智能的核心要素,而问题则是思维的起点。在自适应学习中,学习者应是反思提问的主体,只有学习者认真思考提出有价值的问题,才能把知识转化为学生的学问。

5. 自适应学习系统应是学生共同体间的有效合作

自主、合作、探究是基础教育课程改革倡导的新型学习方式。自适应学习要为学习者营造一个心理自由与安全的学习环境,促使学习者自主地参与到学习活动中来,实现思维的碰撞、情感的交流、资源的共享,在活动中呼吸着自由的空气,体验着自我的成长,感悟着做人的尊严,培养学生团结、互助、协作的宝贵品质。

6. 自适应学习系统应培养学生自我挑战的能力

挑战自我、超越自我是学生健康人格的具体表现之一。自适应学习通过富有个性化的教学设计,唤醒学生的挑战意识,培养学生的自我效能感。学生在精心设计的众多挑战任务面前总会找到"一款"自己的最爱。自适应学习系统还可根据每位学生的智能特点设计个别化方案,如组织形式多样化的游戏,布置富有挑战性的作业,引领学生进行实践探究性的学习等,都可促进学生多元智能的发展,为他们迈向成功奠定坚实的基础。

三、智能能级进阶

在自适应学习系统中,为了让学生能对高层次思维作出回答,自适应系统就要按照三层智能行动特征和发展阶段来构建"智能三层模型"。"智能三层模型"由卡斯特尔建议,由密歇根州奥特福德的人员开发。

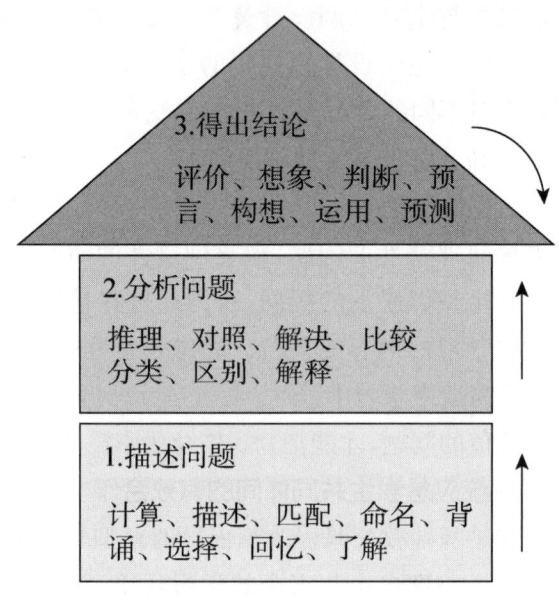

图 5-10 智能能级进阶示意图

第一层的动作特征有了解、回忆、选择、背诵、命名、匹配、描述、计算等,是"描述问题"阶段,这一层智能定位是指没有超越事实层面目的的所有事实收集者;第二层的行动特征有解释、区别、分类、比较、解决、对照、推理等,是"分析问题"阶段,这一层智能定位是运用事实收集者和自己的劳动来进行比较、推理和概括化;第三层的行动特征有预测、运用、构想、预言、判断、想象、评价等,是"得出结论"阶段,这一层智能状态是那些善于理想化、想象、预测的人的状态,他们最佳的启发是通过"天窗"来进行各种活动的。

按照智能层级进阶,自适应学习系统可以按多元智能领域 3×9 发展系统进行建构。

表 5-2　多元智能领域 3×9 发展系统

	描述问题	分析问题	得出结论
语言智能			
逻辑数学智能			
空间智能			
肢体运动智慧			
音乐智慧			
人际智能			
内省智能			
自然探索智能			
存在智能			

四、潜能实现维度

位于荷兰海牙的伯纳德·范·里尔基金会是一个国际性的非营利组织，致力于帮助处境不利的青少年和儿童。1979年，基金会邀请哈佛大学教育研究生院评估人类潜能及其实现有关的科学知识的状况。根据这个总的要求，哈佛大学的一些学者开始研究人类潜能的性质及其实现。

人类潜能项目计划资助的活动包括：评价在历史、哲学、自然科学、社会科学等领域的相关文献；就不同文化传统中有关人的发展观开展一系列的国际研讨活动；委托出版一些论文和著作。

该项目的主要研究人员来自不同的研究领域。霍华德·加德纳作为一位心理学家，主要研究正常儿童和天才儿童的符号技能，以及成人脑损伤所带来的符号技能的削弱问题，他的《智能的结构》是该项目资助的第一本著作。伊斯雷尔·谢弗勒的《人类的潜能》是该项目资助的第二本书，提供了从哲学的视角来研究人类潜能概念所得出的一些结论。罗伯特·勒温和梅丽·怀特的《人类的条件：教育发展的文化基础》，强调文化因素在人类发展和进步中的关键作用。同时该项目还在埃及、印度、日本、中国以及西非国家设立一些咨询小组，形成实证研究的多样性版本。

表 5-3 人类潜能实证研究的多样性版本汇总

研究项目	研究领域	研究维度	实践与研究进程	潜能实现应用
多元智能（加德纳）	心理学 脑科学	教育本质论 学习主体论	K12评价 学前实践丰富	基于智能评估分析、过程导引、绩效评价的教育新范式
人类的潜能（谢弗勒）	哲学 人类学	方法论 策略论	可能性、倾向性、能动性概念框架	基于潜能三个维度的学习系统建构
潜能发展的文化基础（罗伯特·勒温等）	社会学 人类学 复杂性科学	环境论 系统论 网络论	文化因素、环境因素的教育影响	结合互联网＋背景，进行智慧教育的新形态探索
多样的智能实践（四个洲、20多个国家）	实践叙事	课程论 教学论 学习论	提供全球顶尖的国际性对话	系统性案例生成

以上研究对自适应学习都有一定的启发，特别是加德纳的多元智能和谢弗勒的人类潜能。如果说，加德纳多元智能为自适应学习提供了培养人的潜能发展框架的话，那么谢弗勒的人类潜能就为自适应学习提供了人类潜能实现维度，即潜能发展的可能性、倾向性和能动性的三个维度。从潜能构成的三个维度框架中，可以启发自适应学习系统如何体现多元潜能、评估多元潜能、分析多元潜能，从而达到推荐多元潜能的实现路径，生成多元潜能引领的策略和方法。

1. 潜能是可能性的子类型

可以说一个人具有理解微分方程式的可能性，也可以说他是一个潜在的吸烟者，或者说他是一个潜在的见多识广的公民。无论是指什么特征，都指出在某一时间中所具有的潜能情况。这种潜能情况是说在那一时间没有某些明显的特征，同时却有未来某一时间形成这种特征的可能性。一般来说，如果肯定了取得某一结果的可能性，则常常对这一结果必定不会发生的情况给予了否定。

在自适应学习生态系统建构过程中，要关注潜能形成过程的可能性特征。

（1）可以将潜能理解为可能性的一种子类型，即成为具有某方面特征的人和形成某方面特征的可能性。

（2）对潜能的肯定明确的或隐含的是指构成某一指定结果的特征。

（3）某一结果可能被认为是正面的，也可能被认为是负面的。被认为是目标状况的所愿望的结果是一种我们希望使之成为可能的结果。

（4）绝对不能认为潜能是人的内在本质，或者说绝对不能认为潜能是稳定的和持久的。有关潜能的问题是指，主体在相关背景中的某一时间里所形成的某一方面特征，实际上是会影响指定结果的实现。

（5）对潜能的肯定和针对潜能的有计划改变反映了人们对潜能加以肯定时所假定的知识状况、社会背景和相关策略。

由此可知，对某一可能性作出了某一判断，并不表明就可以对其目标加以预测。否定了可能性的相反性质的必然方面，并不等于肯定存在着相关的绝对的必然性。

2. 潜能也是倾向性的子类型

在没有价值倾向限制的情况下，潜能是成为某事物或某人的倾向性，或是形成某一方面特征的倾向性。我们不必设想从最初的状态引发出一条独特的发展路线，而是认为任何多的这种路线是从最初状态的所有方向开始的，朝向愿望的或不愿望的重点状态。在自适应学习系统建构过程中，有4点值得关注。

（1）有关潜能的肯定判断明显地与一些结果是相关的，而不管认为这些结果具有什么样的价值倾向。

（2）在对潜能作出肯定判断之后，可以尝试着去实现潜能。同时，对潜能做出肯定判断也可能表明，在可能的情况下，应该作出某些调整，以避免有关结果的出现。

（3）从最初状态追溯的、基于条件可预测的最终状态的潜能，解释了从这种初始状态到那种最终状态的变化过程。

（4）绝不能把认为是倾向性的潜能看作是内在于主体的。背景中的各种环境因素被假定为是协调的，最为明显的是在发展的序列之中。

有关倾向性解释的提出以条件性预测作为分析潜能的基础。有关必要性的形而上学的观点由具有"假如—那么"为特征的规律的概括化所替代。而且，只要分别在初始状态和目标状态进行了辅助性假设，那么我们就能根据从初始状态到目标状态的条件性预测的关联来解释发展的过程。因此，不确定的是将发展看作从目前持续到未来的一种独特过程的普遍倾向。对这一类过程选择得到公认的话，则反映了对价值取向的预设。

3. 潜能也被看作能动性的子类型

这里是指形成某一特征的能动性。能动性的潜能一定不是内在于人的，在不同的时间，这些潜能可能得到发展，也可能得到束缚。自适应学习系统要通过对动机的重视，即通过相关信息的提供和在相关价值取向方面的指引，促进人的能动性的提高。

在对将潜能作为能动性的分析中，对条件性预测进行了专门的分析。因为，使"假如—那么"关联发生作用的"假如"具体来说是指行动者自己的选择。他潜在地具有某方面的特征，这不仅仅是在其形成没有被排除的意义上而言的，甚至也不是在某些情况下可以确定地对这种形成进行预测的一般意义上来说的，而是在他作出努力的情况下就可以对这种形式进行预测的意义而言的。

第三节 知识图谱与知识建构的关系

一、知识图谱建构

自适应学习系统通过知识图谱将学术概念连接起来，在分析学生知识背景以及个人偏好的基础上，使用知识图谱实现个性化推荐，学生学过的内容越多或对概念的评价越多，自适应学习的精度就越高。

简单地说，知识图谱是某一门类知识体系的结构图。这里所提到的"知识"，是广义上的知识，它既包括陈述性知识（是什么），也包括程序性知识（怎么做）和策略性知识（为何这么做）。知识图谱通过可视化方式，以线性关系模型、树状关系模型和网状关系模型来显示整个知识体系中各个知识点之间的逻辑联系。线性知识图谱模型，突出知识点之间的线性和层级关系，帮助使用者方便、快捷地找到所需要的知识，对学习过程进行引导；树状知识图谱不仅描述知识点之间的层级关系，还显示其分支，引导学生在学习中分析相关问题，并加以有针对性地解决；而网状知识图谱在知识点的层次和分支关系基础上又添加前趋、后继关系，用于某个知识点出现问题后，可向上或多方面寻找出现问题的来源和原因，有针对性地推荐所需学习的知识点，或自动推送学习资源，同时还能预测学习者的学习成效。

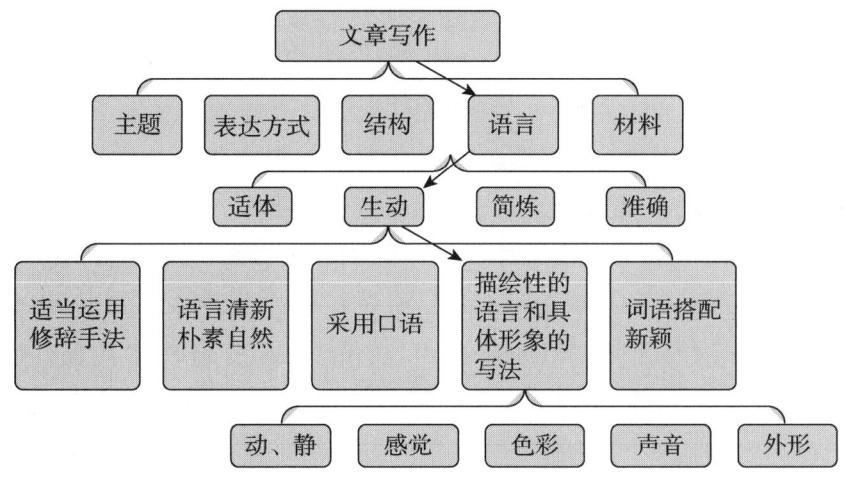

图5-11 语文文章写作知识图谱

对课程材料的可视化，能够帮助系统使用知识图谱为学生提供潜在的认知发展途径。它会根据人们的学习需要来组织和筛选，呈现或推送，以及快速检索知识，可以使不同层次的学习者在不同的水平程度上学习知识，发展技能或能力，最终完成学业。

数字化的知识图谱应用了计算机支持的可视化技术，它具有交互性和延展性，不仅能以直观的形式描述知识之间的关系，也能提供知识的获取路径，甚至能推送学习资源。在知识图谱中，由于课程概念之间的逻辑关系已经为学生提供了一套最基本的学习途径，这为在某一学习阶段中为学生呈现怎样的学习内容奠定基础。

知识图谱大致有以下5个特性和功能。

（1）系统建构性。知识图谱是一个知识体系的整体中各部分知识点分布结构的反映。在自适应学习过程中，通过这些概念图或思维导图可以帮助学生理解知识、活化思路，再通过数字化学习中数字教学资源的动态显示及超链接等资源组织和检索应用等，使整个自适应学习具备知识整体的完备性和知识动态建构的系统性。

(2) 分布关联性。知识图谱可以反映不同的知识点之间的多种关系,如上下关系、并列关系等,即知识点之间的前趋与后继关系,"先备知识"和"延伸知识"等。通过制作知识图谱,可以发现"知识孤岛"并在它们之间建立联系,能够动态呈现出知识点之间以及知识点与学习资源之间的关联,有效地避免了学习中的"迷航"现象。

(3) 认知生成性。知识图谱描述了从事一项学习,运作一个项目,完成一个课程需要的知识和技能、它们之间的关系以及经历的过程等,这显然是进行以学习、项目或学科课程为基础的认知工具。当进入需要学习的相应的知识点后,知识图谱会自动推送了解、学习或掌握这些知识点所需的学习资源,如阅读的文本、授课的录音、录像、微课或慕课等。

(4) 评估定位性。无论是对一个学生、对一个教师,或者是对一个学习共同体,要进行自身的知识学习都要评估现有知识,学习未知知识,开发新的知识。知识图谱是描述知识的"过程",也是评估原有知识的"过程",并且它对知识的学习、开发、共享和应用都起到了十分重要的作用。为知识项目评估提供基础,有助于知识资源的理解、应用、分析、评价、生成和创造。

(5) 学习导航性。在面临移动互联时代知识与信息过量的状态日益严重,要让学习者摆脱寻找自己所需要的知识过程中的混乱状态,就需要有一个性化的学习导航工具。知识图谱可以是在何处可得到何种信息的查询系统,也可以描绘一个组织系统甚至是一个人的知识存量、结构、功能、存在方位等,可以让使用者快速找到他们所需要的知识点,然后重新返回到相关的知识源。由于知识图谱可以将相毗邻的知识单元联系起来并进行详细的描述,使用者使用模糊查询的方法可以找到他们需要的却无法详细描述的知识,能有效地解决学习迷航现象。

在知识图谱的具体制作过程中,大致要关注 8 个方面。

(1) 组建知识图谱专业团队。一般来说,自适应学习知识图谱开发需要由学科课程专家、计算机编程人员、一线有经验的教师组成,这些人既能有学科课程方面的理论指导,又能进行教学设计,还要解决软件开发等技术难题。

(2) 确定学习者的基本需求。学习者在使用中对平台的需求不同,其基本需求是具体表现在知识容量、学习形式、学习负担、测试评估要求等方面。要满足每位学习者个性化的学习特点。

(3) 进行课程总体架构。分析某门类知识体系的总体结构、层次分布、不同分支以及知识点的构成,在此基础上,形成知识图谱的目标、使用范围、基础结构、构成要素、节点关系的定义、链接数据的存贮方法等。

(4) 满足学与教的相关需求。学与教的需求包括对学科课程知识的特点和教与学的要求,对知识的整体、知识分类和各知识点的实际形式进行课程或教学设计。

(5) 建立学习资源库。从互联网海量资源中收集所需要的学习资源,建设资源库。

(6) 进行可视化流程架构。以可视化、个性化和动态化为原则设计并制作初步的知识图谱,并反复吸收使用者的意见对主干或细节进行补充完善,对所需要的学习资源进行收集或开发。

(7) 信息技术的支撑。从计算机和网络技术方面评价和选择开发工具,确定数字化知识图谱的管理者、维护程序等。

(8) 大数据积累优化。在试用和测评中扩充知识图谱的内容,不断丰富学习资源,以方便、快捷、有效为原则提高技术水平,使大数据应用不断更新和完善。

二、图谱框架列举

在自适应学习系统中,根据三维课程目标,知识图谱建构主要有 3 类。

1. 面向知识和技能的知识图谱

此类知识图谱对整个专业、整个学科课程(如语文、数学)或某一个知识门类(如语言中的文言文,数学中的解析几何)进行层次等级划分和内容分类。在知识管理中,这种知识图谱中的分类大多被用于知识库中的内容管理,主要针对海量的知识资源中存在的组织缺乏、分类不清晰的问题,以认知科学为依据对教与学的资源进行知识组织,让学生掌握知识和技能,完成学习任务。

2. 面向过程或方法的知识图谱

这种知识图谱将关于某个教或学的流程的知识或知识源以图形化方式来表示。这里的流程涵盖了一个学科或一个课程的组织或个人的教与学的规划、计划、解决方案、教与学的方法与策略的操作流程。面向过程和方法的知识图谱的主要作用是指导教师教学,培养学生掌握学习方法与策略,策划知识管理方案并推动知识创新的实践。

3. 面向智能发展的知识图谱

这种知识图谱将一个组织结构（某类企事业或某个行业）的各种技能、某个岗位或职位的技术甚至个人的职业生涯发展所需的智能加以细化和层次化，从而勾画出一张带有时间维度的智能分布图。它可以使学习者很方便地找到他们所需要的专项知识（各种技能、技术或职责描述），进而有目标和具体目的地培养自己的实践能力和创新素养。它更多地应用于做中学、游戏中学、活动中学、探究中学、创客中学等学习形态。

当然，上述分类不是截然分开的，往往会因自适应学习建构的侧重点的不同而会交织综合应用于一个具有综合性的在线课程、智能教学、自主学习和辅助学习的系统中。

以下从内容角度列举 2 种知识图谱框架。

（1）上海市电化教育馆高中数学学科自适应学习知识资源一级图谱（主题单元）

表 5-4 上海市电化教育馆高中数学学科自适应学习知识资源一级图谱

序号	年级	单元主题	备注
1	高一	集合和合题	★ 必须符合《上海市中小学数学课程标准》的理念和要求； ★ 内容必须科学、准确； ★ 资源形式包含习题、微课、优课、教学设计、课件等； ★ 提供的题库总量不少于 2000 道，教案不少于 80 个，视频（动画、微课、优课等）总量不少于 1000 分钟，课件总量不少于 80 个； ★ 微课程及课堂实录讲授者必须是一线教师。
2		不等式	
3		函数的基本性质	
4		幂函数、指数函数和对数函数	
5		三角比	
6		三角函数	
7	高二	数列与数学归纳法	
8		平面向量的坐标表示	
9		矩阵和行列式初步	
10		算法初步	
11		坐标平面上的直线	
12		圆锥曲线	
13		复数	
14	高三	空间直线与平面	
15		简单几何体	
16		排列组合与二项式定理	
17		概率论初步	
18		基本统计方法	

(2) 上海市六至九年级数学知识图谱层级与节点要求

初中阶段的学习内容,"数与代数"中含有理数及实数、方程和不等式、代数式和函数;"图形与几何"中含平面上和空间的直观几何,平面上的实验几何与推理几何;"数据处理"主要是关于数据的收集、整理,有关图表的绘制和信息分析,基本统计量,随机事件与等可能事件的概率;"专题研究与实践"中有实践活动和研究课题。

表 5-5 六、七年级数学知识图谱层级(有理数)

学习内容		学习水平	具体要求及活动建议
基本内容	分数及其运算	C	1. 在小学认识分数基础上,通过生活实例发展分数概念。知道正分数是表示两个正整数。知道正分数是表示两个正整数相除所得商的一类数,着重在除法(或比)的意义上理解是正整数的分数表示形式;建立分数与小数之间的联系;掌握异分母分数的加减运算以及乘除运算,初步体会转化思想。(说明1) 2. 理解比和百分比的有关概念,了解经济生活中的一些基本常识;会解决有关比和百分比的简单问题,拓展分数的应用,加强数学与现实生活的联系。(说明2) 3. 理解比例的概念和基本性质,会解简单的比例问题。(说明3) 4. 理解有理数的概念,理解有理数与数轴上的点之间的对应关系;经历探究有理数的加、减、乘、除、乘方运算法则的过程,并归纳有关运算性质;能灵活运用这些法则和性质进行计算;初步形成系统化意识,体会数形结合思想。(说明4) 5. 利用纸笔进行的数值运算时,不出现繁难复杂的问题,突出有理数的运算性质,明确运算顺序。 6. 通过有关估算的例题和训练,学习估算。懂得估算的方法并会用于对结果进行猜测或检验。 7. 引入"可能性"问题,体会朴素的概率思想。(说明5) 8. 建立有理数的顺序关系,掌握比较有理数大小的方法,注重趣味性,具有探究规律的意义。(说明6)
	比和比例	C	
	有理数及其运算	D	
	数轴,有理数与数轴上的点之间的对应关系	B	
	有理数的大小比较	C	
拓展内容	*奇妙的数字		
说明	1. 淡化带分数,不要求将分数运算的结果化为带分数。 2. 出现如合格率、增长率、利息、税率等术语,结合题目渗透思想品德教育。 3. 对合分比定理和等比定理不作要求。 4. 有理数的运算性质包括:加法、乘法运算的交换律和结合律,乘法对加法的分配律,加与减、乘与除的互逆性,数0和1的特性等。 5. 选取简单的等可能事件的实例或设计具有公平性规则的游戏,反映等可能事件的含义,并用数量来描述事件发生的可能性大小,再学习对简单事件发生的可能性作出预测,如掷骰子、打靶、转盘摇奖等。 6. 带"*"的拓展内容可作为课外阅读材料或纳入探究(研究)型课程,下同(至九年级)。		

三、学习即时反馈

反馈(feedback)又称回馈,是控制论的基本概念,指将系统的输出返回到输入端并以某种方式改变输入,进而影响系统功能的过程,即将输出量通过恰当的检测装置返回到输入端并与输入量进行比较的过程。反馈可分为负反馈和正反馈。前者使输出起到与输入相反的作用,使系统输出与系统目标的误差减小,系统趋于稳定;后者使输出起到与输入相似的作用,使系统偏差不断增大,使系统振荡,可以放大控制作用。对负反馈的研究是控制论的核心问题。

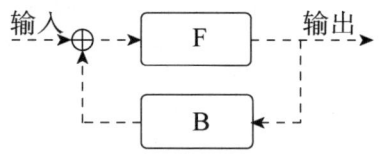

图 5-12 信息反馈图

在自适应学习系统中,对学习者学习进行即时反馈是系统的智慧所在。自适应学习系统即时反馈的理论基础包括项目反应理论、概率图形模型、层次聚合聚类及知识图谱等方法。

项目反应理论(Item Response Theory,简称 IRT),每套测试中不同试题对衡量学生能力的贡献度是不同的,因此 IRT 在试题的层面上对学生能力进行建模。IRT 对于个体学习者作答的每道试题都进行分析。平台借助一系列算法(算法的参数包括的个体潜在特性、能力和试题特征)分析试题被正确回答的可能性,并以此为依据判断学生对相关知识的掌握程度。

IRT 的三个基本假设:

(1) 关于潜在特质空间的一维假设;

(2) 局部独立性假设;

(3) 项目特征曲线的形式。

满足以上三点假设的项目特征曲线性质通常是近似回归(Logistic)曲线。

IRT 根据受测者回答问题的情况,通过对题目特征函数的运算,来推测受测者的能力。IRT的题目参数有：难度、区分度和猜测系数。根据参数的不同，特征函数可分为单参数模型（难度）、双参数模型（难度、区分度）和三参数模型（难度、区分度、猜测参数）等。

以IRT模型生成的二项反函数为例，在函数曲线表现在给定试题难度、区分级别和"猜测性"的基础上，IRT模型可以将学生能力与正确回答一个试题的可能性相关联。由于在评价学生能力方面效果出众，IRT模型通常用于理解学生在测试中的表现与个人能力之间的关系。

在自适应学习及时反馈方面，还可以使用概率图形模型和凝聚层次类型等技术使学习反馈更趋精准。概率图形模型侧重于知识链之间关系的判断，而凝聚层次类型侧重于构建知识类层次的分析，两者结合起来，能够帮助自适应学习系统进行精准的即时反馈。

概率图形模型是一种通过对学习者已知的掌握程度来判断其学习能力的方法。它可以实现学习者对前一知识点掌握到某种程度时才建议学习下一知识。比如，概率图形模型可以帮助自适应学习系统发现一个学习者对于"分数"达到何种程度才能学习"小数"，以及对"小数"达到何种程度才能学习"指数"，自适应学习平台可以借此判断学习者对分数、小数和指数掌握之间的关系。

凝聚层次类型用于检测大分组内如何建立学习者分组的潜在结构，即根据哪些特征将学习者划分为更小的单位。使用凝聚层次类型可以帮助系统根据学习者对概念的理解程度，借助系统内的分工面板对学习者进行分组，使学习能够分层实施，效率提升。

四、双向细目表

所谓"双向细目表"，实际上就是教材内容和学习结果两个维度，其中一维反映教学的内容，另一维反映学生的学习水平。目前在"学习水平"这一维，普遍采用布卢姆等人关于认知领域教育目标的分类，即把学习结果或认知水平分为知识、理解、应用、分析、综合、评价等六种水平。教材内容这一维则根据具体学科内容加以确定。编制双向细目表可以确保试卷有较宽的覆盖面；确保试卷的质量，避免随意性和盲目性。

双向细目表是在命题中根据考试的目的和要求制定的测试内容和目标的具体计划，并以图表形式详细、明确地列出各项内容的量化指标，用以规范、指导编题和制卷。练习或考试命题双向细目表是一种考查目标（能力）和考查内容之间的关联表。双向细目表的制作应该同课程大纲及考试大纲的相关规定具有一致性。考核知识内容的选择，要依照教学大纲（考试大纲）的要求，试题范围应覆盖课程的全部内容，既要注意覆盖面，又要选择重点内容。

制作双向细目表时，拟对学生进行考核的"考核知识点"须按章次进行编排；双向细目表中考核知识点的个数须与试卷中涉及的知识点个数相一致。双向细目表中的能力层次采用记忆、理解、应用、分析、评价、创造等作目标分类，体现了对学生从最简单的、基本的到复杂的、高级的认知能力的考核。每前一目标都是后续目标的基础，即没有识记，就不能有理解；没有识记与理解，就难以应用。所以一个考核知识点在同一试卷中对应一种题型，原则上只能对应一种能力层次。

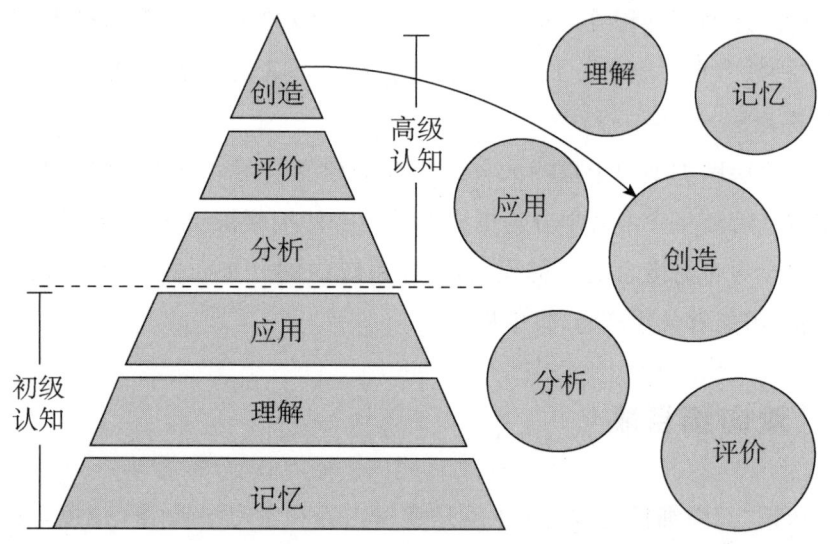

图 5-13　制作双向细目表，知识点对能力层次对应关系

按照自适应学习要求，记忆、理解类试题须控制在 60% 以内，并应尽量避免单纯考核记忆水平的题目。试题的题目类型应根据考试课程的特点和考试目标合理选择，例如填空题、选择题、判断题、名词解释、辨析题、简答题、证明题、计算题、案例分析等。一份试卷中主观性试题和客观性试题的

搭配应合理，且题型种类数应适中。在双向细目表中不同"能力层次"和不同"题型"下面对应的各列中，应填写各考核知识点在试卷中所占的分值。不能简单划"√"，也不能填写题号和题目个数。

在布卢姆的基础上，安德森不再把知识当成一个没有深度的平台，而是展开为4个维度，包括：

（1）事实性知识，指学生通晓一门学科或解决其中问题所必须了解的基本要素，进一步可分为术语知识以及具体细节和要素的知识；

（2）概念性知识，指在一个更大的体系内共同产生作用的要素之间的关系，包括分类和类别的知识，原理和通则的知识，以及理论、模型和结构的知识；

（3）程序性知识，指做某事的方法，探究的方法，以及使用技能、算法、技术和方法的准则，包括具体学科的技能和算法的知识，具体学科的技术和方法的知识，确定何时使用适当程序的准则知识；

（4）元认知知识，指关于认知的知识以及关于自我认知的意识和知识，包括策略性知识和关于认知任务的知识，适当的情境性和条件性知识，以及关于自我的知识。

界定后的认知操作有6种：

（1）记忆/回忆，指从长时记忆中提取相关的知识，包括识别和回忆；

（2）理解，指从口头、书面和图像等交流形式的教学信息中建构意义，包括解释、举例、分类、总结、推断、比较和说明；

（3）应用，指在给定的情境中执行或使用程序，包括执行和实施；

（4）分析，指将材料分解为它的组成部分，确定部分之间的相互关系，以及部分与总体结构或总目之间的关系，包括区别、组织和归因；

（5）评价，指基于准则和标准做出的判断，包括检查和评论；

（6）创造，指将要素组成内在一致的整体或功能性整体，或将要素重新组成新的模型或体系，包括生成、计划和产出。

这6种认知操作，体现在双向细目表中的难易度一栏，如下页表所示。

表 5-6 九年级中考教学模拟卷双向细目表

命题人：_____

学习内容		题号	题型	分值	难易度					考查的主要知识与数学思想、方法
					记忆	理解	应用	分析	评价	创造	
代数（90分，占60%）	数与运算（8分）	数的整除	1	选择题	4	√						因数的概念
		实数的概念与运算	7	填空题	4	√						科学记数法
		整式	8	填空题	4	√						因式分解
		分式	19	解答题	10	√						分式的化简与求值

在自适应学习系统中，考试通常有单元练习、模块练习、综合练习、拓展练习等，这些练习应当具有 5 个功能。

(1) 评价功能。通过练习和评价可以反映出每个学生的知识、能力水平的等级或分数。能够评价一个阶段的学习成效，检测学习目的是否达到，学习目标是否完成，这一点正是学习所关注的焦点，也是练习的主要功能所在。

(2) 反馈功能。通过学习者解答试卷的情况，诊断出每个学生对每一具体问题的掌握情况，从中分析出每个学生对考核内容的掌握情况：哪些掌握得好，哪些掌握得较差，问题出在何处。这些情况反馈给学生本人及其教师，对他们有针对性地改进学习和教学是大有裨益的。所以在联系之后，系统和教师都要进行试卷分析和教学检查，并依据试卷分析情况对学生进行讲评，指出学生学习的优点、缺点、注意事项和努力方向，教师对学生的这种学习指导是非常有效的。

(3) 激励功能。通过练习可以激励学生平时认真学习，考前认真复习，以争取考试取得优异成绩。这种"成功的体验"能极大地激励学生的积极性和上进心，成绩不理想也能刺激学生勤奋努力，以争取下次考试得到较好成绩。

（4）强化功能。每次考试都会引导学生去复习所学的内容，从而达到强化学习效果之功效。

（5）导向功能。练习的内容、练习的重点、试题的结构及深浅度都对教师的教学及学生的学习起着十分重要的导向作用。系统应充分利用考试的导向功能及时调整教师的修订教学方针和计划，改进教学方法，积极引导学生突破学习的难点、抓重点、打牢基础、提高能力，以取得最佳学习效益。

一般地，双向细目表的纵向列出的各项是要考查的内容即知识点，横向列出的各项是要考查的能力，或说是在认知行为上要达到的水平，在知识与能力共同确定的方格内是考题分数所占的比例。

命题双向细目表具有三个要素：考查目标、考查内容以及考查目标与考查内容的比例。

表 5-7　命题双向细目表要素

单元	考查内容	目标	考查目标					分数合计		
			了解	理解	掌握	应用	综合	易	中	难
	合计									

双向细目表的设计有 7 个步骤。

（1）确立知识要点。先要认真分析教材，把教材中的知识点找出来。可将各单项的细小的知识点合并归类，组成大的知识块。通常把新授的、经过一定训练的内容，作为检测重点。

（2）确立能力水平层次。能力水平层次包括了解、理解、掌握、应用、综合应用。

（3）排列各部分所占比例。确定每一章要点应占的分数比例，并排出分值、题型、难易度。依据汇总情况，分析整个测试在能力水平方面的要求，是否符合测试目的、纲要要求以及学生的实际情况。

（4）按照细目表命题。命题时要遵守以下原则：

① 科学性原则，不能出现知识性的错误，题目的文字表述必须规范，不

能出现模棱两可的语句,更不能产生歧义;

② 明确性原则,题目语意清楚,文句简明扼要,答案明确合理,无二义性;

③ 全面性原则,覆盖面既要大,又要突出重点,保证试题在所测内容上具有代表性,力求做到各个部分的比例适当;

④ 层次性原则,整张试卷难度分布的层次性;

⑤ 以生为本原则,内容的新颖性、趣味性、激励性、人文性,形式的创新。

(5) 试答全部试题。命题必须对试题进行试答,并记录答题时间。一般情况下,用于实际考试的时间,为命题教师试答试卷时间的2倍。

(6) 调整完善。根据答题实际时间的需要,对试题内容进行适当调整。根据答题估计试卷难度,对试题内容进行适当调整。

(7) 制定评分标准。给出参考答案、给分尺度、评分标准。

在具体编制过程中,双向细目表编制步骤一般有6步。

(1) 列出"课程标准"要求的教学目标清单。在检测内容范围内,列出教学目标清单、教科书的教学课时数与分数的权重。突出本次检测教学目标核心目标,列出检测的终结性教学目标。教学目标应包含教学目标特征与试题类型。

(2) 列出教学内容要点。教学目标描述了希望学生能展现出来的表现种类,教学内容则指明了每一种表现所属的内容领域,内容要点中包含多少细节数是根据主观而定的。

(3) 列出能力层次结构。例如,数学主要有四层能力结构,即事实性数学知识和基本技能、概念理解、运用规则、解决问题;物理学科能力结构包括基础知识和基本技能、理解能力、分析综合能力、应用能力、科学探究能力、对学科细想方法的认识。

(4) 列出试卷的结构。结构包括题型、题量、难度。

(5) 科学安排内容,规划制订考试蓝图——细目表。细目表可以是二维或是多维的。命题细目表是学科专家和有经验的教师在对课程标准和教材透彻分析的基础上,依据考试目标规定的内容,经过集体讨论制定,以确保分类合理、比例恰当、难度适中。难度是指题目的难易程度,或说测验的难易程度,常以试题的通过率(P)作为难度的指标。难度值在0至1之间。容易题 $P=0.90-0.75$,较易题 $P=0.70$ 左右,较难题 $P=0.55$ 左右,难题 $P=$

0.45—0.20,整卷的试题难度设置比例 7∶2∶1,即容易题和较易题占 70%,较难题占 20%,难题占 10%。

(6) 填写双向细目表。设计细目表的最后一步,就是准备一个含有教学内容、能力要求、试卷结构、难度系数四个维度的命题细目表,体现出测试的整体规划。

  为适应学习化社会的需要,提高儿童的基础学力仍然是各国课程改革首要的关注点。读、写、算能力和信息素养等是未来公民所不可或缺的。因此,使儿童具备基础学力是课程改革首要的目标。此外,迎接信息时代的挑战,适应信息化社会,从浩瀚的信息海洋中获取必要的信息,具备相应的信息素养,成为课程改革的另一热点。

  思维是智能的核心要素,而问题则是思维的起点。自适应学习系统要为思维而设。当前的低效课堂提问主要是教师向学生提问,且缺少创造性问题。在自适应学习中,学习者应是反思提问的主体,只有学习者认真思考并提出有价值的问题,才能把知识转化为学生的学问。

  同时,自适应学习要为学习者营造一个心理自由与安全的学习环境,促使学习者自主地参与到学习活动中来,唤醒学生的挑战意识,培养学生的自我效能感,引领学生进行实践探究性的学习等,最终为学习者奠定迈向成功的坚实基础。

第六章

自适应学习的适应机制和技术实现

自适应学习技术正在改变教育。它是如何推动教育事业发展回归教育本质的？又是如何为学生打造学习空间，让他们在探究中培养能力，开展个性化学习，主动参与中自我发展的？

本章旨在通过介绍自适应学习驱动学习的原理、自适应学习的基本架构以及自适应学习系统和慕课系统的比较，分析其技术架构的特点，以及从技术实现的角度，分析其关键因素。

第一节　自适应学习的系统构成与原理

不同的认知水平、不同的学习经历和习惯、不同的学习风格使每个学习者都有自己的特性。自适应学习的设计中,该如何个性化地契合每一个学习者?适应机制是如何建立的?

自适应学习需要遵循和利用心理学、教育学等多个领域的科学原理和研究成果。同时,它需要大量的学习者信息支持,每一个学习者,既是自适应学习的受益者,也都是数据类型的贡献者。

自适应学习工具(平台)在学习过程中充当着"一对一优秀教师"的角色。在技术层面上,它该如何利用庞大的数据信息区别出学习者的类型?如何把认知科学和教育资源细化成海量学习素材?通过什么算法向学习者推送精准的学习内容,匹配出和学习者高度契合的学习路径呢?

了解自适应学习的个性化适应机制和技术实现原理是我们探索自适应学习道路的必经历程。

一、基本构成

自适应学习系统的构成,可以用模型来描述。目前,主要有3种模型:通用模型、参考模型、技术模型。[1]

1. 通用模型

为了便于各个领域的人们更易于理解自适应学习的基本构成,美国匹兹堡大学信息科学学院的皮特·布鲁希洛夫斯基(Peter Brusilovsky)提出

---

[1] 郭朝晖,王楠,刘建设.国内外自适应学习平台的现状分析研究[J].电化教育研究,2016(4):55-61.

了自适应学习系统的通用模型概念,即系统要对不同的学习者进行分类(学生模型);要对学习内容标注属性,对不同的知识概念进行分类(领域模型或知识模型);要从认知科学的规律运算出学生应该怎么学习才是有效的(教育学模型);面对不同的学习者(用户接口),能有效地推送适合的学习资源和学习策略(推理机)。

自适应学习系统的通用模型,一般可以由学生模型、领域模型、教育学模型、接口模块等构成。

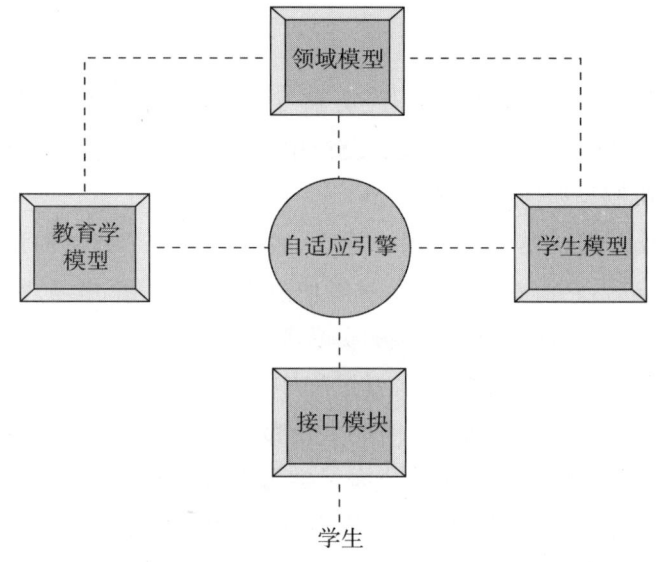

图6-1　自适应学习系统通用模型

- 领域模型(Domain Model),描述领域知识结构,包括概念和概念间的联系;
- 学生模型(Student Model),也称为用户模型(User Model),代表学生特征,描述每一用户的知识、倾向及兴趣爱好等信息;
- 教育学模型(Pedagogical Model),定义了根据学生模型中的信息访问领域模型各个部分的规则;
- 自适应引擎(Adaptive Engine),是创建和更新领域概念及链接的全部软件环境,使用其他模型中的信息对学习者进行个性化的选择、注释和呈现学习内容;
- 接口模块(Interface Module),代表并定义了用户与自适应学习系统间的交互。

2. 参考模型

为了更好地理解自适应学习系统的工作原理,可以把通用模型中的教育学模型改为"自适应模型",接口模块改为"呈现模型",学生模型改为"用户模型和学习行为",通用模型就变成了参考模型。

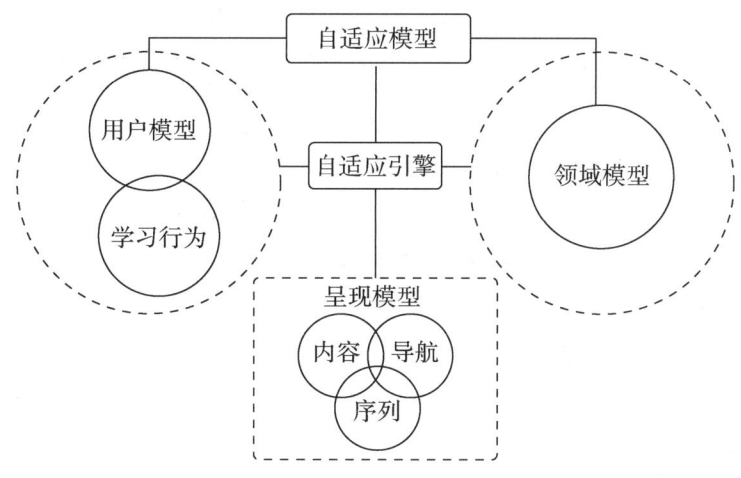

图 6-2 自适应学习系统参考模型

- 用户模型描述用户的个体特征,如学习者基本信息描述(姓名、性别、出生日期、电话、电子邮件、受教育水平、职业等)、学习风格、认知水平和兴趣偏好等。
- 学习行为记录了学习者的学习历程(如学习者访问学习资源的媒体类型、学习时间、访问次数等),系统可以根据用户的学习历史记录不断更新用户模型。
- 领域模型(Domain Model),描述领域知识的结构,包括概念和概念间的联系,每个概念可以有不同的属性,具有相同属性的概念可以是不同的数据类型。概念间的联系是联系两个或更多概念的对象,具有唯一标识值和属性。
- 自适应模型(Adaptation Model),定义了如何根据用户模型中的信息访问领域模型各个部分,产生自适应动作,以及如何修改用户模型的一套规则,这些规则体现出对课程的教学设计的思想。
- 自适应引擎(Adaptive Engine),对应着系统的实现,执行适应性规则,根据用户模型选择、组装和呈现页面,实现根据用户学习行为历史记录修改与维护用户模型等。

- 呈现模型（Presentation Model），系统根据用户模型、领域模型、自适应模型通过自适应引擎实现内容、导航和学习活动序列等三方面的适应性显示。(1) 内容显示，系统根据用户的学习风格呈现出不同媒体类型。系统根据用户的学习风格呈现出不同事实或抽象等特性的学习内容。(2) 导航，系统根据学习风格、认知水平划分为全局性导航和局部性导航。全局性导航主要由领域知识树形结构来呈现，通过树形结构可以显示出课程的完整知识体系，并通过学习状态标记显示出当前学习者对知识的掌握状态。局部导航为学习者提供了知识概念图，能够清楚展现当前知识点的相关知识、先前知识、后向知识。(3) 学习活动序列，系统根据学习者的学习风格适应推荐学习序列。如对于活跃型学习者，则系统推荐学习活动序列是：参与讨论（必选）→阅读学习材料（推荐）→个案研究（推荐）→做练习（必选）→完成测试（必选）；对于沉思型学习者，则系统推荐学习活动序列是：阅读学习材料（必选）→个案研究（必选）→参与讨论（推荐）→做练习（必选）→完成测试（必选）。

通过通用模型和参考模型的对比，不难发现：自适应引擎是自适应学习系统的核心要素。

3. 技术模型

从技术实现的角度来看，自适应学习系统总体可分为数据层、应用层和展现层三个层级，不同层级之间均通过系统内部的接口进行信息传递和数据交互，降低系统耦合，提高系统整体的稳定性，便于系统的扩展。

- 底层为数据层，负责核心数据的数据库存储和资源文件的分布式文件存储，向应用层提供数据库访问接口和文件访问接口，数据库存储系统的账号、知识模型等核心数据，支持应对大访问量的扩展和负载均衡，支持数据挖掘和分析。分布式文件存储系统支持海量资源的存取访问，随着资源的扩充可以方便地进行水平扩容。

- 第二层是应用层，主要包括系统平台级别的基础服务子层、具体的业务逻辑子层和面向展现的控制层接口。基础服务即系统平台所具备的核心能力，如知识领域模型、学习特征模型的建立和管理、教学模型的建立和管理、资源的推送能力、资源和用户的后台管理维护、数据缓存能力、日志统计和定时任务等。业务逻辑子层即实现了系统各项具体的业务功能，包括资源库的建立、访问和维护，学生的自主学习、自测功能，教师发布的评测任务

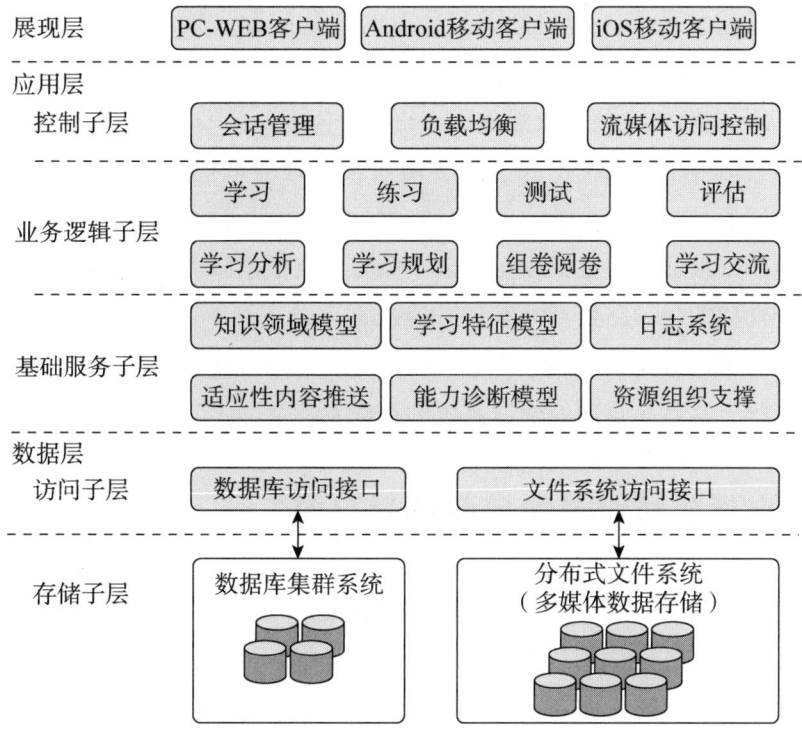

图 6-3 自适应学习系统的整体架构图

功能,同时也包括针对学生学习情况、自测和评测结果进行的智能学习分析和定制化的学习规划,智能化的资源推送功能,以及学生和教师之间的交流互动等业务。面向展现的控制子层主要负责提供展现层所需要的页面及数据访问接口,处理展现层发来的各项请求,实现具体各项业务的访问和调用。

• 最上层即展现层,主要是利用 REST API 向使用 PC、Android 和 iOS 客户端的用户提供系统各项功能的访问接口。

正如本节前文所述,自适应学习系统就是一位"一对一优秀教师",它既要有丰富的知识储备,又要根据自己的经验为学生提供最有效的学习方法,然后再因材施教,对不同认知水平、不同学习风格的学生采取不同的教学策略,使他们高效地获取适合自己的知识内容。

这里可以和几年前备受瞩目的慕课模式做一下对比。优秀教师资源是有限的,不是每个学生都能有跟优秀的教师学习的机会。名师课程录成视频,偏远地区的学生就可以听到优秀教师的优质课程,这就是慕课模式。但是慕课模式只是解决了教育资源分布的部分问题。教学活动应该是双向的,但学习者在慕课模式下只能被动接受,课程内容也不会因为学生的接受情况有所调整,教学效果自然也无法得到保障。

而自适应学习系统不仅能让学习者便捷地获取优质学习资源,而且这些优质资源是为每一个学习者量身定做的,不同的认知水平、不同的学习风格都能匹配最适合自己的学习资源;系统还能根据学习者的类型为学习者制定个性化的学习路径;在学习的过程中,系统还会不断根据学生的学习行为和学习成果进行调整,就相当于为每一个学习者配备了一位经验丰富的优秀教师。这就是自适应学习系统的目标和意义。

二、自适应技术是如何驱动学习的?

数据驱动学习是指收集、分析、报告和使用数据用于改进学习的过程。其目标在于通过广泛的数据集来理解学习行为,从而驱动深度学习。数据驱动学习是自适应学习,通过收集学生学习行为数据,基于知识图谱,用算法匹配到最适合学生个体的学习内容、方法和路径。[1]

自适应技术主要是通过收集数据、开发基于知识的谱系,最后用算法匹配到学生,为每个学生提供个性化的学习内容和路径。

1. 知识图谱

知识图谱是自适应学习系统中的基石。它不仅表示分解后的知识内容,还表示了知识内容之间的联系,对于自适应学习中生成合适的学习路径提供了关键的依据。当然,学习者学习的知识点越多,所生成的个性化的知识路径越准确,然后结合学习者的学习动作、学习风格,系统向学习者推送最合适的学习路径。

可汗学院的知识图谱是从知识单元到知识点,再进一步把知识点细分为微学习活动(微课视频学习和进阶练习活动),再造微课程学习流程,突出了微课程与学习过程的融合。例如,代数Ⅱ有9个知识单元,其中多项式与

---

[1] 周成纲."互联网+"背景下自适应学习系统的研究[J].计算机教育,2016(3):78-80,84.

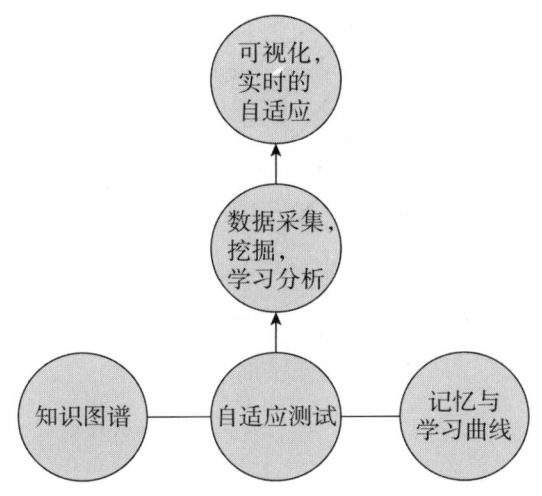

图 6-4　自适应技术是如何驱动学习的

有理函数单元有 15 个知识点,108 个学习活动(83 个微视频学习,25 个进阶练习)。

2. 自适应测试

自适应测试是自适应学习中学习者(用户)通过接口获取学习内容及学习路径的重要环节。通过学习者的测试,系统获取到学习者的认知水平、知识点掌握程度等重要信息,为学习者生成个性化的学习路径及推送学习内容提供最关键的参考因素。要说明的是,测试测评是自适应学习系统判断学习者特征的关键因素但并非唯一因素,系统还会根据学习者的其他条件以及在学习过程中的学习动作进行调整,才可能生成更准确的学习路径。

测试过程中,学生掌握程度也并不是简单以测试题目正确与否、答对题目个数来判断的。对于学生测试的大部分题目,都应该会有掌握程度的差别。解答一道试题的可能性是多参数,正确的多种可能和错误的多种可能,这些参数包含了学习者的潜在特性、认知水平和试题特征。

3. 记忆与学习曲线

有了艾宾浩斯记忆和学习曲线模型,数据学家可以根据学生在何时以及如何接触内容等资料捕获学生知识增长和减少的方式。最终,通过适时的强化实现长期记忆。

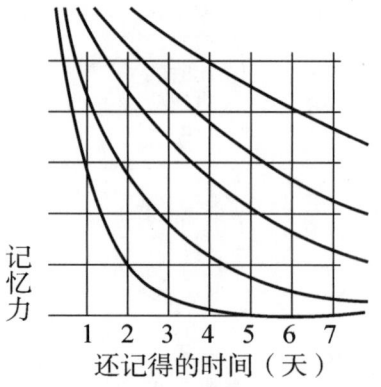

图6-5 艾宾浩斯记忆和学习曲线模型

4. 自适应学习策略

系统可以按学习者的认知能力状态和学习风格等对学习者进行分析。学生根据不同的学习目标,可以动态地调整自己的学习策略,为自主学习或协作学习分组提供支持。系统也可以为学习者提供丰富的学习资源和学习建议或推荐,以便学习者进行探究性学习。通过支持不同的学习策略,系统能够促进学习者主动学习,实现对自己知识的建构。

学习者的学习风格与认知能力水平是自适应学习策略选择的重要依据。基于所罗门的学习风格类型分类[1]及三阶段认知能力(即从认知能力、感知输入、处理理解三个维度)分类,设计基于认知能力和学习风格的自适应学习指导策略,总体策略设计规则如表6-1所示。表中的规则,是把依据认知能力的指导策略与依据学习风格的指导策略分开罗列。自适应学习系统所设计的学习策略,是把两者结合起来组成不同的策略组对,来对应不同的学习所表现出来不同的学习风格与认知能力。

---

[1] 学习者在学习风格(或可称认知风格)方面有很大差异,所罗门(Barbara A. Soloman)提出了很好的测试方法。所罗门从信息加工、感知、输入、理解四个方面将学习风格分为4个组对8种维度:(1)知识的加工,活跃型与沉思型;(2)知识的感知,感悟型与直觉型;(3)知识的输入,视觉型与言语型;(4)知识的理解,序列型与综合型。

表 6-1 自适应学习策略划分

学习特征模型参数	学习特征模型参数值	适应性学习指导策略
认识能力维度	初级水平	结合课本中的新知识,增加案例学习的数量、增加练习数量。
	中级水平	学习系统呈现的新知识,进行默认数量的案例学习,接触默认数量的练习。
	高级水平	学习系统呈现的新知识,可以减少默认数量的案例学习,可以减少默认数量的练习,可以学习拓展的知识。
感知输入维度	感悟型—视觉型	学习内容的顺序由具体到抽象,偏向于可视化表示的知识。
	感悟型—言语型	学习内容的顺序由具体到抽象,偏向于文字或语音形式的知识。
	直觉型—视觉型	学习内容的顺序由抽象到具体,偏向于可视化表示的知识。
	直觉型—言语型	学习内容的顺序由抽象到具体,偏向于文字或语音形式的知识。
处理理解维度	活跃型—综合型	学生自主控制学习进度,学习可具有跳跃性。
	活跃型—序列型	学生自主控制学习进度,学习可以通过渐进的步骤。
	沉思型—综合型	参考系统指导的学习进度,学习可具有跳跃性。
	沉思型—序列型	参考系统指导的学习进度,学习可以通过渐进的步骤。

从自适应学习指导策略的设计出发,适应性呈现学习内容,不仅要能够适应学生的认知能力状态,选择不同难度的知识点,而且还要能根据学生的学习风格选择合适类型的知识,包括知识的内容抽象程度,可视化表示程度。因此,自适应学习系统设计学习内容时,要从难度、内容抽象程度、可视化表示程度三个维度进行组织。

(1) 难度。难度指某一知识点对于学生来说的掌握的困难程度。所有知识点按难度分为 3 个等级,依次是容易、一般、困难。难度系数 $0.1\sim0.6$ 表示容易,难度系数 $0.6\sim0.8$ 表示一般,难度系数 $0.8\sim0.9$ 表示困难。

(2) 内容抽象程度。具体程度指的是某一知识点的抽象性或具体性程度。用抽象系数 0.0～1.0 表示，系数越大越抽象。如概念型的知识点，它的抽象程度就较高；实例型的知识点，抽象程度就较低。

(3) 可视化表示程度。可视化表示程度指的是某一知识点的多媒体表现形式，从文字或语音到图片或视频的表现方式。用可视化系数 0.1～1.0 表示，系数越大多媒体表现形式越高，即可视化程度越高，如视频资源的学习内容，它的可视化程度就很高，而文本资源的学习内容，它的可视化程度就较低。同时在同一个知识的内容设计时，尽可能多地用多种媒体表现形式来实现，一个定义既可以是文本的形式呈现，也要有设计图片解说的形式，还可以尽可能地使用动画视频等相关资源形式。

自适应学习策略的选择，还要依据多层次认知水平的测试标准。按记忆性认知水平、解释性理解水平和探究性理解水平三个层级划分的测试标准：记忆性认知水平，评价学生"知道怎么做"，这种能力是辨识、理解、解决问题的基础；解释性理解水平，评价学生"知道什么""了解什么"；探究性理解水平，包括理解问题、陈述解决问题的方法步骤、得出问题的解决方法、反思解决方法的合理性等几方面的内容。

从认知水平标准出发，确定测试题难度系数，分为低难度、中难度和高难度三个等第，测试学生不同层次认知水平。按认知层级的设计的测试问题集，按记忆性认知水平、解释性理解水平和探究性理解水平三个层级设计的测试问题集，测试学生不同层次认知水平。学生可选问题解决测试内容，实现了"不同水平学生做不同层次的试题"。

下面结合翻转课堂，并以数学自适应学习系统为例，分析自适应技术是如何驱动学习的。

中国已有千余所中小学正在开展技术变革教育的翻转课堂数字化学习实验。翻转课堂的准确定义是把知识学习从集体学习转向个性化自主学习，从而构建动态的、交互的课堂环境，引导学生在集体学习中主动参与、应用概念和鼓励创造。

"翻转课堂"是一种创新教学模式，它重构了学习流程。传统教学模式中，学生听课、课后复习、做作业、考试。而在这种创新教学模式中，学生要先通过教师制作的教学视频自学，然后到课堂上做实践性练习，并利用知识解决问题。

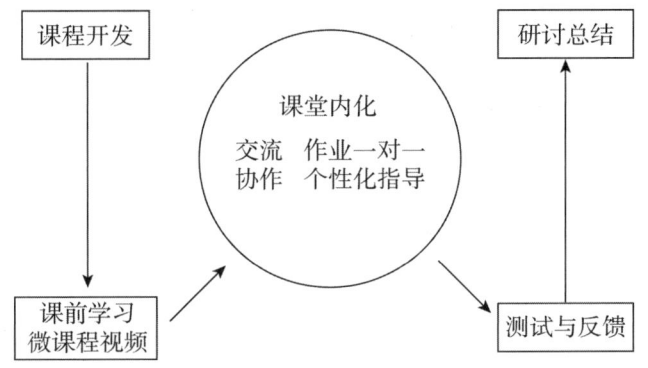

图 6-6 自主学习的基本模式

三层次的翻转课堂学习模式包括课前基本知识和技能的学习、课中问题的解决、课后的拓展与探究。

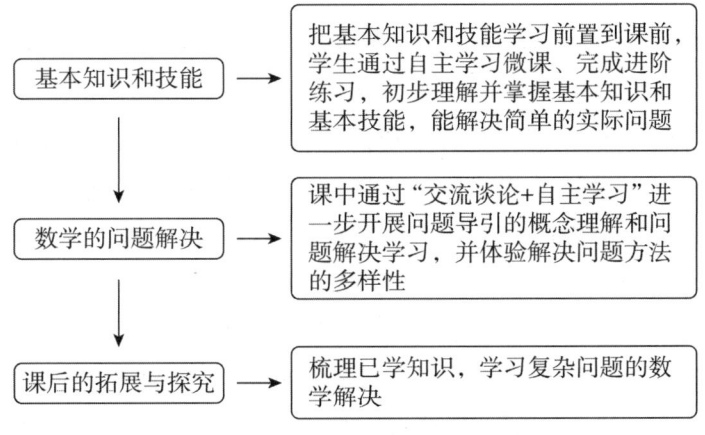

图 6-7 翻转课堂数学学习模式

基本知识和基本技能的学习被前置到课前。学生通过自主学习微课和完成进阶练习,初步理解掌握基本知识和基本技能,并能解决一些简单的问题。所以,在课前主要是以"双基"为核心,要求不能太高,目标是有限,初步了解这个基本知识和基本技能。

在翻转课堂模式中改变最大的应该就是课堂,也就是课中。课堂就是在传统的讲授、讲解、定义、讲例题基础上,学生再做练习、巩固。因为有了课前的预习,所以课中就需要以学定教了,强调课堂是要以题目为载体,是通过交流讨论和自主学习来开展知识的内化、迁移和应用。

课后是拓展的练习和探究,课后就要分层次差异化学习。学习水平一般的,或者较薄弱的学生,只需掌握教学目标要求就可以了,以巩固为主。水平较高的同学允许有所拓展,即不同的学生完成不同的课后练习和探究。

5. 个性化学习的可视化呈现

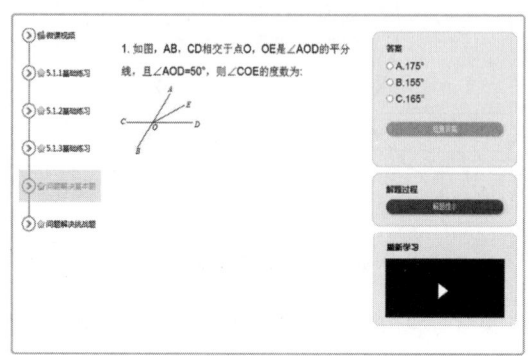

图 6-8　数学自适应学习系统的学习界面

数学自适应学习系统的学习界面,蕴含着可汗学院学习界面的基本逻辑。以学生做一道选择题为例,如果他答错了,他既可以再答一次,也可以重看微课视频。实在答不出来时,他还可以看题目解析。所以这样一个解题的页面,它蕴含了两个教育的基本概念,其一为"满十分前进",即每一道题都要做对以后才能做下一道题,不留死角,不留漏洞;其二为人性化,它允许多次尝试,多次解题,这更符合学习的过程、学习的规律。

翻转课堂中主要以微课视频来整合各类的资源。但在这个设计当中,采用的是双主轴的方式,不但要把黑板搬到屏幕上,还要渗透丰富的工具和多媒体资源。比如学习"垂线段最短"时,采用几何画板做一个模拟的过程,当这个斜边不断移动的时候,学生一看就明白了,垂线段应该是最短的。

学生完成单元测试后,实时生成成绩报告单:诊断知识点的学习掌握状况,针对不同学生的错误进行有针对性地查漏补缺,包括错误解析和补充练习。

用一句话表述自适应学习原理:通过收集学生学习行为数据,基于知识图谱,用算法匹配到最适合学生个体的学习内容、方法和路径。

三、基于自适应的学习管理系统

学习管理系统(Learning Management System,简称LMS)是 E-learning

体系中的管理平台,与学习的内容对应。LMS是对所有具备支撑在线学习能力的平台的一个统称,种类繁多,各个平台之间的差异很大。无论平台功能如何变化,支持SCORM标准是LMS的一个趋势。

一般情况下,学习管理系统主要功能包括学员的管理、课程的管理、学习记录的追踪与汇总等。[1] 随着人工智能技术的发展,其功能有了很大的变化。卡内基亚认为,人工智能技术很可能在作业批改、答疑、辅导、实践学习等领域取得突破。ETS此前曾实验利用人工智能技术取代判卷官,成功批阅了GRE和SAT写作答题,证明人工智能技术可以被"训练"做到精准分析和评判学生的答题。人工智能技术同样将在形成性评估领域发挥更大作用,它可以通过对学生提出问题—提供答案—提供反馈的形式来形成辅导课程。

在大数据的支撑下,未来的教育将越来越个性化。学校教育将逐步摆脱大校、大班、统一标准与程序等工业化时代的烙印,在学生个性化发展方面承担更重要的角色,课堂将成为师生间深度知识探究和互动的实践场所,教师由教学者逐渐转变为助学者。以教师为中心、知识灌输为主的教学模式将转变为以学生为中心、以能力提升为核心的个性化教学模式。

自适应学习系统就是能够根据学生的不同情况进行"自动适应",然后给出学生最适合他的学习内容,根据不同学生的情况,可能会推送不同的题目或者视频等内容。在这种推送的背后所隐藏的,是大数据和人工智能技术在教育层面的深度应用。

举个例子来说,就像我们平时看到的一些互联网巨头,他们都已经实现了所谓的个性化推送。例如打车App,可以做到针对用户的位置、目的地等推送合适的司机;再比如电商领域,可以通过对用户的浏览和购买行为进行追踪分析,然后实现对商品的建议性推送。而教育领域的人工智能,则需要考虑学习过程的复杂性,对于任何一个学生,不论处于什么样的学习状态,其下一步要学习什么,怎么学,目前的程度是什么,都是需要综合判断和测量的。如果在技术层面模拟一个优秀教师的教学过程,面对这些复杂的问题,一定要基于大数据进行分析和演算,对学生的特征进行测量和量化描

---

[1] 白雪.基于社会化标签的学习资源管理系统设计与开发[J].中国教育技术装备,2016(24):68-70.

述，最终推送适合某个学生的学习内容。

自适应学习系统分哪些层级？

从最广义上说，任何能够通过学生的反馈而推荐不同题目或知识点的系统，都有着"自适应学习"的功能意味，但我们所强调的自适应学习，一定是基于某种技术深度的。常见的自适应学习系统可以分为三个层次：

第一种是最简单的自适应学习系统，系统预先设定学习路径，通过简单的路径设定来指导学习过程，这叫做所谓基于规则的自适应学习系统；

第二种的复杂度稍高，系统并不预设学习路径，而是在后台具有一定的算法，根据每一个学生的做题记录，来推断学生的问题所在和能力水平，为学生匹配学习内容；

第三种是最为复杂的自适应学习系统，也就是人工智能教育技术公司现在或将来要做的事情，在基于人工智能的自适应学习系统里，解决学生的学习路径的问题和内容推送的问题。

就学习路径而言，比如知识点的跳转，还是拿前面的例子来说，关于知识点之间的相关性，通常会通过知识图谱来设定。但就知识图谱而言，每一个知识点的相关性是需要专家预设的，专家的预设是主观的，不同专家也有不同的判断结果，所以最终的图谱难免也是主观的。因此比较完善的自适应学习系统的做法是，先通过专家预设的知识图谱来进行阶段性使用，最终根据使用后学生留下的海量行为数据进行数据挖掘，最终优化知识图谱达到准确客观的程度。最终系统会以这个客观的知识图谱，为学生匹配最优化的学习路径。

在学习内容方面，首先需要拥有最优质的学习内容，这是毋庸置疑的；这里的关键是，在针对某一学生的学习路径下，我们需要匹配什么样的内容给学生。这里所谓的适合，是指难度稍高于学生当前的水平，既不能高得太多，也不能是学生已经掌握的重复性内容。在这个问题上，内容与学生的水平相匹配，那么内容的难度以及学生的水平就需要客观地测量，这里面不仅仅采用 IRT 理论（项目反应理论），而且采用更为复杂的知识空间等算法。

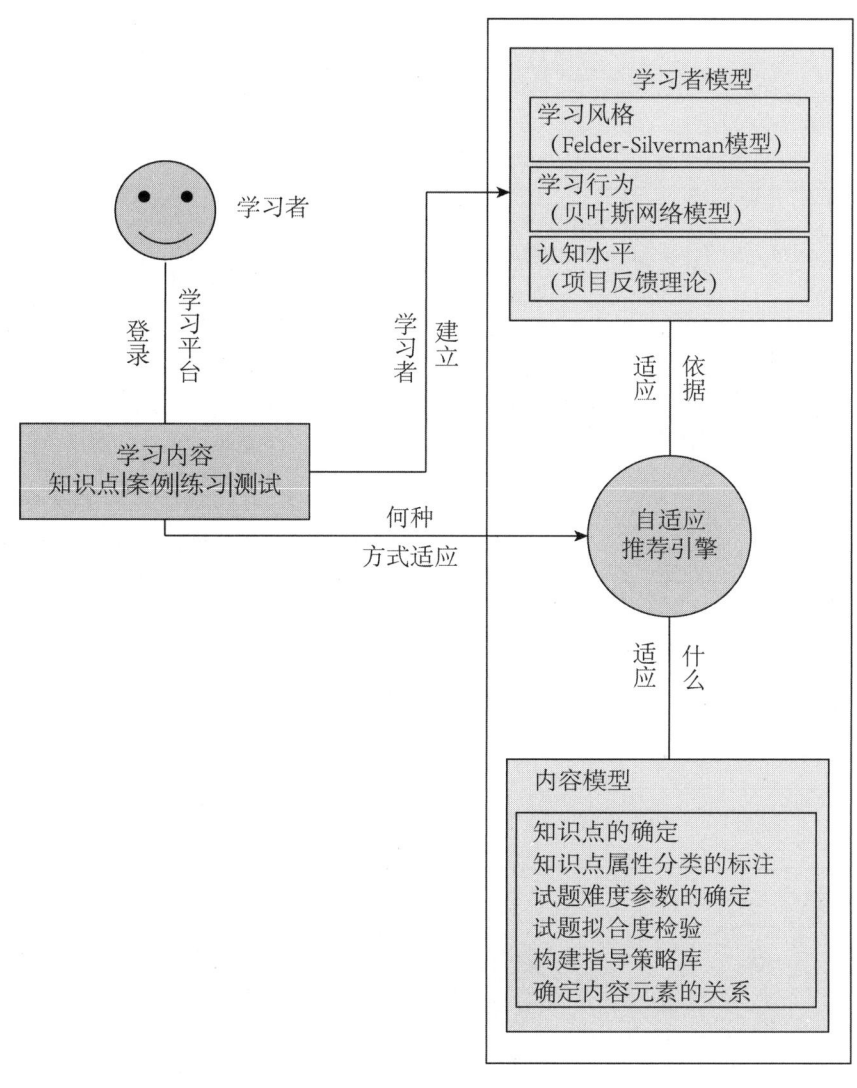

图 6-9 自适应系统框架

从系统结构来看,自适应学习系统由三大部分组成:学习者模型(学生模型)、知识领域模型(内容模型)和推荐引擎(教学模型)。自适应系统框架基本上说明了自适应学习系统的结构关系。有教师干预下的自适应学习系统是怎样的呢?它们之间的流程关系又是如何?详见图6-10。

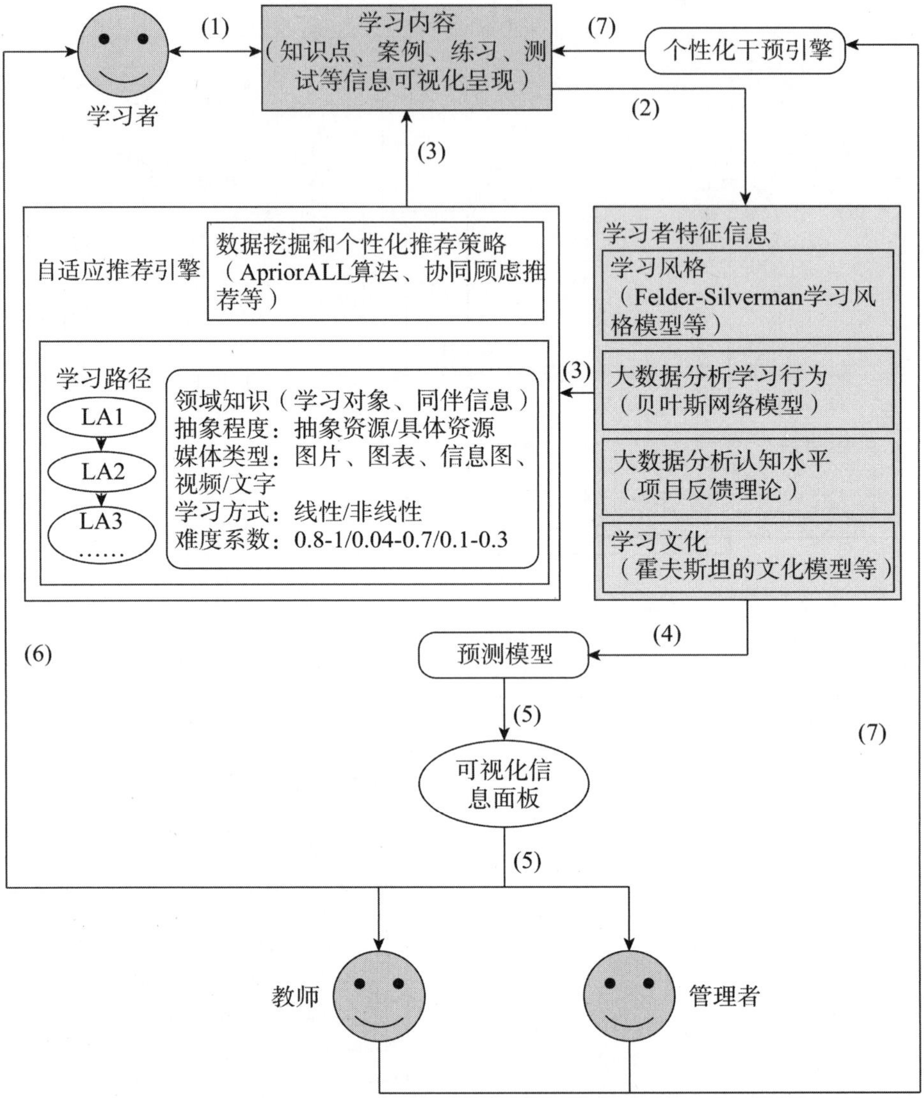

图 6-10 基于教师干预的自适应系统框架流程图

自适应评估工具

在《解码自适应学习》的报告中,培生集团给出了 9 种在美国应用很广的自适应评估工具。它们针对学生不同的年龄层和学习需求,推出不同种类的测评服务,以达到个性化、自适应学习的目标。

- ALEKS:为 K—12 和高等教育的学生提供数学测评的线上教育系统。

- Learnsmart＋Smartbook：为麦格劳-希尔（Mcgraw-Hill）集团推出的超过1300节课程提供自适应评估服务。
- ScootPad：为K—5年级的学生提供自适应数学和阅读技巧的测评服务。
- SucessMaker：针对数学和阅读，为K—8年级的学生提供个性化测评和相应的学习路线规划。
- Fulcrum Labs：通过视频、文本、交互性练习和测试，为高等教育的学习者提供自适应内容和自适应评估。
- I-Ready：为K—8年级的学生提供数学和阅读的自适应评估和自适应内容。
- Istation：为PreK—12年级的学生提供以神经学研究为基础的，图像化和概念化的自适应评估。
- Mastering：在高等教育领域，为工程和科学学科的学习者提供自适应测评。
- Think Through Math：为数学学习者提供自适应指导、测评和实时支持。

第二节　学习者模型分析与技术实现

学习者模型又叫学生模型，它能够实时测评每一个学生在每一个知识点的掌握水平，并且通过大数据分析方法推算和量化学生在当前知识点以及相关知识点的能力水平。

自适应学习系统能对学生进行动态检测，学生每做一组题和每看一段视频，系统对学生的专项能力值和整体能力值都会不断修正判断，系统对学生就越来越了解。

值得注意的是，对于学生做错的题目，到底学生粗心大意还是真的不会，系统也要有一个判断。比如，如果是粗心写错的，系统可以通过其他题目中的相邻知识点和关键知识点的检测，发现学生已经掌握了某个知识点，因此，分析之后不再推荐这个知识点给学生练习。

学习者模型是自适应学习系统中的一个基本因素，是推荐学习路径、内容对象及扩展资源的重要依据。不同的学者对自适应学习系统中的学习者特征要素有不同的观点，例如皮特·布鲁希洛夫斯基教授认为，学习者特征包括学习者知识、兴趣、目标、背景和个性特征；我国有学者指出自学习者特征包括学习目标、学习风格、用户的前提知识或背景知识、用户的知识状态、学习经历、信心、动机等。

结合当前的相关研究，自适应学习系统中的学习者特征通常可以包括：学习者知识（前提知识、背景知识、知识状态）；学习风格（兴趣、偏好、个性特征）；学习经历；学习目标（目标和动机）。

学习者模型是提供适应性推荐的依据。其核心是学生学习特征的挖掘，学习特征可以分为两大类：一类是相对稳定、不怎么变化的特征，比如学习者的性别、年龄、学习风格、认知风格等；一类特征是变化的，且相当不稳定的特征，比如学习者对具体知识点的掌握程度、学习目标和学习兴趣等。

在构造学习者模型时，要想考虑到学习者特征的所有方面是不可能的，当前的自适应学习系统中的学习者模型包括 3 类：认知模型，由认知方面的相关特征组成，比如已具备的知识水平、认知风格、学习风格、记忆能力等；情感模型，由情感方面的相关特征组成，比如困惑、愉悦、挫败、自信、厌倦等；行为模型，由信息化交互学习中的相关行为组成，比如答题时间、帮助和反馈的需要、任务尝试的次数、任务完成的程度、答题准确率等。

学习者模型的构建是自适应学习系统研究和应用的重点，而学习者特征是学习者模型的关键因素。学习者特征的完整性、准确性直接关系到系统能否为学习者提供与学习者相适合的学习策略、学习内容和学习资源等，进而又会关系到学习者个性化学习的实现与否。

一、学习风格测定

自适应学习系统需要根据用户的历史行为和兴趣预测用户未来的行为和兴趣,然而开始阶段就希望有个性化推荐。如何在没有大量用户数据的情况下设计个性化推荐系统,并且让用户对推荐结果满意从而愿意使用推荐系统,就是冷启动的问题。

冷启动问题主要分为三类:用户冷启动、资源冷启动和系统冷启动。基于定性分析的学生模型构建,可以用来解决用户冷启动的问题:在学习开始之前,通过量表测试,构建学生模型。

需要特别指出的是,学习风格十分复杂,每个人在学习时都有自己的一套方法和策略,相对应的,至今已有十几种不同的学习风格量表测试方法,包括迈尔斯-布里格斯(Myers-Briggs)的个性类型测量表、科尔布(Kolb)的学习风格量表、坎菲尔德(Canfield)的学习风格量表和格雷戈克(Gregorc)的个性类型测量表。其中,最受关注的当数菲尔德-希尔佛曼(Felder-Silverman)学习风格体系,和哈尼-芝福(Honey-Mumford)学习风格模型,下面重点介绍这两个模型的框架和应用。

(一)菲尔德-希尔佛曼学习风格模型

1. 模型框架

1988年,心理学家菲尔德和希尔佛曼提出学习风格可以分成四个维度:感知、输入、处理和理解。而每个维度又可以分为两种风格,分别是:

- 信息的感知方面:感知型—直觉型
- 信息的输入方面:视觉型—言语型
- 信息的处理方面:主动型—反思型
- 信息的理解方面:全局型—序列型

该4个维度、8种学习风格的模型即菲尔德-希尔佛曼学习风格模型。

表 6-2 菲尔德-希尔佛曼学习风格体系

维度	学习风格	特征描述
感知	感知型	喜欢学习实证； 偏好认知度高（成熟）的方法解决问题； 注重细节，擅长记忆性的工作，但会回避复杂事物； 更喜欢贴切生活的课程。
	直觉型	喜欢学习理论和原理； 偏好创新（未知）的方法解决问题； 擅长复杂性事物，偏好新知识，但较粗心； 比较排斥记忆性和常规计算的课程。
输入	视觉型	擅长记忆眼睛所看见的实物，如图片、流程图等；
	言语型	对听见或看见的文字类信息比较敏感，记忆时间比较长久。
处理	主动型	以讨论或解释给别人听的方式来吸收知识； 善于团队合作。
	反思型	以反思的方式来观察和处理知识； 更偏向单独学习或与固定搭档共同学习。
理解	全局型	跳跃性思维，属于思维发散类型； 能快速地解决复杂问题，但不能很好地解释为什么。
	序列型	较强的逻辑思维，能够把知识点贯通起来； 倾向于按部就班的解决问题。

2. 模型展示和应用

菲尔德和希尔佛曼设计了一份 44 题的问卷调查，通过对每个学生填写的问卷进行分析，可以得出类似下图的模型结果。

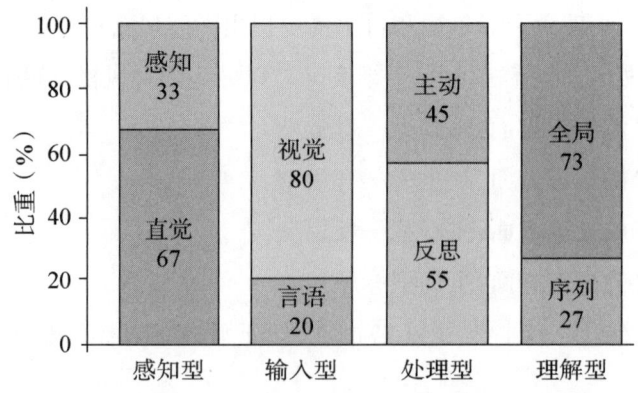

图 6-11 Felder-Silverman 学习风格量表结果

该图直观反映了被测评的学生：在感知型维度中，更加擅长直觉方面知识获取；在输入型维度中，视觉冲击对他的学习更为有利；在处理型维度中，主动的学习风格和反思的学习风格并没有明显的差异；在理解型维度中，更偏向全局型的学习风格，即思维活跃，对待复杂问题能够快速地解决。

菲尔德-希尔佛曼通过对学习风格的研究，得出以下结论："对某种学习风格有强烈偏好的学习者，如果没能对其提供相应的学习环境，学习者会在学习过程中遇到困难，而且，从终身学习的角度来看，学生学会学习要比学到具体知识更加重要。只有把握住自己的学习风格，了解了自己所擅长和不擅长的学习方法，才能游刃有余，即使离开教师的指导后，也能有效地进行自我学习。"

概括来讲，不同学习风格的学生，对应的个性化策略不同。

表 6-3 不同学习风格学生的个性化教学及资源推荐策略

学习风格	个性化策略
感知型	推荐的学习内容不能脱离现实，采用以事实和过程为导向的具体方法； 任务应该是具体的，而非全局的，包括问题解决、实验练习和概念记忆。
直觉型	推荐的学习内容需要是新颖的，以理论和方法为导向，可运用抽象概念和数学公式，避免采用重复的方法； 任务主要为关系和行为的探究，介绍新概念应该通过抽象概念而非事实记忆的方式。
视觉型	推荐的学习内容应包含大量的视觉材料； 任务应是可视化的行动，对任务的总结可以是图表式的。
言语型	推荐的学习内容包含口语和文本材料； 任务可以通过文字或口头展示，对任务的总结可以是摘要式的。
主动型	喜欢和别人一起学习，当学习者通过讨论或小组展示等形式练习时，更容易理解和吸收新知识； 任务建议以小组合作的形式完成。
反思型	推荐的学习内容需要与经验相关，学习者愿意观察和反思自身经验，在认真收集和分析数据之后才会做出结论； 学习者更倾向于独立完成任务。
全局型	推荐的学习内容需要与经验相关，学习者愿意观察和反思自身经验，在认真收集和分析数据之后才会做出结论； 学习者更倾向于独立完成任务。

（续表）

学习风格	个性化策略
全局型	推荐的学习内容可以是随机的、跳跃性的,学习者会快速解决复杂问题,并以新方式组织所有内容,但难以解释为何这么做。
序列型	推荐的学习内容是有序的,递进的; 任务由逻辑上与问题解决相关的小单元组成,内容的呈现可以是逐步的。

（二）哈尼-芝福学习风格模型介绍

1. 模型框架

1983 年英国学者哈尼和芝福在科尔布(Kolb)的经验学习模型基础之上提出 4 种不同类型的学习风格,分别是行动型、反思型、理论型和实际型。模型表示,不同的人会趋于某种特定的学习风格,因此,在学习过程中理解并发现其所属的风格后将会取得最佳的学习状态。下面哈尼-芝福学习风格模型所涉及的 4 种不同学习风格如表 6-4 所示。

表 6-4 哈尼-芝福学习风格体系

学习风格	特征描述
行动型	常以直接和错误的方式来处理问题; 倾向于先行动,后思考; 喜欢通过头脑风暴法解决问题; 喜欢群体活动,并试图让自己成为焦点。
反思型	具有较强的想象力和理解能力; 擅长脑力活动和创新; 乐于三思而后行; 喜欢拖延做决定的时间。
理论型	具有较强的归纳推理和建模的能力; 喜欢分析和总结; 倾向于成为完美主义者; 喜欢以纵向的、持续渐进的方式思考并解决问题。
实际型	喜欢尝试新的想法、理论和技术来验证其在实践中是否可行; 脚踏实地,喜欢做实用的决定; 擅长通过假设和演绎的方式解决问题; 通过亲手试验来获取知识,更乐于解决技术性问题。

2. 模型展示和应用

哈尼和芝福设计了一套含有 80 题的问卷,通过问卷调查的结果可以为每一位被调查者设定一张个性化的学习风格蛛网图(图 6-12),通过蛛网图可以一目了然地发现其所属的学习风格类型。

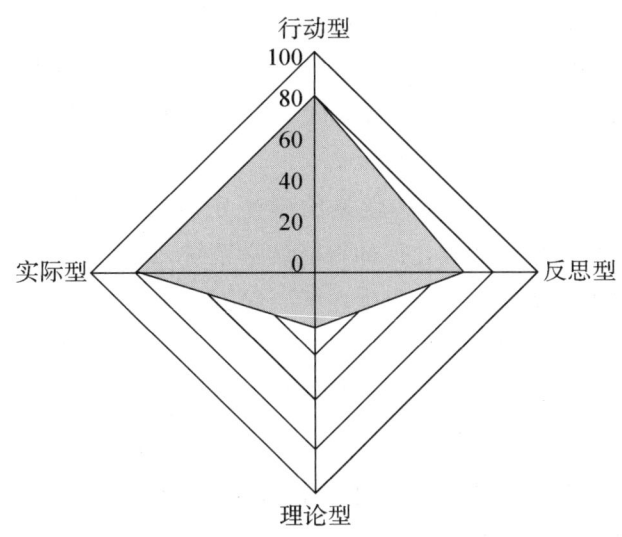

图 6-12 个性化的学习风格蛛网图

从上图中我们可以了解该学习者更加偏向行动型和实际型的学习风格,具体可以描述为其对实际的应用知识更感兴趣,喜欢亲力亲为完成每一步的实践,并且还是一个积极而活跃的学习者,偏向于先行动后思考的模式。

二、学习者模型之建模方法

自适应学习平台会记录每个学生的学习时间、学习路径、获取帮助次数等数据,通过对该学习记录的数据挖掘,发现学生的学习特征,如认知能力、学习风格等,从而建立学生模型;学习者模型一旦建立起来,就可以衡量系统对学习者的了解程度,随着学习者学习内容的深化,系统对于学习者的了解在持续更新。

经典的基于定量计算的学习者模型主要包括:铅版模型(Stereotypes Model)、知识覆盖型学生模型(Knowledge Overlay Model)、基于约束的学生模型(Constraint-Based Student Model)和贝叶斯学生模型(Bayesian Student Model)。

1. 铅版模型

铅版模型是一种最简单的描述用户知识状态的学生模型,按照预定的分类标准,将学生分为多个类别(如新手上路、学徒),从而使不同的学生归入到所属的类别中。铅版模型的基本假设是在同一类别中的学生会表现出相同或相似的特定领域的行为,自适应学习平台就可以根据不同的类别采取不同的教学策略。

铅版模型构建的基本方法就是给学生定级,例如,WPS导师(WPS-Tutor)是一个教学生代数和几何的智能教学系统,它将问题进行分级,每一级都比前一级难度更大。如果学生在某一级别中独立解决了两个以上问题时,他的级别就自动增加一级。

一般来说,铅版模型是一种粗糙地表示学生的方法,它非常容易实现,但是由于分类粒度不够细,因此不能用于复杂的分析,在实际应用中,通常将铅版模型和覆盖模型结合起来,通过铅版模型对覆盖模型赋初值。

2. 知识覆盖型学生模型

知识覆盖型学生模型是根据学生的知识覆盖情况来诊断学生的知识掌握程度,根据知识覆盖的范围不同,知识覆盖型学生模型可以分为覆盖模型(OverlayModel)、微分模型(Differential Model)和摄动模型(Perturbation Model)。

表6-5 三种知识覆盖型学生模型的比较

维度	覆盖模型	微分模型	摄动模型
模型描述	把学生知识视为领域专家知识的一个子集。	把学生知识视为领域专家知识中期望学生获得知识的一个子集。	把学生知识视为领域专家和学生的错误知识的一个子集
典型系统	GUIDON;WUSOR	WEST	BUGGY;PROUST
区别	只能表示学生的正确知识。	只能表示学生的正确知识。	不仅能表示学生的正确知识,还能表示学生的错误知识。
相同点	采用序偶对(Concept-Value)		

覆盖模型是由戈德斯坦(Goldstein)于1982年提出的,它是最常用的表征学生知识状态的建模技术。覆盖模型是表示学生知道什么和不知道什么的学生模型,它把学生拥有的知识描述成为领域专家知识的一个子集,即在领域知识模型的每个概念上附加一个权值来表示学生对该概念的掌握程度,教学目标是在两者之间建立最相近的联系(理想的状态是两者重合)。在技术实现上,覆盖模型将领域知识进行分解,并建立领域知识的序偶对(Concept-Value)的集合,其中 Concept 代表概念,Value 代表学生掌握程度的取值。

Value 的取值是一个二值逻辑,即掌握或没掌握。在覆盖模型中,学生模型是通过比较学生行为和专家相同或相似的行为来获取学生掌握领域知识的状态。覆盖模型是一种相对简单的推理机制,可以很好地适用于将领域知识由专家传授给学生的一类教学系统。但是覆盖模型也存在不足之处:一是覆盖模型认为学生拥有的知识仅仅是领域专家知识的一个子集,这与学生的真实状态是不一致的;二是覆盖模型不能反映学生在学习过程中所犯的错误,也不能反映学生在学习过程中所形成的错误认识。

微分模型是在表示正确的领域知识范围上对覆盖模型的一种改进,它本质上是在领域知识中对期望学生获得知识的一种覆盖。在微分模型中,领域知识可以分为两类,即期望学习者获得的知识和不被期望获得的知识。微分模型承认学生和专家是不同的,并尝试明确地表示学生知识和专家知识的差异。由于期望学生获得的知识只是领域知识的一个子集,因此本质上微分模型是对领域知识的一个子集的覆盖。

摄动模型是在覆盖模型基础上,添加了学习者在学习过程中可能形成的一些错误知识(Mal-knowledge),或者称为错误概念(Misconoeption)。摄动模型在本质上是将学生知识视为领域专家知识和学生可能具有的错误知识的一个子集。通过记录学生在学习过程中发生的错误或形成的错误概念,系统能够提供有针对性的补习教学。

总之,覆盖模型、微分模型和摄动模型都是采用序偶对的集合表示知识覆盖,但它们又存在差异。覆盖模型把学生知识视为领域专家知识的一个子集,微分模型把学生知识视为领域专家知识中期望学生获得的一个子集,但覆盖模型和微分模型只能根据正确的知识表示学习者,而不能反映学习者在学习过程中可以发生的错误。摄动模型把学生知识视为领域专家知识和学生可能形成的错误知识的一个子集,因此摄动模型不仅能够表示正确的学生知识,还可以表示学生在学习过程中可能发生的错误,从而能够提供更好的补习教学。

3. 基于约束的学生模型

基于约束的学生模型是由欧尔森(Ohlsson)于1992年提出的。基于约束的学生模型认为,学生所犯的错误可反映在学生求解问题时所达到的问题求解状态,学生在问题求解过程中所达到的状态必须满足一个学科的基本概念和原理,因为学生所达到的解答状态再好,如果求解中所经过的状态违背了所学学科的基本概念和原理,那么就意味着学生建构的知识有问题。基于约束的学生模型将陈述性知识表示成一条约束规则,即:

IF〈relevance condition〉is true, THEN〈satisfaction condition〉must also be true.

如果相关条件与满足条件不能同时为真,那么说明学生的知识状态出现了错误。

由此可以看出,基于约束的学生模型在设计思想上与摄动模型是不同的,摄动模型是在学生的求解路径上"发现"学生的错误[1]。基于约束的学生模型采用了不同的设计思路,它以学科的基本概念和原理为约束条件。因此,基于约束的学生模型不需要建立错误库,并且在计算上采用模式匹配,运算也是非常高效的。

4. 贝叶斯学生模型

贝叶斯学生模型是使用贝叶斯网络来表示学生对领域知识掌握程度的不确定性,其中贝叶斯网络的结构表示了变量之间的依赖关系,而条件概率表示变量之间的依赖程度。因此构建贝叶斯学生模型主要包括建立贝叶斯网络的结构和确定节点的条件概率。

根据贝叶斯学生模型的构建方法,贝叶斯学生模型可以分为以专家为中心的贝叶斯学生模型、以效率为中心的贝叶斯学生模型和以数据为中心的贝叶斯学生模型(表6-6)。其中,以专家为中心的贝叶斯学生模型是由专家直接或间接地确定贝叶斯学生模型的结构和条件概率;以效率为中心的贝叶斯学生模型是指贝叶斯学生模型以某种方式部分地指定或限制,以使领域知识适合模型;以数据为中心的贝叶斯学生模型是指贝叶斯学生模

---

[1] 张舸,周东岱,葛情情.自适应学习系统中学习者特征模型及建模方法述评[J]. 现代教育技术,2012,22(5):77-82.

型的网络结构和条件概率都主要从数据中学习。以专家为中心的贝叶斯学生模型是最具有代表性的,ANDES,HYDRIVE,DT-Tutor,ADELE 等智能教学系统都使用这种模型;而以效率为中心的贝叶斯学生模型和以数据为中心的贝叶斯学生模型都尝试从不同方面对贝叶斯学生模型进行改进,但目前这两种贝叶斯学生模型使用较少。

表6-6 贝叶斯学生模型(BSM)的分类

构建方法	以专家为中心的 BSM	以效率为中心的 BSM	以数据为中心的 BSM
构建方法	由专家直接或间接地确定贝叶斯学生模型的结构和条件概率。	贝叶斯学生模型以某种方式部分地指定或限制,以便领域知识适合模型。	贝叶斯学生模型的网络结构和条件概率都主要从数据中学习。
系统实例	ANDES; HYDRIVE; DT-Tutor; ADELE	MANIC	CAPIT
优点	模型建立非常直接和快速。	最大化某方面的效率,如评估时间。	直接从数据中评估,并且节点数比以专家为中心的模型更少。
不足	结构可能太复杂,计算难度大。	可能错误地简化领域知识。	只能表示可观察的变量,不能表示隐藏变量。

铅版模型、知识覆盖型学生模型、基于约束的学生模型和贝叶斯学生模型都是智能教学系统中几种典型的学生模型,它们主要用于诊断学生的知识状态。在设计思想上,这四种学生模型都坚持客观主义知识观,认为教学过程是一个知识传授的过程。智能教学系统主要是以问题解决的形式开展教学,它非常重视对学生知识状态的诊断,以便系统根据学生的问题解决状态给予提示和错误反馈,从而促进学生正确地解决问题。因此,智能教学系统的学生模型主要用于存储和更新学生的知识状态。

但在建模方法上,这四种学生模型却存在较大的差异。铅版模型是一种最简单的学生模型,它将学生预定的分类标准分成几个类别,优点是简单、易于实现,缺点是过于粗糙。知识覆盖型学生模型更加详细地表示学生知识,它将学生知识表示为领域知识的一个子集。因此在建立知识覆盖型学生模型时,需要将领域知识按一定的粒度分解成一系列的知识点,学生的学习过程就是对这些知识点的逐渐覆盖。知识覆盖型学生模型既能表示陈述性知识,又能表示程度性知识,因此是智能教学系统中使用最多的一种学生模型。基于约束的学生模型采用约束的形式表示领域知识,具有运算效率高的特点,但其缺点是只能表示陈述性知识。贝叶斯学生模型是采用贝叶斯网络表示领域知识,其优点是能够处理学生的不确定性信息,并且具有一定的推理能力,但这种学生模型的计算复杂度会随着节点的增加成指数级增加。

三、学习者模型之技术实现

自适应学习平台运行一段时间后,会记录下每个学生大量的数据,包括学习时间、学习路径、获取帮助次数等,通过对该数据的定量计算和挖掘,可以发现学生的学习特征,如认知能力、学习风格等。

学习者模型一旦建立起来,就可以衡量系统对学习者的了解程度,随着学习者学习内容的深化,系统对于学习者的了解在持续更新。

构建自适应学习系统的学生模型,至少应包含四方面因素:学生的基本信息、学习历史、认知状态和学习风格。其中,学习历史记录了学生的整个学习过程,认知状态反映了学生的认知过程和知识掌握程度,而学习风格反映了学生的学习偏好,如下图所示。

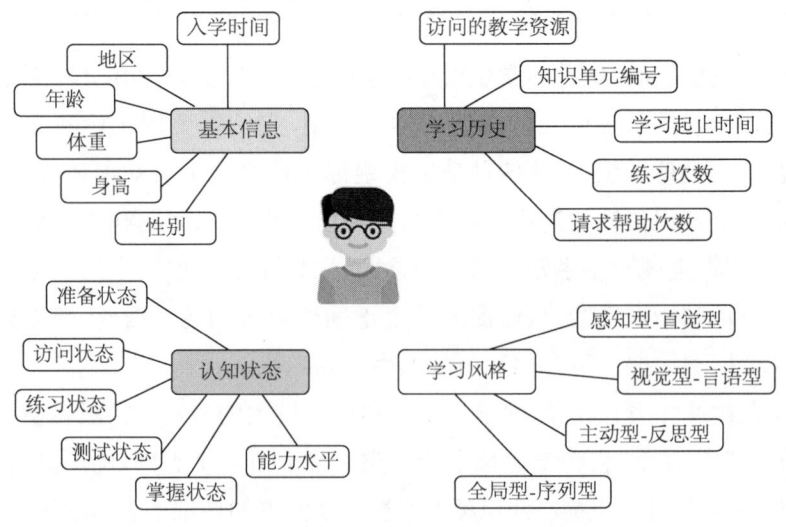

图 6-13 学生模型的核心要素

学习风格在上一节已做过介绍,下面重点介绍一下认知状态要素的构建:

学习过程中,学习者的知识状态是变化的,为反映学生对领域知识的掌握程度,可以建立知识多重覆盖模型来表示学习者对领域知识的认知状态,该模型包括了三个维度:知识单元、知识点和认知状态。

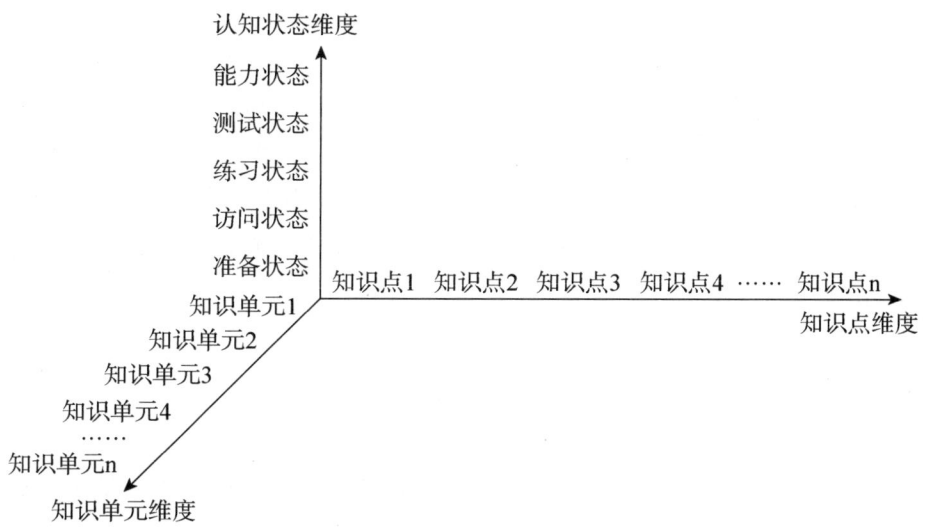

图 6-14 知识多重覆盖模型

为了形式化表示知识多重覆盖模型,我们用 KD 表示知识领域,KU 表示知识单元,KP 表示知识点,可将领域知识形式化表示为:

$$KD=(KU_1,KU_2,KU_3,\cdots,KU_n)$$

其中,KU_n,表示学习者对知识单元 n 的掌握程度。

通过知识多层覆盖模型,系统可以详细了解学习者的认知状态,从而提供自适应学习支持。

各种学习者特征模型的建模方法,各具优缺点,在自适应学习系统中的学习者特征模型建模时应给予充分考虑,扬长避短。与此同时,还可以结合运用各种有效的计算机算法或人工智能技术,共同完成学习者特征模型的建模和学习者特征的获取。

第三节 知识领域模型

自适应学习系统最重要的组成部分就是以知识领域模型为依据来建立详细的学习内容和知识点结构图。知识领域模型是领域内概念的集合,具体包括每一个概念及概念之间的相互联系,是自适应学习系统的另一核心部分,是系统实现基于学习者模型自适应呈现知识资源的基础,能有效地将各种多元化的知识数据资源进行整合和复用,并能更好地满足上层个性化应用的需要。

一、知识图谱

知识图谱的构建先要把知识点颗粒度拆成纳米级别。什么是纳米级呢?比如冠词分成定冠词和不定冠词,定冠词的用法可以拆分成13个纳米级的知识点,不定冠词的可以拆成6个,就是要细到不能再细的程度。

知识点的呈现方式有视频、音频、文字、图片等。题库里有题目、答案、解析;解析里面又可以分文字解析、视频解析和图片解析等。

每个知识点还要打上标签,标签包括知识点内容、学习时间、学习风格、倾向性(喜欢音频学习还是视频学习)、内容质量、难易度、区分度等。颗粒度很细,标签很多,就可以使学生实现匹配的更精细化,例如一个学生做50道题,围绕相关知识点,背后需要有至少1200道题的题库量。

知识图谱拆分由专业的教师来做,最初的标签也是由教师来打,但是后期,随着学生数据越来越多,系统对标签进行自动更新,例如难易度等级,这样就慢慢淡化了前期教师的主观因素。

知识领域模型是学习内容的结构化,是学习知识的知识。通常情况下,学习内容包括概念、例题、习题、资料等,因此由学习内容构成的内容模型必然包含0或多个内容元素,而内容元素由内容主题、实体关系和要完成的任务组成。

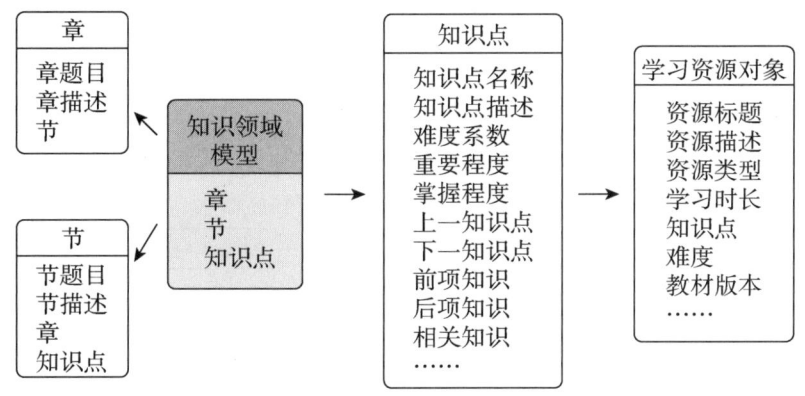

图6-15 知识领域模型

以英语阅读为例,众所周知,阅读是综合性极强的一种测试方式,其中涉及众多学习能力的考查,如果能利用英语阅读准确发掘学习过程中的薄弱环节,并为学习者提供对症下药式的强化训练,学习效率必将大大提升。也就是说,这要求学习系统中的内容模型的构建必须能够体现个性化差异,并以学习能力作为传递训练信息的基本单元。即必须缩小内容知识体系中知识点的粒度,以此保证系统对学习者能力评估的准确性,同时满足系统高度的自适应需求。

基于此,内容知识不能再以整篇文章作为最小单位,知识点的划分也不再以英语语法为标准,而是将整篇文章化整为零,以题目代表的属性分类和难度参数进行分解、细化,内容模型的构建可以分为6个步骤[1]:

(1) 知识点的确定;

(2) 知识点属性分类的标注;

(3) 试题难度参数的确定;

(4) 试题拟合度检验;

(5) 构建指导策略库;

(6) 确定领域元素的相互关系。

知识模型如何绘制,如图6-16所示。

---

[1] 陈丽.英语阅读自适应学习系统中领域模型的构建策略[J].吉林省教育学院学报,2014(1):100-102.

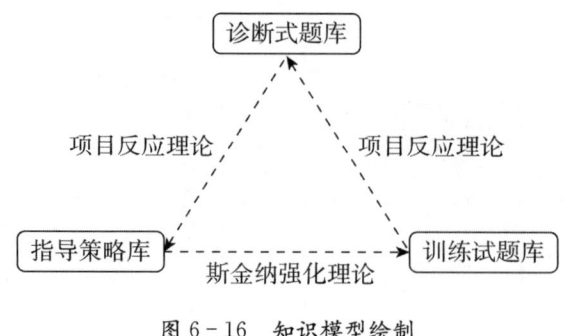

图6-16 知识模型绘制

二、学习资源

学习资源可以分为两种类型：(1)课标维度要求的学习资源，即根据课程—单元—章节—知识点等课标维度，提供的基础性的学习资源；(2)支持性资源。

课程资源建设应依据学习活动设计。[1]学习活动有6种：

(1) 基于数字资源的学习活动；

(2) 基于笔记的学习活动；

(3) 基于数字工具软件的体验探究学习活动；

(4) 基于网络搜索的学习活动；

(5) 基于学习社区的学习活动；

(6) 在线练习与测试活动。

随着互联网的开放与"群建共享"理念的深入人心，学习资源在以惊人的速度持续增长，资源的数量已经不是制约人们学习的主要因素。

课程资源建设，是教师关注的话题。电脑智能是否可以给课程资源建设带来兴奋点？

从上海市电化教育馆的实践项目来看，多媒体学习资源建设发展主要有"课件、资源库、慕课微课程资源"三个历程。

历程1 课件。课件与课程内容有着直接联系，是根据教学大纲的要求和教学的需要，经过严格的教学设计，并以多种媒体的表现方式和超文本结

---

[1] 何克抗.我国数字化学习资源建设的现状及其对策[J].电化教育研究.2009(10):52-54.

构制作而成的课程软件。20世纪90年代,课件发展非常迅速,大多数教师投入到制作中去,教师的信息化水平得到了迅速的提高。

历程2　资源库。21世纪,学习资源建设进入建库的时代,最典型的是上海教育资源库项目的建设。上海教育资源库是上海市教委主办、上海远程教育集团(上海开放大学)承建的教育信息化重大应用项目。上海教育资源库以成为"校长管理的参谋,教师教学的助手,学生学习的工具和终身教育的课堂"为建设目标,致力于为全市教育单位提供优质丰富的教育资源和教学应用软件工具。经过10年的建设,积累了巨量的学习资源,上海教育信息化的整体水平上了一个新的台阶。

历程3　慕课微课程资源。2010年左右,为了适应信息时代学习者学习方式的转变,慕课微课程开始兴起,构建正式学习与非正式学习间的互换与互通。旨在推进现代信息技术与教育的深度融合,这些微课程能够很好地适应学生的不同学习需求,实现个性化服务,受到了学习者和社会公众的极大关注和欢迎。比较典型的项目有上海市中小学专题教育、上海高中名校MOOC平台。

(一) 待解决的问题

这些课程学习资源随着时间的推移可能需要解决的主要问题有3个。

1. 适应性问题

适合是课程建设的逻辑起点。教育质量的提高,面临的最大难题是"适合",体现在课程上,就是要适合每一个地区、每一所学校、每一位孩子的发展。适合既要符合国家意志,又要满足学习者的需求。"适合"的背后,有一系列亟待解决的矛盾。教育课程资源建设要在主动解决矛盾中迎难而上。

适合的课程,意味着课程结构的合理。课程结构,可以用"1+N"来表达:"1"代表必修课程,"N"则是个性化课程。要解决好适应性问题,就必须要求课程资源内容是丰富的、分层的、可以因需而组合的。

待解决的矛盾,还有教师的适应性问题。课程资源建设成功与否,很重要的因素是看教师是否愿意用、会用。同时,教师也要适应新时代发展的趋势,要有先进的教学理念。

2. 学习路径问题

学生的学习是一个复杂的认知过程,不同类型内容的学习目标、学习方法和评估策略应该是不同的。学习任务分析是学习路径设计中的重要一环。能力素质模型(核心价值观、行为特质、专业能力、领导力)可以作为学习任务分析的重要参考资料。

而现有的课程资源内容结构往往是固定的,学习路径往往也是单一的。课程设计需要考虑3个方面。

(1) 要细分各类知识点与能力点,还要关注细分到什么程度?基于双向细目表的知识图谱是不是能和当下的教学实际相匹配?

(2) 要跟踪学习行为,跟踪哪些学习行为?如何记录与收集这些行为数据?方便与否?依据又是什么?

(3) 能否解决当下教与学的实际问题?学生可以学得快一点或慢一点,可教师的态度是什么?在中国的中小学教学中,教师们能适应变化的课程吗?

课程资源建设,需要考虑课程资源应用时的学习路径。大数据时代的在线学习,实现全面地记录、跟踪、掌握和可视化学习者的不同学习特点、学习需求、学习基础和学习行为,为学生建立学习模型,为不同类型的学习者打造个性化的学习路径。教育"大数据"可以建立起学习预警系统,可以改变人类的学习方式,能更有效地实现"个性化自适应学习"。

3. 诊断问题

课程资源建设的浪潮早在几年前就席卷而来,如海啸一般,但近几年来是一片风平浪静。其中很重要的原因是没有或忽略了学习者分析和学习诊断。

学习诊断是当代学习分析技术的重要组成部分,往往是基于数据改善教学的,旨在通过建立"即时反馈机制",用教与学的过程中产生的数据来诊断教与学目标达成的程度,并对未达成的原因进行统计分析,并实时进行调整改善,使教与学得到持续的改进。不同于测试,学习诊断引领教师设计具体的、可操作的、可检验的课堂教学目标。

(二) 解决方法

课程资源建设需要解决好可能存在"适应性、学习路径、诊断"等主要问题。自适应学习理论、实践为课程资源建设决策提供依据,课程资源建设需向"学材"方向转变,以更好地解决这3个问题。

"学材"的主要理念是面向问题、封装资源、强调应用。采用"学材"理念建设课程资源,将有效解决资源应用方面的"适应性、学习路径、诊断"等主要问题。

1. 面向问题

课程资源建设所要解决的本质问题是如何改善或改革师生关系（教育者与被教育者之间的关系）。自适应学习是一种新的教育形态。在自适应学习的广泛运用下，整个教育的生态系统会发生改变，"教师教什么，怎么教"将重新界定；"学生该学什么，怎么学"也需要重新界定。资源建设的方式也应该随之发生变化。衡量改变效果的标准是改善或改革教育者与被教育者之间的关系。

对于学生来说，自适应学习实现了根据每一个学生的特征，来个性化推荐相关知识，能够根据学生自身的能力来适应其学习，最终提高学习效率。学生可以自主选择学习路径、学习策略，从而实现自我组织、自我评估。实时调整学习内容，在需要时才提供量身定制的练习就成为可能，这使得学生的个性化需求与发展真正得以实现。学生更多地去寻找知识之间有意义的连接以及深层次的内涵，让深度学习成为可能。

对于教师来说，在自适应学习技术改变学生学习行为的同时，教师可以借助互联网平台全面了解学生的学习行为与效果，提供个性化指导，彻底改变传统的教学行为，实现角色转换。教育应该怎么来管理，也需要重新思考以适应新形态的发展。基础教育必须首先走上优质高效的发展轨道。优质高效的核心要素是教师。如果资源建设没有考虑改善或改革师生关系，那么资源建设投入的成效必将甚微。无论技术发展得有多成熟，在教育中人际沟通一定是放在首位的。《与大数据同行：学习和教育的未来》中指出，信息技术作为进步的基础，这是不容置疑的，但是当下面临的变革不是技术层面上的。对于教师自身来说，他们可以充分利用所创建的空间，来重新为自己的教学定位，把原来关注教什么的重心转移到如何引导学生学习以及展示自我，引导学生如何借助技术设备与网络连接进行合作学习，学会如何运用技术解决问题，从而提高学生的认知与非认知能力。

课程资源建设，要把教师真正解放出来，让教师去做更有价值的事情，比如花更多心血在更有价值的教学活动和教研上，花时间去照顾每一个学生，花精力去了解学生的兴趣和学习目标。

2. 封装资源

自适应学习平台，根据学生的表现调整学生学习材料的呈现方式和内容。平台借助科学的分析模型,根据学生在学习过程中的表现,制定专门的学习材料和内容,以此适应学生的发展水平和个性化的学习。自适应学习平台可以完成从"教师传授为中心"到"学生发展为中心"的转变,主要原因是教师和家长都能及时掌握学生的学习程度,能及时跟踪学生真实的学习情况,能及时动态调整学生的学习策略。

很明显,向学生或教师直接提供和呈现资源,是不适合的。资源使用者不太关心资源本身,而是关注资源的应用性,即关注有用的资源。

因此,自适应学习对学习环境要求可归纳为:丰富的媒体表现形式、良好的适应性、敏感的反馈系统、便捷快速的通信。这必然要求在学习环境广泛应用多媒体、人工智能、网络通信等高新技术。这些高新技术,可以使资源内容放在黑匣子里,很方便地按需推送和呈现。

3. 强调应用

厌学的情况非常严重。如今,学生的成长都伴随着高科技产品,但由于生活状态和学习状态太过分离,在课堂上无法得到满足,以至于会产生厌学的情况。大多数家长对学校教育也不满意。在现阶段,新技术的应用必然要成为教师教学的核心能力。

教学中由于师生比例的差距,师生一对一很难成为现实。从理论上看,自适应学习很好地解决了这个问题。自主学习模式是符合人类学习的本质的。然而,教师和家长反对学生在网络上花太多时间。自适应学习在这种状况下失去了生长的基本土壤,自然生长起来非常不适。课程资源建设,一定要让教师和家长相信课程资源是有用的、简便的、有趣的。

课程即活动。杜威认为"课程最大流弊是与儿童生活不相沟通,学科科目相互联系的中心点不是科学,而是儿童本身的社会活动"。以活动为取向的课程,注意课程与社会生活的联系,强调学生在学习中的主动性。学校通过引导学习者参与课程决策、开发、实施和评价,让他们通过参与建构课程促进生命成长。学习者参与探究知识的教学过程就是课程建构。

当今教育虽然倡导让每所学校能够适合每个儿童的发展,但从客观现实看,我国大部分学校规模太大,班级生数太多,高素质教师紧缺,让每所学校适合每个儿童发展很难实现。这便需要学校引导儿童从个体成长需要出发,在闲暇时间建构适合他们发展的生本课程,并通过个性化实施促进自我更好成长。

"学材"型课程资源应用流程包括:发现特长、选择课程、主动学习课程、重构课程。每个生命体内都潜藏着等待开发的"特长"。通过大数据分析发现学习者的特长。共同建构特长课程,结合特长和成长需要,建构发展目标。学生要想学、会学、学好。

与其对应,"学材"型课程资源建构流程是:学习者建模、内容建模、推送机理、目标建模。课程资源的内容不应仅由专家和教师决定,而应让学生参与建构。开发时,引导学生讨论这门课程学什么?如何呈现学习内容?通过按学科结构建构课程,促进课程建构与教学融合。

传统的网络学习系统,往往以系统自身为中心,并没有充分考虑用户需求与学习习惯,要求人来适应系统而不是系统去适应用户,没有充分按照人的学习规律来进行教育。在课程资源建设实践中逐步开发出自适应学习系统,是一项迫切的重要的工作。

发现学习者的个性差异,因材施教,向学习者提供"学材",是自适应学习的灵魂所在。从学习的本身来看,学习需要监督。

课程资源建设应该面向问题、封装资源、强调应用,才有生命力。自适应学习系统是名师智慧的整合,有学习者分析、内容目标分析、题库测试分析功能,能改善或优化师生关系,能实现教师之所想,是管理者和家长掌握学习动态的工具,是学习者能力发展和知识迁移的助手,符合国内、国际课程改革发展趋势。

第四节 自适应推荐引擎

自适应推荐引擎能根据每个学生的最新能力水平,提供相应的反馈,并匹配出最为合适的学习内容。

自适应推荐引擎就像一个大脑,它是以前期积累的内容以及学生大数据为基础,再通过后台算法,为学生推荐最有价值的知识点和习题,最大限度地提高学习效率,真正做到因材施教。对比 AlphaGo,二者背后的深度学习、机器学习的原理是有许多相似之处的。

自适应引擎算法是创建和更新领域概念及其链接的软件集合，具体作用是根据学生模型，自动完成领域概念的适应性呈现。它在2014年之后开始大量出现，是自适应学习系统智能化的核心部件。学习系统给不同用户传递不同的、合适的学习资源，根据用户的不同喜好提供不同的学习路径、方法，都由自适应引擎完成。

2014年，中国互联网全面进入Web2.0时代，越来越多的企业开始关注网络定制个性化服务，更多的网民参与网络内容的生产和文化氛围的创造，网络服务也越来越趋向个性化。大家常用的自适应引擎算法有路径规划算法、遗传算法、蚁群算法等。

1. 路径规划算法

路径规划技术在很多领域都具有广泛的应用，如高新科技领域中的应用——机器人的自主无碰行动，无人机的避障突防飞行，巡航导弹躲避雷达搜索等，日常生活领域中的应用——GPS导航，基于GIS系统的道路规划，城市道路网规划导航等。所有可以拓扑为点线网络的规划问题基本上都可以使用路径规划的方法进行解决，教育领域的自适应学习路径同样可以使用路径规划算法。

学习者在学习过程中遇到障碍(学习兴趣、内容难度、学习者情绪、教师风格等)时，系统该如何根据学习者的基本情况、学习基础、学习速度、学习能力、解题正确率等数据，动态调整学习材料，以提供最适合学习者的学习计划，使学习效率、成果达到最大化呢？该问题实质上与机器人在障碍面前寻找全局最优路径的道理类似，即形成每个学习者独有的学习路径。下面重点介绍路径规划中的遗传算法和蚁群算法，这两种算法的本质都是一种模拟进化的算法，在模拟过程中搜索最优解，实现问题的最佳解决方案，而且这两种算法具有很强的鲁棒性，即稳定性。

寻求最优解越来越成为很多行业需要解决的问题，通过最优解可以帮助企业实现最大效率或利润；可以帮助用户以最低的成本完成最佳的收获。例如在互联网教育行业，如何为学员提供最佳的学习路径，使其完成每一阶段的学习计划和内容，真正实现"从入门到精通"的路子。

2. 遗传算法

遗传算法(Genetic Algorithm)是模拟达尔文生物进化论的自然选择和遗传学机理的生物进化过程的计算模型，是一种通过模拟自然进化过程搜索最优解的方法。该算法的优点已被人们广泛地应用于函数优化、模式识别、自适应控制、机器学习等领域,大大提高了问题求解的效率。

现实生活中很多问题都可以转换为函数优化问题,例如将学习者的学习路径问题转换为学习成本最低、学习效率最高等函数问题。而这样的最优问题就可以通过遗传算法进行求解,其过程就是通过选择、交叉和变异等机制,经过若干代后,最终达到学习者的学习最优状态。

其实不论是适应度计算、选择运算、交叉运算还是变异运算,其目的都是实现一代更比一代强的理念。换作社会中的很多现象也都是为了追求最佳效益,如销售利润最大化、生产成本最小化、合作利益最大化等。同样在教育领域,也是希望学习者能够在学习中发现最佳的学习路径,从而使学习者按照该路径慢慢地前进、学习,最终达到预期的学习状态和效果。对遗传算法的应用,可以根据学习者过往的学习兴趣、学习内容、可接受的知识难度和掌握知识的速度等指标构建学习路径的函数,通过不断的迭代(适应度运算、选择运算、交叉运算、变异运算),最终求解出适应每个学生的最佳学习路径。

3. 蚁群算法

蚁群算法由多里戈(Dorigo)在他的博士论文中提出,其灵感来源于蚂蚁寻找食物的路径行为,他发现蚂蚁总能找到巢穴与食物源之间的最短路径。该算法的主要特点就是通过分布式协作、正反馈来寻找最优路径,具体体现在蚂蚁寻找食物的过程中的两种特性,即多样性和正反馈性。

(1) 多样性。多样性可以理解成是蚁群算法的分布式运算,因为蚂蚁在初始的寻食过程中并不知道具体是食物在什么地方,而是分头一起去寻找,彼此之间相互独立,仅通过特有的信息激素进行通信,当一只蚂蚁寻找到食物后,它会释放信息激素促使其他蚂蚁过来搬运食物。所以,多样性不仅增加了算法的可靠性,也使得算法具有较强的全局搜索能力。

(2) 正反馈性。正反馈性可以理解成是蚁群算法的演化过程,因为蚂蚁最终能找到最短路径的根本原因是最短路径上信息激素的堆积,而信息激素的堆积就是一个正反馈过程。蚂蚁在寻找到食物之后,可能某些蚂蚁会选择其他通往巢穴的路径进行食物搬运,随着时间的推移,所有可能的路径中总有一条信息激素的堆积是最多的,因为单位时间内,路程越短,其往返的次数就越多,从而使得该路径信息堆积最多,最终产生的效果就是所有蚂蚁会选择该最短路径进行食物搬运。

图6-17反映了蚁群算法的多样性和正反馈性的,从而有利于对该算法思想的理解。

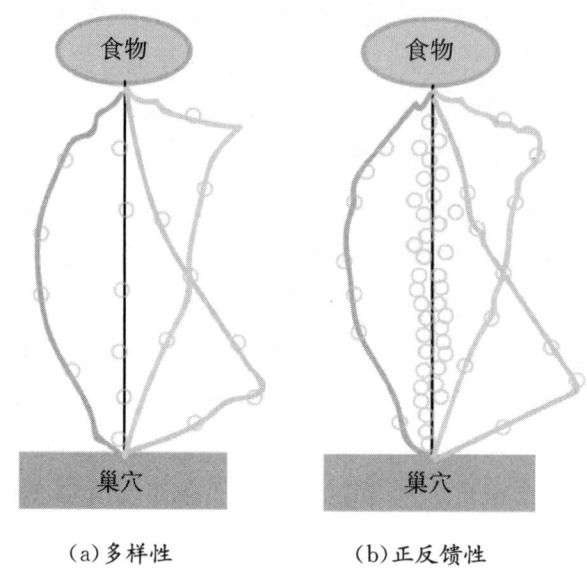

(a)多样性　　　　　(b)正反馈性

图6-17　蚁群算法的多样性和正反馈性

假设蚂蚁在初始状态有许多可选的路径从巢穴出发,但并不是所有的蚂蚁都能找到食物,当个别蚂蚁按照自己的路径发现食物时,就会释放信息激素,使得大部分蚂蚁沿着信息激素快速找到食物,正如图6-17(a)所显示的4条路径均吸引了部分蚂蚁。但随着时间的推移,越来越多的蚂蚁会聚集在中间黑色的路径上,因为单位时间内,蚂蚁在该路径中往返次数更多,形成的信息激素堆积更浓,从而又一次吸引更多蚂蚁选择该路径,正如图6-17(b)所示的4条路径中,黑色路径最终成了最短路径。

将蚁群算法的最短路径搜索思路应用于学习模型中,就可以根据学习者学习的历史数据实现最优学习路径,如下一步学习者该学什么内容、内容的难度安排如何、学习时长、教师团队的变更等,从而实现学习者的高效学习。

第五节 呈 现 形 态

自适应学习系统是一个根据学生的个性特征和学习状态来动态响应,提供学生最佳实践方式的系统。学生如何通过系统进行学习呢?呈现形态(接口模块)是学生与自适应学习系统交互的接口。也就是说学生如何来通过自适应系统进行学习,可以通过呈现形态来了解一下。

一、学习状态

所谓学习状态就是学生在系统中已经知道哪些范围的知识点。当学生通过注册提供学生足够多的个性特征值后,系统需要对学生的学习状态进行初始化。一般会对学生先进行一次测评,并结合学生的注册所提供的个性特征来确定学生当前的能力,以确定目前所处的初始的学习状态。

学习状态是一个动态变化的值。这类似于游戏中的角色,会随着经验的增长,技能的提高,状态也会发生变化。当学生在系统中产生学习轨迹,系统会根据学生的学习轨迹通过大数据分析来变更学生所处的学习状态。

总之,学习状态是综合学生的个性特征和当前知识能力和心理能力、情感因素等所得出的结果。

二、基于自适应引擎的学习过程导航

在学习内容与学习活动方面,自适应学习系统中肯定还需要有相应的支持。适应性技术包括"适应性表示"和"适应性导航"两类,其中适应性表示解决了内容层次的适应性,即针对不同的用户呈现相应的用户能够理解的信息。建立根据自适应学习策略指导模块生成的学习策略进行学习内容呈现的自适应学习内容呈现模块。

1. 前台主要功能

(1)学习风格测试功能。能对学习者的学习风格进行测试与判断。

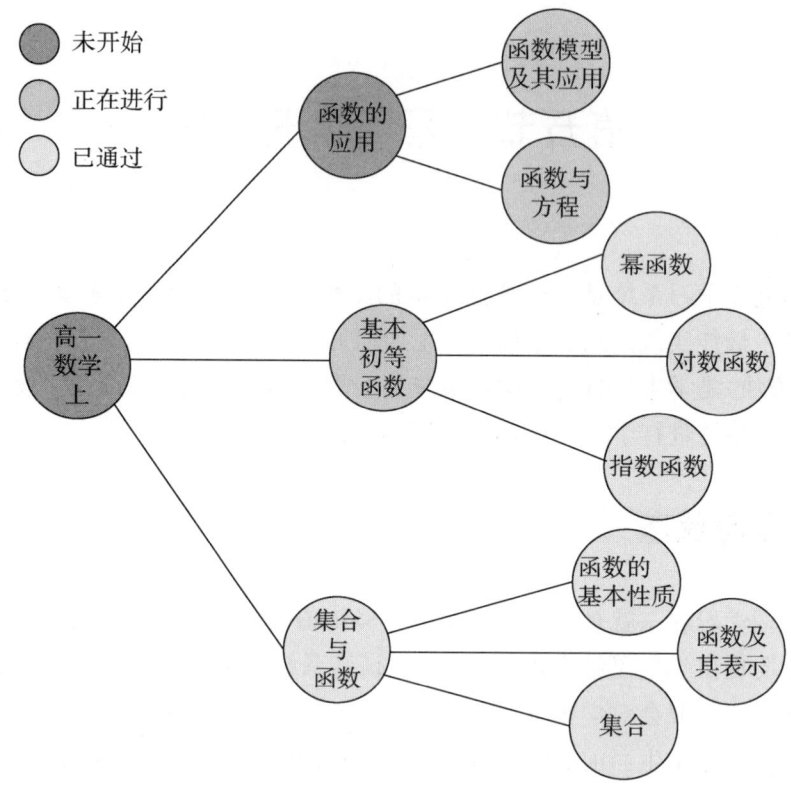

图 6-18 学习状态举例

(2) 认知能力诊断测试功能。在学习者学完某个知识点后,能对当前的知识点的掌握能力进行测评,并给以一定的认知能力水平的判定。

(3) 自适应学习策略指导功能。根据学习者的学习风格与认知能力水平,提供下一步学习的策略,以供参考。

(4) 自适应学习内容呈现功能。结合一定的学习策略,适当地呈现与当前学习者学习风格与认知能力水平相适应的学习内容。

2. 后台主要功能

(1) 建立评测模型,对学习者当前的认知能力进行科学的评估。

(2) 构建学习特征数据库,包含学习者序号、姓名、班级、学习风格、当前认知能力等数据。

(3) 构建知识点数据库,包括知识点序号、知识点名称、表现形式、所需认知能力等数据。

(4) 构建学习策略数据库,包括学习策略序号、学习策略内容、媒体类型、所需认知能力等数据。

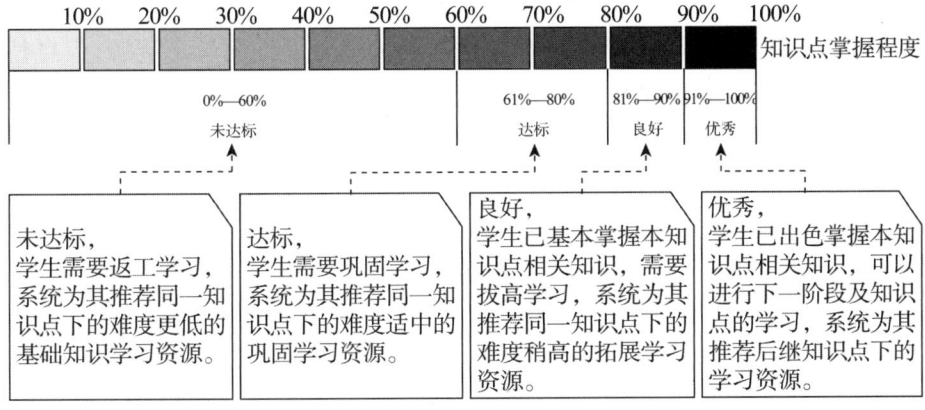

图6-19 知识点掌握程度的设计

当确定学生的学习状态后,系统就会根据当前学生所处的学习状态来提供相应的个性化内容,并且可以根据学生的学习模式来展现对应的学习方式,还可以根据学生的心理能力来给学生提供个性化的交互、展现和导航。

系统会对学生的做题行为进行运算评估,学生的每一次点击,做题时间节点的间隔都会被记录。这些会用来模拟用户的每一步行为。用户在学习过程中,教师可以适当干预。

系统会根据用户对不同标签的点击频率、做题的时间间隔等,通过大数据分析,了解用户学习思路中的薄弱环节,推送更适合用户的内容。

同时,系统还会记录学生更偏爱通过哪些媒体方式学习,学生看视频是否比看文字和图片多,学生使用哪种终端来学习等。

如果学生的学习模式、情感因素发生变化,这个变化会在学生做题的过程中体现出来,这会导致学生的学习状态发生变化。

系统通过学生的交互过程的学习轨迹所产生的数据,形成统计分析的数据。统计维度包括做题时间,学习效率等。学生看到自己的学习报告,这有利于学生了解自己的学习情况。另外,报告可以减少人力成本,教师可以根据学生的数据报告,评判学生的学习状态,进行有效的个性化教学。

统计模型的维度有很多,比如做题正确率、做题时间、做题标准差、过往做题时间比较等,基于这个模型统计,并进行标准值累计,能看到学生学习能力的变化,并且这些统计最终能够改变学生的学习状态。

了解自适应学习的适应机制和技术实现原理,仅仅是自适应学习研究的基础。要开发优秀的自适应学习工具,还需要认知科学领域探索更好的学习方法和规律,教育教研领域研发更准确的细分属性的学习资源,信息技术领域开发更精准有效的人工智能引擎,才能真正让未来的自适应学习更有效、更智能。

第七章

● 自适应学习与教育变革的对接

教育承载着国家的未来、人民的期盼。发展更高质量更加公平的教育是时代的神圣使命。教育综合改革有三个维度的价值追求：一是确保最大程度的教育公平；二是追求卓越教育质量体系的形成；三是确保前瞻、前沿和前端的教育创新。

本章旨在阐述自适应学习以一种全新的技术促进了教育公平，促进了教育质量和教育创新的提升。在以不确定性和不断变革为本质特征的知识社会，拥有能够在新情境中学习和解决问题的能力，比掌握已有的事实性知识、程序和技能更有价值。这种受到日益关注的"适应性专长"，被认为是学习者都值得追求的目标。

第一节 自适应学习助力未来教育变革

一、自适应学习技术促进教育优质均衡

2011年,上海市教委推出中小学生学业质量绿色指标,目的是要变单一评价为综合评价。自信心指数、师生关系指数、教学方式指数等以往被忽略的评价指标开始从幕后走向台前,让学生从分数的围墙里走向更宽广的天地。2014年3月,上海在全国率先实现了义务教育的基本均衡,开始全力向"优质均衡"迈进:全面提升相对薄弱学校的办学水平,办好家门口的每一所学校,关心每一个学生的成长。

1. 上海教育综合改革亮点

近几年来,上海结合深入学习贯彻《中共中央关于全面深化改革若干重大问题的决定》,在教育综合改革向"深水区"挺进的过程中,再次走在了改革探索的前沿,为破解教育发展的深层次难题,推进教育现代化、教育治理能力现代化汇聚智慧,积累可复制、可推广的改革经验。这些"亮点"包括绿色指标综合评价、基于课程标准的教学与评价、新优质学校建设、管办评分离和多方协同机制。

(1) 绿色指标综合评价

目前,社会所聚焦的学业,更多的是看分数,甚至是绝对分数。要改变社会对学校的这种惯性评价,政府就要作出正确的引导,发出强烈的声音。2011年,上海市教委在教育部的支持下,推出了中小学生学业质量绿色指标,目的是要变单一评价为综合评价,变结果证明为过程改进,形成"目标—过程—评价"的良性循环。睡眠指数、自信心指数、师生关系指数、教学方式指数、对学校的认同指数、学习动机指数……一个个以往被忽略的评价指

标,在"育人"这个大的主旨下,开始从幕后走向台前。

绿色指标综合评价,让学生从分数的围墙里走向了更宽广的天地。对于这种变革,学生家长的认同度非常高,因为教育改革历经那么多年,家长的观念也在改变,特别是看到自己的孩子在学校里阳光、快乐、自信,懂得自主学习,热爱生活。

（2）基于课程标准的教学与评价

除了绿色指标综合评价,上海市还在2013年推出了小学"基于课程标准的教学与评价"（俗称零起点、等第制）。这个评价不仅是对学校育人理念的引导,更试图从社会价值观,特别是家长观念的转变入手做改革的突围。

"零起点、等第制"要解决两个问题:第一个是对教育规律的认识问题;第二个是教育公平问题。为此,上海市核定了7个底线标准:"学习准备期""家长开放日""快乐活动日""不布置书面回家作业""不进行书面考试""不采用分数评价"和"不排名或变相排名"。

2016年1月,上海市教委委托第三方专业机构对2015年秋季入学的15.5万余名小学一年级新生家长,开展第三期专项调研,结果显示:家长对"零起点、等第制"政策的知晓度逐步提高,超过95%的家长表示孩子能较好适应学校生活,具有较高的学习兴趣,并且每天都能开开心心地去上学。

（3）优质均衡化

为了促进城乡教育一体发展,2007年,上海启动了农村义务教育学校委托管理工作,7个中心城区分别与9个郊区县建立教育对口合作交流制度,定点帮扶提升薄弱学校办学水平。据了解,目前委托管理已经进入第五轮,150余所相对薄弱学校接受托管,受益学生超过12万人。

2014年3月,上海在全国率先实现了义务教育的基本均衡,开始全力向"优质均衡"迈进:全面提升相对薄弱学校的办学水平,办好家门口的每一所学校,关心每一个学生的成长,让更多学生接受更高质量的教育,让群众拥有更多优质教育资源的获得感。

上海的解决方案是把自上而下的方向引领与自下而上的实践创新相结合,让"点"上的经验成效在"面"上进行复制推广。2014年,杨浦、徐汇、闸北、金山4区先行全面推行学区化、集团化办学试点。2015年,上海开始全面推行学区化、集团化办学。到2017年,学区化、集团化办学将覆盖全市50%的义务教育阶段学校。

如何定义"优质"？早在2011年，上海就以"新优质学校"推进项目为切入点，进行了新的探索。在"新优质学校推进项目"实施过程中，越来越多的"草根"学校找准了自己的发展定位，成为颇受老百姓欢迎的"家门口的好学校"。2017年，上海新优质学校集群发展的数量将扩大至250所左右，覆盖全市义务教育阶段学校总数的25%。

另外，在教育改革中还涌现了管办评分离、多方协同机制等亮点。

2. 自适应技术促进教育公平

教育承载着国家的未来、人民的期盼。发展更高质量更加公平的教育是时代的神圣使命。教育综合改革有三个维度的价值追求，一是确保最大程度的教育公平；二是追求卓越教育质量体系的形成；三是确保前瞻、前沿和前端的教育创新。

教育公平是帮助每个人实现梦想、奠定社会公平的基石。只有实现这一点，一个国家才能凝聚人心，呈现出发展中的万千气象。

教育公平有三个层次：

（1）起点公平，确保人人都享有平等的受教育的权利和义务，这是教育公平的前提和基础；

（2）过程公平，提供相对平等的受教育的机会和条件，这是教育公平的进一步要求；

（3）结果公平，教育成功机会和教育效果的相对均等，即每个学生接受同等水平的教育后能达到一个最基本的标准，包括学生的学业成绩上的实质性公平及教育质量公平、目标层面上的平等。

在新的时代背景下，如何推进教育公平不仅仅是国家政府以及教育部门需要考虑的问题，教育企业同样有责任和义务参与到其中。

自适应学习系统会根据学生的不同学情进行"自动适应"，然后为学生提供最合适的学习路径与内容，并且利用大数据和人工智能实施因材施教的教学方式。自适应学习是通过大数据和人工智能，为广大中小学生提供精准、有效、个性化的课业学习支撑。自适应学习技术为教育领域带来的变革主要有3个方面。[1]

第一，大大提高了学生学、教师教的效率，收集信息和进行互动，都变得

---

[1] 俞敏洪.教育本质的变革[J].人民周刊,2016(2):61.

更加容易。

第二,增强了学习的趣味性。在互联网上,教师得当的指导有助于培养学生的独立思考能力。

第三,个性化学习得以实现。通过大数据挖掘、分析和导航,教师可以很快地追踪到某个学生的学习习惯、学习弱点,以及他需要补充的学习内容,教师可以点对点、有针对性地指导学生,布置的家庭作业也可以不一样。

自适应学习以一种全新的技术促进了教育公平,同样,自适应学习技术、自适应学习工具、自适应学习平台和自适应学习系统也能促进教育质量和教育创新的提升。

二、自适应学习技术促进综合素质评价

上海高中综合素质评价系统,按照修习课程与学业成绩、品德发展与公民素养、身心健康与艺术素养等方面为评价指标,构建了《高中综合素质评价系统填报数据标准》,全面定义了涉及填报内容的 100 多个字段和相应的数据字典,从而保障全市综合素质评价信息填写一致性。

高中综合素质评价系统根据《上海市普通高中学生综合素质评价实施办法》要求以及学生、教师、学校、区级管理员、市级管理员、市其他相关部门不同权限,就数据填写内容、填写权限进行了严格的设定,确保数据填写严谨性和权威性。

1. 上海高中综合素质评价系统的构建意义

到 2017 年为止,全市高一、高二学生完成了高中四个学期成长记录信息的填写,高中综合素质评价基础信息数据库已经形成,综合素质评价的数据填写标准已经成为衡量当前高中学生学习、生活情况的重要依据。具体来说,上海高中综合素质评价系统的构建,具有两方面的意义。

(1) 引入信息化公示机制,构建信誉管理标准

高中综合素质评价系统,按照《上海市普通高中学生综合素质评价实施办法》要求,全国范围内首次在基础教育评价体系中引入信息公示制度和信息申诉体系,首次实现了评价、公示、申诉完整的综合素质评价信誉管理标准。

高中综合素质评价系统,按照《上海市普通高中学生综合素质评价实施办法》要求,通过市级公共服务平台,按照填写内容的公示要求,在年级内进

行综合评价信息的公示。所有学生，包括学生自己，可以对公示不符合实际情况的内容提出异议，并有专门的监督审核机构对提出异议的内容进行审核监督。

高中综合素质评价系统，针对公示情况、公示异议的处理结果，形成对生、教师、学校、区级管理员、市级管理员、市其他相关部门的信誉评分机制，保证公示申述制度的严肃性。

通过公示机制的建立，高中综合素质评价体系的信誉管理标准已经初步形成，保障了高中综合素质评价过程的公正公平。

（2）利用信息技术手段，构建多元化评价体系

高中综合素质评价，作为上海高考改革的组成部分，将成为高考"两依据、一参考"的组成部分。作为高考评价体系的组成部分，评价的单一化不代表评价的标准化，多元化的评价方式才能更加客观准确地实现教育评价的公正公平。

高中综合素质评价系统，采用数据分析和数据挖掘的相关工具，根据不同高校、不同专业的选拔要求，利用高中综合素质评价记录的数据，为不同高校和专业提供不同的评价体系和评价要求。这些差异性评价，对学生个性发展具有一定的引导作用，也是差异公平的一种体现。

目前，高中综合素质评价系统，为所有高校提供了专业的评价筛选工具，可以对高中综合评价的100多个数据项进行自由组合，设定评价标准，从而帮助高校完成不同专业要求的学生筛选。同时，高中综合素质评价系统和高校深入合作，结合高校自身特色的评价方法和评价流程，提供更加专业的技术支持手段，确保评价过程的公正公平。

2. 高中综合素质评价框架

高中综合素质评价主要包括评价数据录入、综合报告生成、综合评价服务、信息管理4大业务。

（1）评价数据录入：数据录入申请通过的学校根据要求组织和完成对综合素质记录的填报和管理过程。

（2）综合报告生成：根据《上海市普通高中学生综合素质纪实报告》为模板，生成相应的电子报告作为学生成长记录册的电子档案。

（3）综合评价服务：面向不同部门的评价需要，提供不同维度的呈现、数据评价以及评价业务相关的管理服务。

（4）信息管理：整个记录填报和管理过程需要基于信誉管理的监督，保证评价数据的真实性。

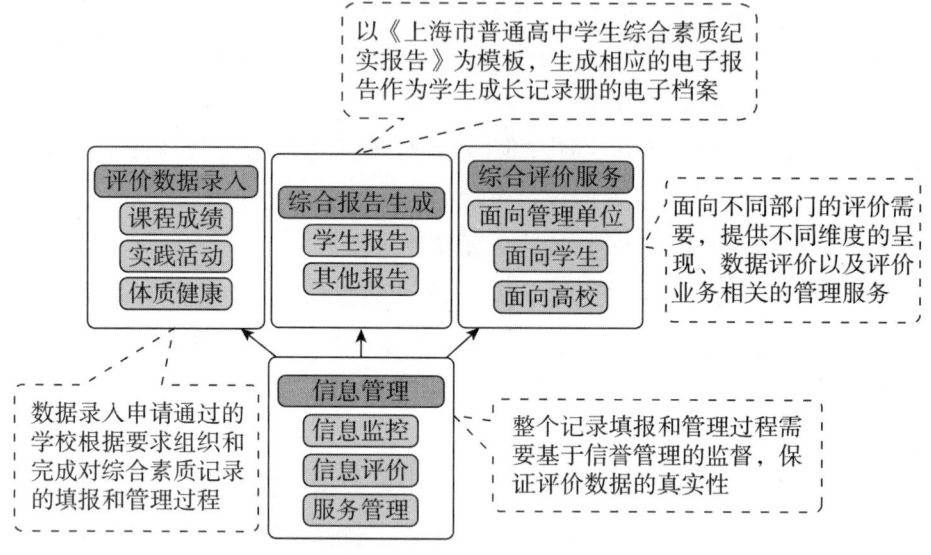

图 7-1 上海高中综合素质评价系统业务框架

高中综合素质评价系统构架包括市、区、校三级。

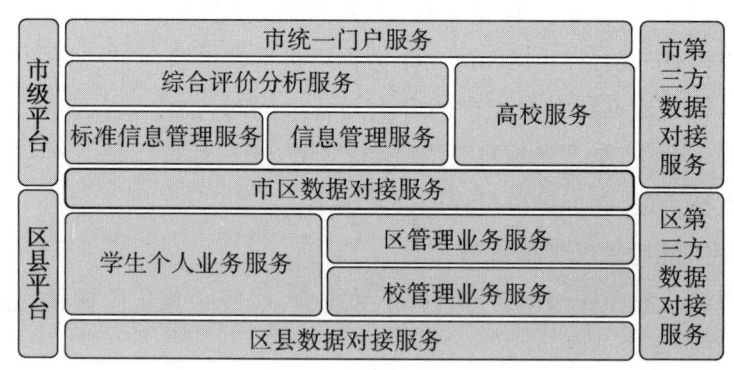

图 7-2 上海高中综合素质评价系统架构

高中综合素质评价由综合素质数据采集服务、综合素质数据呈现服务两部分构成。

第七章 自适应学习与教育变革的对接

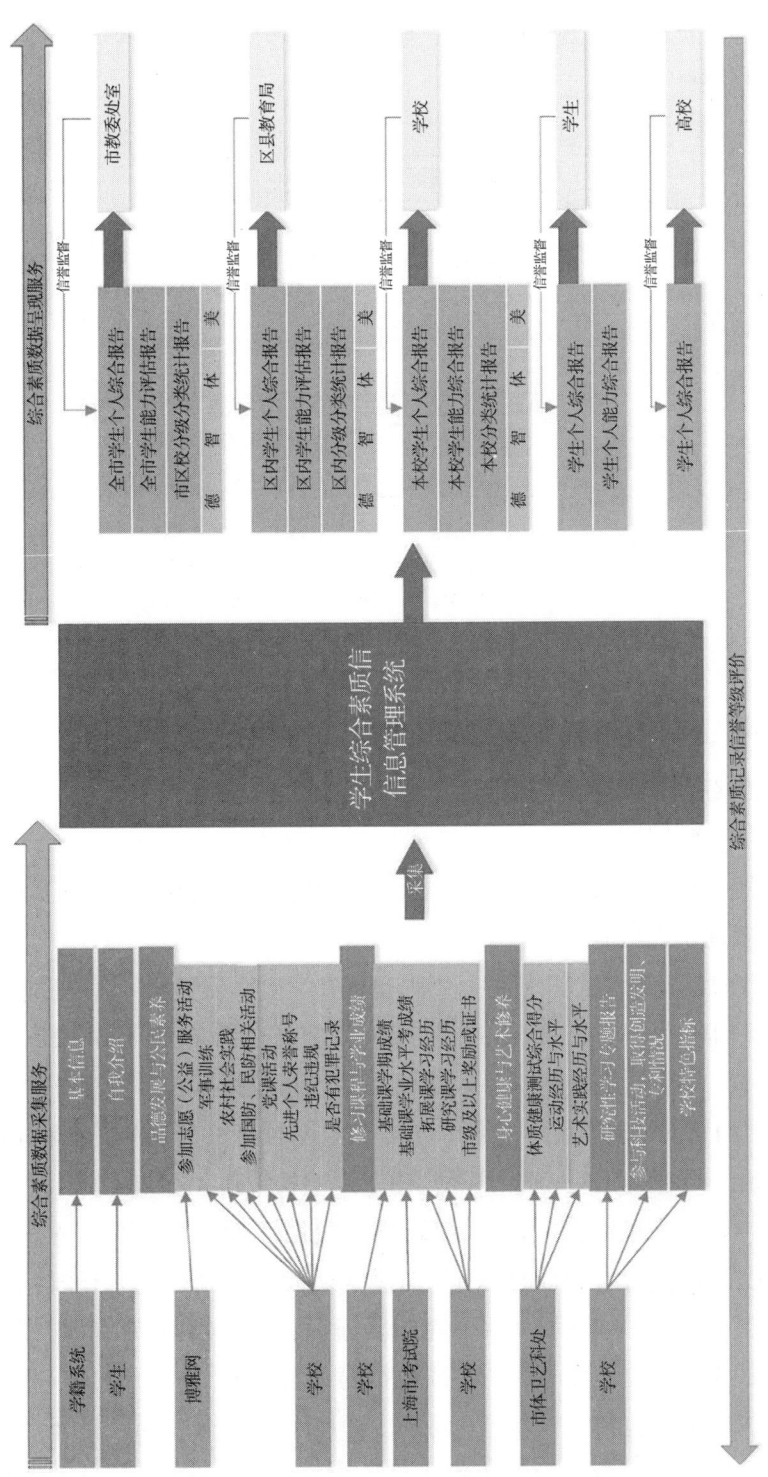

图7-3 上海高中综合素质评价系统数据服务框架

高中综合素质评价有学生用户、管理用户、高校用户三类，各类用户拥有不同的权限。

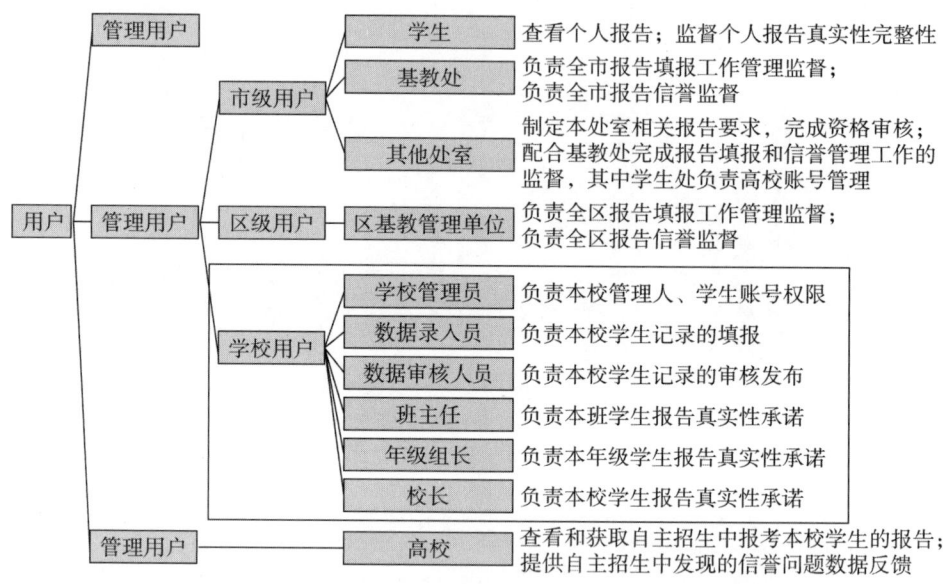

图 7-4 上海高中综合素质评价系统用户分类说明

3. 高中综合素质评价应用

（1）学校应用

学校拥有账号权限设置、报告内容录入、报告内容审核、报告真实承诺、报告查询展现 5 大功能。

账号权限设置既包括学校账号管理，也包括学生账号管理。学校管理账号在系统建设初期由市里统一收集完成初始化配置，包括学校管理员、校长、年级组长、班主任、录入员、审核员 6 种角色，之后可由学校根据人事变动自行调整。而学生账号由系统根据学籍库的名单自动生成，学校可以查看学生名单并将学生密码初始化，学生忘记密码时可以由学校教师直接帮其重置密码。

报告内容录入包括农村社会实践、国防民防活动、党课活动、先进个人荣誉、违纪违规、是否有犯罪记录、基础课学期成绩、拓展课学习经历、研究课学习经历、市级以上奖励、研究专题报告、科技活动/发明/专利、学校特色指标。学校要在指定填报时间内完成数据的录入工作。

报告内容审核包括审核新录入数据、学生确认、公告发布三个环节。学校新录入的数据不直接作为学生素质报告内容发布出来，而是进入待审核列表。待审核完成后,新录入的数据才会更新到学生报告中,由学生按学期更新进行确认。同时由系统自动发布更新公告,告知本学期更新的内容。

报告真实承诺是学生在高三下学期时,确定自己的个人报告无误后发起真实承诺签字流程。学生发起流程后由班主任、年级组长、校长逐级审批签字,流程结束后完成学生报告归档,归档后的报告才能被高校查询到。

报告查询展现包括统计工具管理和统计结果查看两个功能。系统为学校提供个性化统计工具,学校可以自行设定统计维度,也可以选择市级或区定义的标准版工具。系统也提供学校多维度的统计结果展现,包括单个学生的能力图谱,素质记录的分类统计结果等。

图7-5 上海高中综合素质评价系统报告查询展现

(2)学生应用

学生有个人账号维护、公共信息查看、个人报告确认、问题意见管理、报告查询展现5大功能。

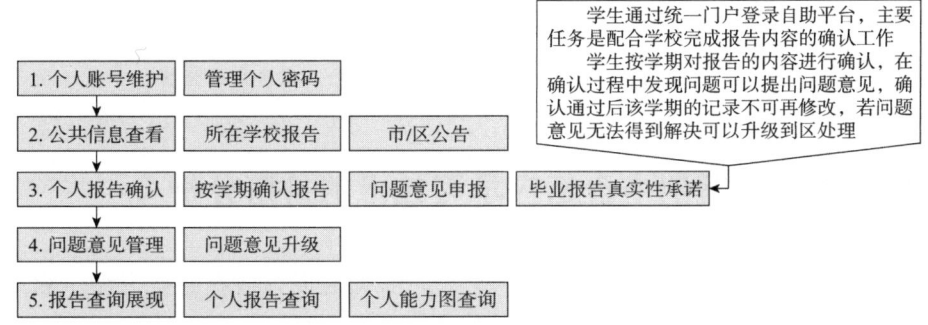

图7-6 上海高中综合素质评价系统学生应用功能

学生首页上生成了个人账户修改、查看公告和通知、学期确认状态、报告完成情况、期末成绩、拓展/研究课程经历、我的意见记录等功能。

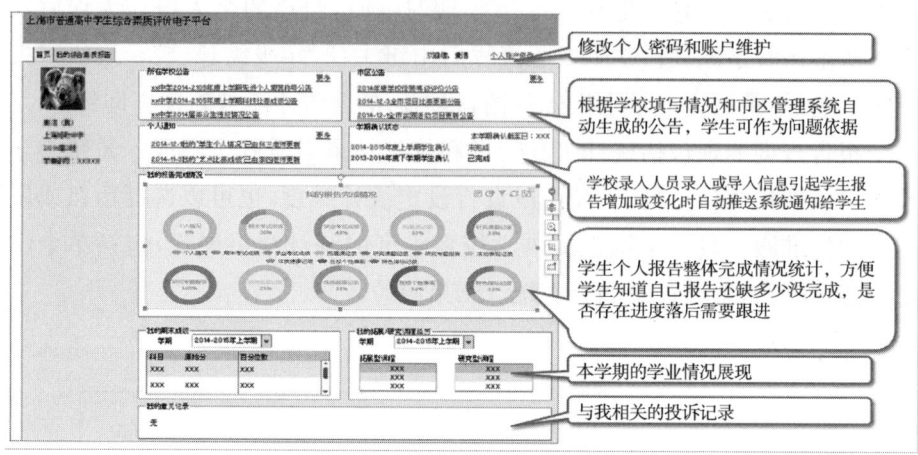

图 7-7 上海高中综合素质评价系统学生首页

对记录有疑义时,学生可以选择记录内容点击"我有意见"进入意见填写界面。意见填写界面中,不同的报告内容会装载不同的记录数据。

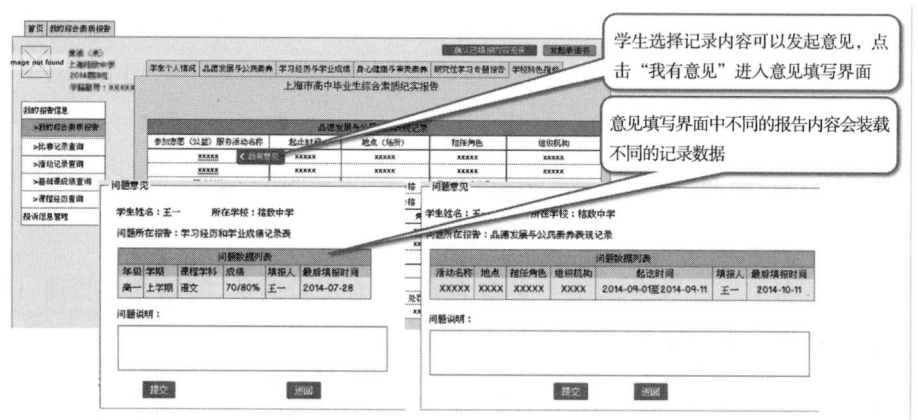

图 7-8 上海高中综合素质评价系统学生个人报告意见整理

三、MOOR 案例中自适应学习技术的价值分析

MOOR(Massive Open Online Research,大规模开放在线研究型平台)是自适应学习技术促进研究性学习的一个案例。其实,MOOR 本身就是自

适应学习的一个平台或一个系统。

MOOR 为学生从学习到研究的过渡提供了渠道,使得教学重心由知识的复制传播转向问题的提出和解决。

互联网能发展到现在是因为有人持续关注和创新。关注的人越多,越容易产生创新突破。MOOR 可以让有意义的问题领域吸引无限多的头脑,众智众筹。这是问题解决和持续改进的最核心资源,也是最符合人类社会发展需要的学习。

持续关注、合力探索、任务驱动学习、最大限度团结智慧资源,这是 MOOR 的核心价值。同时,这一过程也是个体学习和智慧生长的过程。它带给每一个参与者的是认知方法论的体验、创造活动的经历、思维品质的改善和团队合作意识的培养,在交往中坚定学习动机,在任务解决中建构自己的知识体系。

MOOR 的推行策略是开放、免费、共享、在线;个性化内容、个别化学程、团体化生长;大数据支持、智能化管理、社交和互联网思维;学习科学和人工智能为基础的过程导航和情感激励、与孩子的天性合作;评价机制支撑、现实资源配套。

MOOR 的工作理念是在一个人最能学、最擅长的领域,制定个性化的课程方案,使每个学生都能得到教育专家为他度身订制的研究型课程,并每时每刻都能得到专家的指导。同时,它将是学生的良师益友,是学生开展研究性学习的贴身贴心秘书,成为学校和教育管理部门组织、支持学生开展研究性学习的好管家,成为教师组织、引导和服务学生开展探究活动的智能平台。

1. 框架演示及应用说明

(1) 登录:CAS 接入综评系统、综评账号或者直接登录。

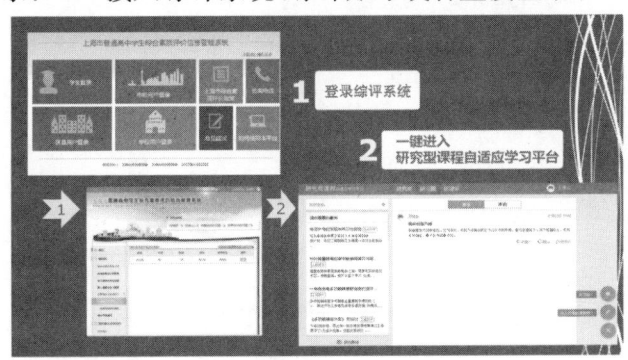

图 7-9 MOOR 平台登录方法介绍 1

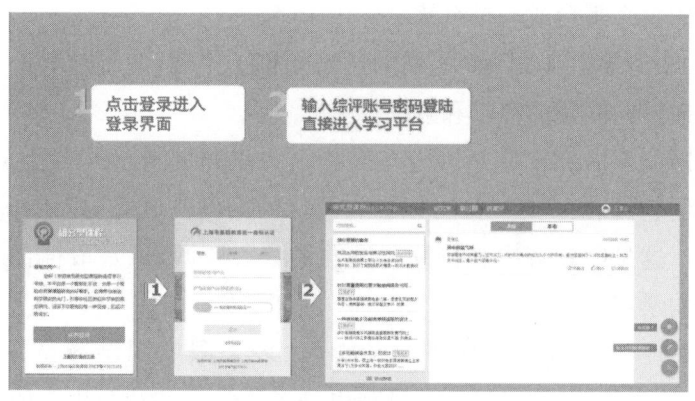

图 7-10　MOOR 平台登录方法介绍 2

（2）科学兴趣测试，智能个性化推荐。

图 7-11　MOOR 平台智能个性化推荐 1

（3）不同研究阶段，智能自适应推荐。

图 7-12　MOOR 平台智能个性化推荐 2

(4) 个性化推荐不同领域内容。

图 7-13　MOOR 平台智能个性化推荐 3

2. 案例中自适应学习技术的价值分析

从案例中可以发现,自适应学习技术有两个方面的价值:一是自适应学习系统发挥着研究型学习专家系统的功能;二是自适应学习技术促进创新素养的培育。

(1) 自适应学习发挥着专家系统的功能

自适应学习跟研究型学习有什么关系呢?它对研究型学习又有哪些影响?

我们知道教师在研究型的辅导过程中各个阶段的作用如图所示。

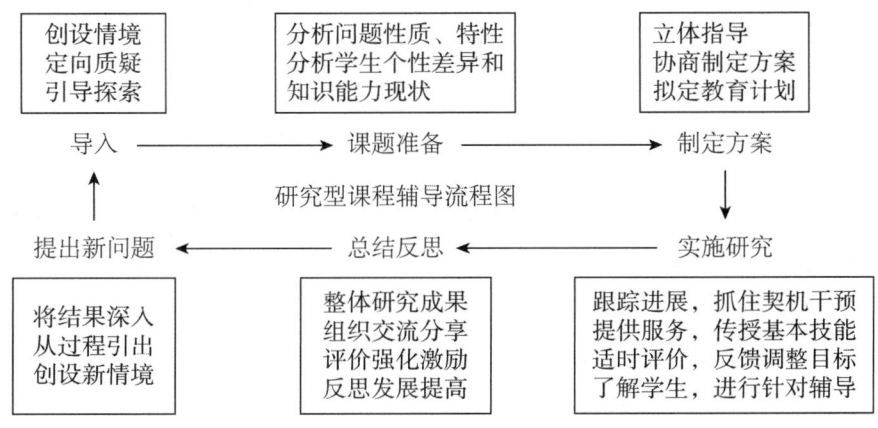

图 7-14　研究型课程辅导流程图

如果有一个智能专家能够自适应每一个学生,对每一个学生在流程中提供个性化的辅助,是不是可以降低教师的工作,并且能够更有效地提高研究型的学习呢？

那这个智能专家在哪些方面能够提供指导？能够担当什么角色呢？我们可以从拟人和拟物上面来说明。

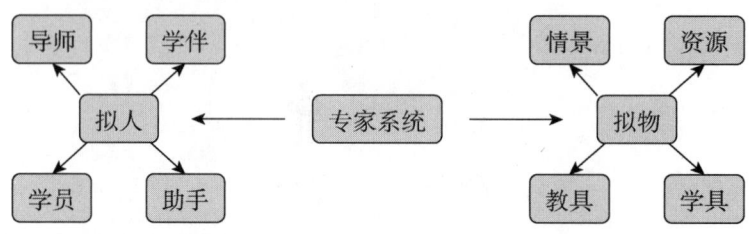

图7-15 智能专家系统能担当的角色

可见从拟人方面，专家可以在学生的研究性学习中，担任学员、导师、学伴、助手等几种角色；从拟物方面，可以提供情境、资源、学具、教具等个性化的支持。

所以开发教育专家系统可以代替部分教师的工作，理由如下：

第一，专家系统能够针对每个学生提供个性化辅导；

第二，专家系统能够高效率、准确、周到、迅速和不知疲倦地进行工作；

第三，专家系统解决实际问题时不受周围环境的影响，如教师角色把握等；

第四，专家系统可以使专家的专长不受时间和空间的限制，以便推广珍贵的专家知识和经验；

第五，专家系统能促进教育领域的发展，放大优质教育资源；

第六，教育专家系统水平是一个国家教育现代化的重要标志，是我国教育发展的重要基础设施。

可见，在学生的研究性学习中，自适应学习在辅导过程中能起到核心的作用。自适应系统可以作为学生的贴身小秘书、专家，来个性化地提供解决方案，有效地引导学生的研究型学习的开展。

（2）自适应学习技术促进创新素养的培育

当下教育最根本的特点是以人为本，以促进人的发展为目的。在创新人才的培养过程中，首先要把学生作为"人"来培养，作为一个有意识的、有自主选择愿望的、有人格尊严的人来看待，作为一个有主动发展潜能的、有自我超越意识的主体来培养，以此促进学生自身积极主动的、全面的发展。青少年儿童时期是培养开发人的创新素质的关键时期。人人都有创新潜能,而能否成为创新人才,关键在于青少年儿童时期。学校、家庭、社会能否为他们提供培养创新素质的空间,使他们作为一个独立的个体,善于发现和认识有意义的新知识、新事物、新方法,掌握其中蕴涵的基本规律,从而具备相应的能力,为将来成为创新人才奠定全面的基础。

自适应学习与教育的整合就是为了构建一个能让学生和教师得到不断的、全面发展的教育活动环境,一个有助于学生主体性发挥的人性化培养空间。在这个信息化教育环境中,学生在自我实现、自我超越的过程中开发创新潜能,体验创新活动的快乐,进一步培养创新意识,增强自强不息、勇于进取的精神,发展创新能力。

自适应学习对于人性化培养空间的建造,在于体现学生主体性的教育教学方式的推广应用,如利用信息技术支持自主学习,借助超文本/超媒体教材为自主学习提供极其便利的条件。学习者可以自由选择学习内容和进度,根据自己的潜能,选择学习目标。学习者在主动、自主地信息获取、分析、加工、利用的学习过程中,不仅可对学习内容有比较深刻的理解和掌握,而且有利于提高信息素养,有利于独立思考能力的培养,为成长为创新人才打下坚实的基础,如利用信息技术支持的研究性(探究性)学习、协作式(合作式)学习,它们是信息化时代最有利于发挥学生主体性的学习方式。

研究性学习是一种选择研究课题,获取和运用知识解决实际问题的学习方式。在信息技术支持的研究性学习中,教师可以利用开放、共享、交互的信息化资源,为学生创设开放、探究的学习情境,引导学生进入主动探求知识的过程,使学生利用信息技术与资源,围绕某类主题调查搜索、加工、处理、运用相关信息,回答或解决实际问题。在研究性学习模式中,学生是学习活动的主体,具有自我表现的机会和发展的主动权,因此始终处于一种兴奋状态,有强烈的求知欲和自主探索、发现的欲望。这样,在发现问题、提出问题、研究问题、解决问题的过程中,学习者的潜能被发现和开发。此外,学习者能够在这种学习模式中,更多地关注社会,更深入地认识学习的价值,发展学以致用、注重解决实际问题的意识,形成积极进取的人生态度。学生的创新意识、创新精神、创新能力都得以培养。[1]

自适应学习系统在创新素养培养过程中,能够为学生创造学习空间,能

---

[1] 任傲.信息化教育与创新人才的培养[J].电化教育研究,2003(12):9-12.

够让他们在探究中培养能力，在主动参与中自我发展。

第二节　自适应学习与数据大脑校园

一、数据大脑校园

2016年，杭州市政府在杭州云栖大会上公布了一项"疯狂"计划：为这座拥有2200多年历史的城市，安装一个人工智能中枢——杭州城市数据大脑。城市大脑的内核采用阿里云人工智能技术，动力则来自飞天操作系统，可以对整个城市进行全局实时分析，自动调配公共资源，修正城市运行中的问题，最终将进化成为能够治理城市的超级人工智能。这在移动互联时代是一个具有质的飞跃的里程碑事件。

以城市交通为例，人们发现，交通摄像头的数据与近在咫尺的红绿灯并不关联，用阿里巴巴集团技术委员会主席王坚的话来说，交通监控摄像头跟红绿灯的距离是世界上最远的距离，因为摄像头看到的数据永远不会变成红绿灯的"行动"。为此，城市数据大脑解决的第一个难题就是"交通拥堵"。2016年9月，城市大脑交通模块在萧山区市心路投入使用。初步试验数据显示：通过智能调节红绿灯，道路车辆通行速度平均提升了3%至5%，在部分路段有11%的提升，真正开始了用大规模数据改善交通的探索。

由此带来一个深层性的思考，在当下大家关心的智慧校园建设中，人们到底应该解决什么样的关键问题，智慧校园建设到底应该走向何方？

通过分析可以发现，中国教育经过近20年的探索，智慧校园建设经历了以下三个阶段：（1）信息化校园阶段；（2）数字化校园阶段；（3）数据化校园阶段。这三个阶段非常重要，第一阶段聚焦信息化平台建设；第二阶段聚焦数字化资源建设；第三阶段聚焦数据化积累建设。发展到现在，特别是遇到云计算、大数据、移动通信、泛在网络、人工智能技术、人工智能操作系统、虚拟现实（VR）、增强现实（AR）、物联虚拟（ER）、混合现实（MR）、影像现实（CR）等新兴技术和系统的发展，智慧校园就应该走向更高级的境界——数据大脑校园的新时代了。

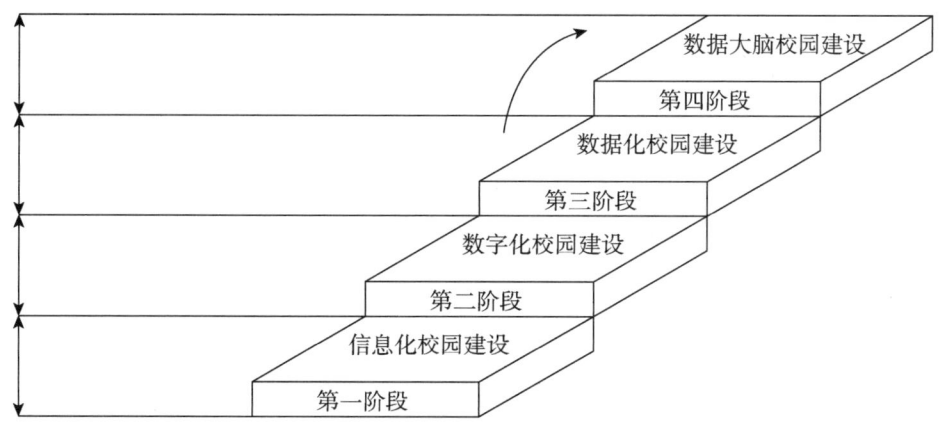

图7-16 智慧校园大脑建设发展历程

数据大脑校园，就是利用学校的数据资源，对整个学校进行全局实时分析，自动调配公共资源，最终把数据变成学生学习、教师教学、课程实施、教育评价和学校管理的最重要的资源。

从数据大脑校园的角度来看，目前智慧校园建设还存在以下亟须解决的问题：

（1）智慧校园的硬件设施与软件还不能融合成一个整体，导致软件数据与硬件行动之间的"不合拍"现象；

（2）智慧校园中的软件与软件之间还不能相互打通，出现了软件数据之间软件数据不能共享的"孤岛"现象；

（3）智慧校园的数据挖掘、分析、导航等技术还没有形成驱动力，导致智慧校园数据与教育教学行动之间无法逾越的"壕沟"现象；

（4）智慧校园建设与智慧学习、智慧教学、智慧管理等关联不大，容易导致人机、人技及人人之间的"隔阂"现象。

为此，未来数据大脑校园建设应该在"硬软融合""软软打通""数据驱动"和"生态建构"四个方面着力攻关、狠下苦功。

二、数据大脑校园基本架构

可以毫不夸张地说，未来学校的核心竞争力就在于学校数据大脑的竞争力了。这个大脑由学生学习数据中枢、教师教学数据中枢、课程实施数据中枢、教育评价数据中枢和学校管理数据中枢组成，通过信息孤岛集成、数据交流互动、数据挖掘分析、数据应用导航、数据共享生成五大功能，覆盖学、教、练、测、评、研、管七彩模块，为学生个性化潜能发展、教师专业化价值发展、学校品牌化生态发展提供源源不断的驱动力。

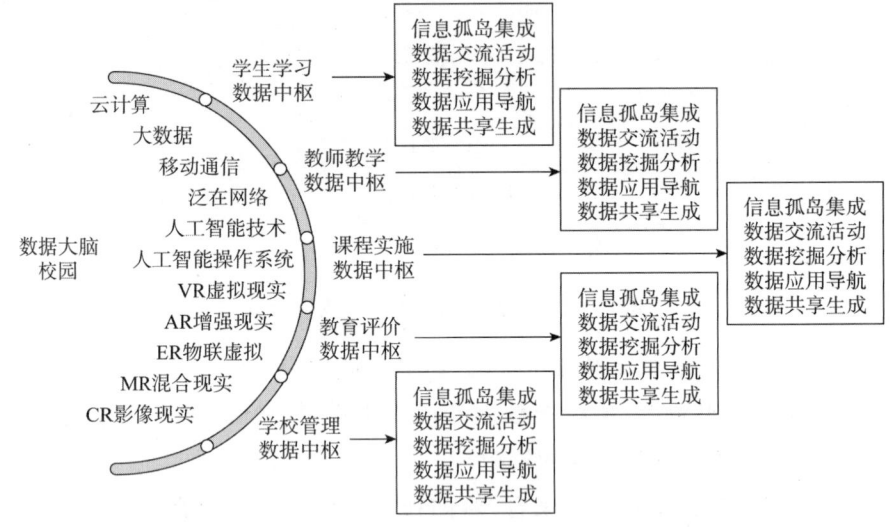

图7-17 数据大脑校园基本架构

学生学习数据中枢，既是数据大脑校园建设的出发点和落脚点，也是数据校园建设的关键点和标准点，更是数据大脑校园建设的归宿点和价值点。学生数据中枢需按照智慧学习"学前评""学什么""怎么学""怎么测"和"学后导"五个环节进行数据收集、挖掘、分析、导航，要集聚课堂、阅读、课程、行规、评价、课后等多维度、多方位系统建构，从中找出个性潜能特征、发现优势智能、发掘学习兴趣、发现阅读爱好、发现课程爱好、寻找知识薄弱点、寻求学习最近发展区、寻求适宜的学习生态圈、推介未来学习规划等。

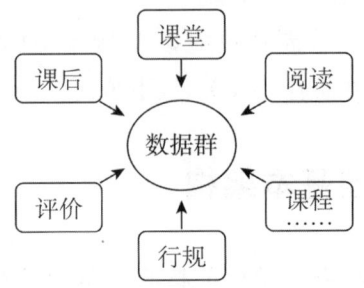

图7-18 学生学习中枢数据采集示意图

学生学习中枢要真正体现自适应学习形态。自适应学习不是简单的技术,仅有技术是不能够做成自适应学习系统的。技术不仅需要结合优秀教师的经验,还需要将以知识空间理论为代表的教育测量学以及大数据分析充分地结合起来,才能打造一个高效的自适应学习系统。学生学习中枢引擎大致有五项核心模块:实时能力水平评估、精准知识状态检测、最优学习路径规划、最佳学习内容推荐、学生画像和学习内容侧写。

浙江大学的教育学博士张剑平提出了智慧教室中的互动教学模式,可以作为教师教学中枢建构的模式之一,尝试将互动教学的结构元素与实践有机结合,关注课前、课后、课中一体化教学设计。它以智慧教室为支撑,突出了信息系统在教学过程中的即时反馈、动态调节作业,教师通过教学反馈把知识信息的系统输出转变为系统输入,促使教学恰到好处的适合学生水平,从而成效以教师为主导、学生为主体的相互作用、辩证发展的教与学最佳状态。

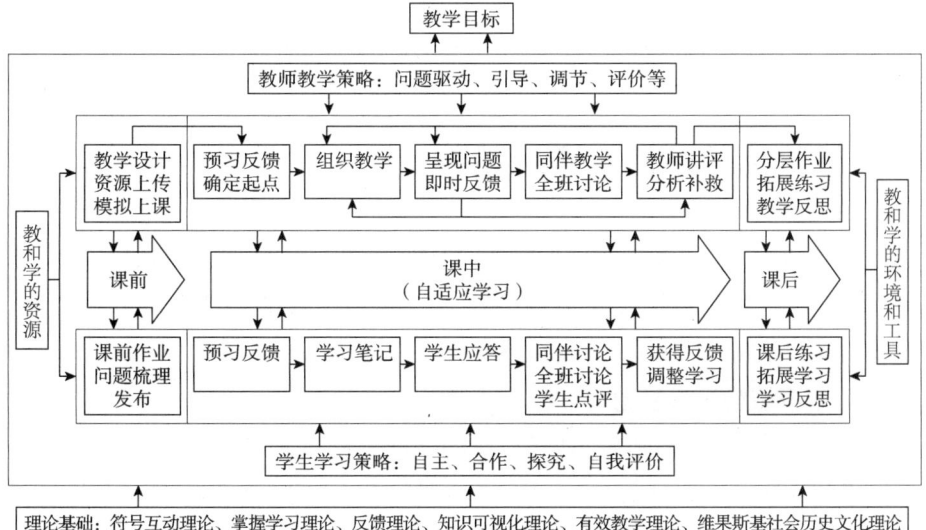

图 7-19　教师教学数据中枢建构框架模式之一

教育评价数据中枢,是数字走向数据、数据得到应用、应用驱动行动的中枢。教育评价数据中枢,大致由外部数据接口库、数据评价系统、评价量化系统、评价导航系统、教育业务系统、决策辅助系统、数据分发中心、日常业务应用系统等构成。

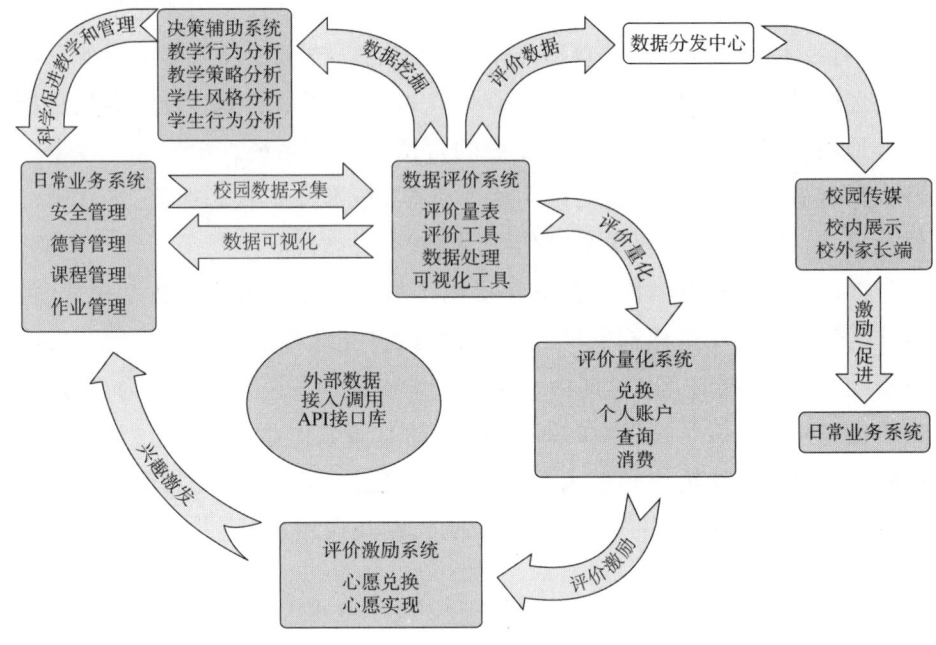

图 7-20 教育评价数据中枢示意图

三、数据大脑中的自适应建构

在数据大脑校园建设中不仅要体现自适应学习技术方面的信息孤岛集成、数据交流互动、数据挖掘分析、数据应用导航、数据共享生成五种功能，还要体现自适应学习的五个核心技术。

1. 知识点纳米级拆分

"只有将知识拆解到最小单位，我们才能够精准地了解到学生在每一个最细小的知识点上的掌握情况。"自适应教育的知识图谱均由有多年教学经验的教学专家编撰制订，以七年级英语语法为例，共计拆分出 217 个纳米级知识点。

2. 快速精准知识状态检测

举例来说，在初中英语被动语态中有 23 个纳米级知识点，如果想要准确检测出学生在这 23 个知识点上的掌握情况，按照普通的推理逻辑，每一个知识点都需要相应的习题来检测学生的掌握状态，而在这期间为了排除大量"蒙对"的情况，还可能需要更多的习题量才能保证检测的准确性。

据悉,在自适应学习系统中,根据算法逻辑与知识图谱相结合,能够有效降低蒙对概率,最少仅需要16道题就能够精准测试出学生对整个被动语态知识的掌握情况,且准确率高达90%。

3. 多元化学习内容推荐

自适应教育研究发现,每一个学生都有自己擅长的学习方式。有些学生文字理解能力较强,善于看文字讲义;而有些学生倾向于听音频讲义,比看文字更容易理解学习内容。因此,自适应学习系统中的学习内容涉及复习、视频、音频、讲义、练习题、测试题、拓展题等多项内容。系统能够根据学生的学习偏好和学习水平,以智能组合的形式将多元化的内容推送给学生学习。

4. 超高速自适应学习

自适应学习系统的超高速学习体现在对每一个学生的"因材施教"和"对症下药"上。自适应学习系统会根据实时检测到的学生能力水平的变化和学习目标自动规划最适合每一个学生的学习路径,哪怕两个需要学习10个相同知识点的学生也可能拥有完全不同的学习顺序。通过这样的"私人订制"学习计划,使得每一个学生都能够得到最优的学习路径,从而学习效率成倍增加。

5. 系统自适应性优化

在学生不断使用自适应学习系统学习的过程中,通过学生的数据反馈,自适应学习系统将不断通过大数据分析,自动调整知识图谱、试题内容、算法模型。例如,原本为先行、后续关系的A、B两个知识点,在学生实际数据收集反馈后系统将自动进行判断,如果发现二者的关联性或先后关系比设定关系强或弱,则会根据大数据反馈结果自动优化成新的对应关系。通过不断的数据收集、分析和优化,自适应系统将会变得更加精准、高效。

能够回归教育本质,通过自适应学习技术推动教育事业发展,真正实现因材施教和个性化学习,让学习变得更加有成效、有效率、有乐趣!

第三节 自适应学习"再造"教学流程

一、教学流程再造

课堂教学可以看作是一个由"输入"到"输出"的流程。教师教与学生学的"投入"组合形成的各个环节,可以看作是课堂教学的"输入",而学习目标的达成情况,可以看作是课堂教学的"输出"。制定学习目标是教师开展教学活动和提高教学质量的基础性工作。教师只有经过对政策、学情和实践等多重依据进行深入研究,才能制订出科学合理而又切实可行的学习目标。

在以不确定性和不断变革为本质特征的知识社会,拥有能够在新情境中学习和解决问题的能力,比掌握已有的事实性知识、程序和技能更有价值。这种受到日益关注的"适应性专长",被认为是学习者都值得追求的目标。教师承担着使自己和学生都发展成为适应性专家的双重责任。社会认知理论和最近发展区理论是设置学习目标的依据。

学习目标的作用是提供分析教材和指导学生行为的依据;是学生应该了解的预期结果,具有明确的导向和激励作用;是对教师和学生进行客观评价的标准;是教学活动的出发点和归宿。

课堂教学的"流程再造",首先要明确学习目标,即一定要站在某一高度来立意。流程再造必然是基于对原来的流程缺陷的认识与研究。改革流程,要使学生不但"学会""会学""乐学",而且乐于创造,善于实践。

用系统论的观点来看流程,课堂教学是一个系统工程。考德威尔(Caldwell)分析了使学校启动流程再造的若干因素,其中最重要的因素有两个:一是先进技术在教育领域中所表现出的活力会使学校放弃传统的教育模式,而采用以学生为中心进行组织结构设计;二是由于前面的技术因素,学校必须转换已有的组织形式,以迎接这种挑战,这也要求学校进行流程再造。[1]

---

[1] 陈丽,郭玉娟,王怀波,等.新时代信息化进程中教育研究问题域框架[J].现代远程教育研究,2018(1):40-46.

信息技术日新月异的发展,使得教育流程再造成为可能。慕课等大规模在线学习课程的出现,使得原有的学校课程结构、教学方式受到很大冲击;智能信息终端的广泛使用,使得知识和信息获取的方式发生了很大的变化;平板电脑等新的学习载体在学校领域的广泛使用以及微课程、翻转课堂等实验项目的推进,使得课堂教学的流程很自然地就发生了变化……这一切都为教育流程再造奠定了基础。

二、自适应学习释放教师教学生产力

自适应学习生态系统建设有四个方面的意义:为学生增能、为学校增效、为教师减负、为家长减压。特别是为教师减负方面,自适应学习生态系统可以覆盖教师教学"备课、上课、作业、辅导、测评"等五个环节,将会极大地解放教师教学生产力。特别是为教师减负方面,可以覆盖教师教学"备课、上课、作业、辅导、测评"五个环节,将会极大地解放教师教学生产力。比如,在备课方面,自适应学习系统既提供海量备课资源,还提供备课设计模板,更提供备课生成模块;在上课方面,自适应学习系统既提供线上线下混合教学保障,还提供实时互动的技术支撑,更提供教学互动的实时数据导引;在作业方面,既提供作业生成系统,还提供作业批改系统,更提供作业推介系统;在辅导方面,既提供班级辅导的基本定位,还提供分层辅导的依据,更提供个性化辅导的建议;在测评方面,既提供学生学前的定位,还提供学生学习过程表现,更提供学后改进与提升的路径。

正因为自适应学习将在"备课、上课、作业、辅导、测评"环节释放教师生产力,所以自适应学习技术面临五个攻关重点。

表7-1 自适应学习技术面临的5个攻关重点

教学环节	自适应学习技术攻关重点
备课	移动备课模板系统
上课	线上线下混合教学生态系统
作业	自适应作业题库系统
辅导	精准微课辅导系统
测评	测试评价导航系统

三、个案列举

案例1 慧云课堂

慧云课堂是面向中小学师生的创新型智慧云课堂,依托强大的云端服务能力,提供备课、上课、作业、辅导和测评教学全流程的线上线下技术支撑,整合静听、点读、阅读、微课、富媒体5种类型海量精品资源,并提供作业功能、自测功能、学习圈、学习小工具和英语口语评测等教学功能,为智慧学习、智慧教学走向更高境界提供了有力的保障。

(1) 作业功能

丰富的题目资源及作业类型供教师选择,学生作答一目了然。

(2) 自测功能

学生自己选择薄弱知识点加强训练。

(3) 学习圈

学生学习交流的小园地,也是教师推出精彩活动的小展示厅,自由定义学生的校园生活。

图7-21 学习圈

(4) 学习小工具

笔顺字典、英汉词典、成语词典、语文作业库、英语作业库、数学小游戏、单词高手、听写作业等多款实用学习小工具,操作方便,是学生学习的好帮手。

图 7-22 学习小工具

（5）英语口语评测功能

伴随英语口语成长的小伙伴，语音识别，迅速评价，每天的学习进步都能看得见。

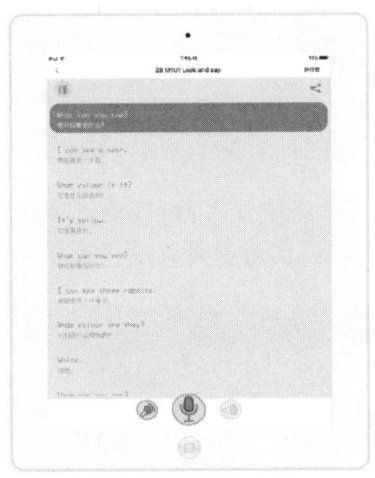

图 7-23 英语口语评测

案例 2　慧学习翻转课堂支持平台

慧学习是集精品微课学习、配套练习前测、学习效果诊断、在线交流互动等为一体的翻转课堂支持平台，适合小学 3～6 年级尝试翻转课堂教学的学校师生用户。微课多为 3～10 分钟的视频，用于讲解某一知识点，有较强的针对性。

通过该平台，学生可自主规划学习内容、学习节奏、风格和呈现知识的方式,学习更加灵活、主动,参与感更强;教师可进行所教年级及学科微课资源、配套练习的管理及共享,同时可查看学生学习轨迹及学习效果诊断数据,便于在课中有针对性地进行重点、难点讲解、讨论、作业辅导等活动。

精品微课学习:微课内容短小精悍,针对性强,微课时长符合学生集中注意力的有效时间,学习更加灵活、主动,参与感更强。

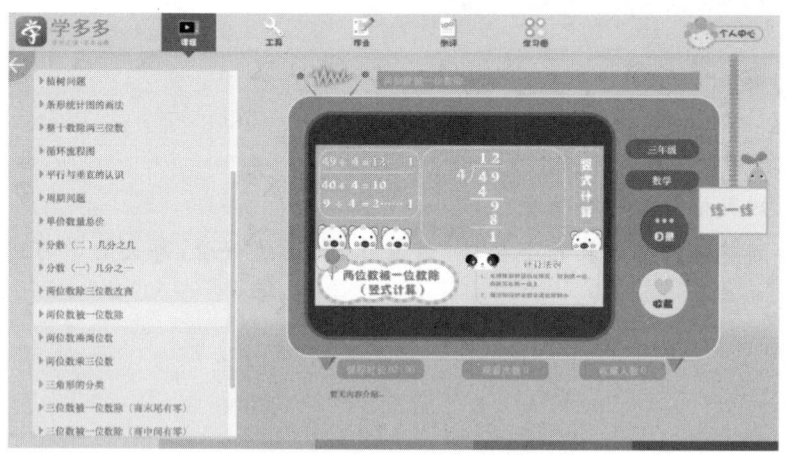

图 7-24　精品微课学习界面

配套学习前测:学生微课学习之后,可通过微课配套练习进行自测,并对自己的学习情况作出判断,从而更好地规划学习内容和学习节奏。

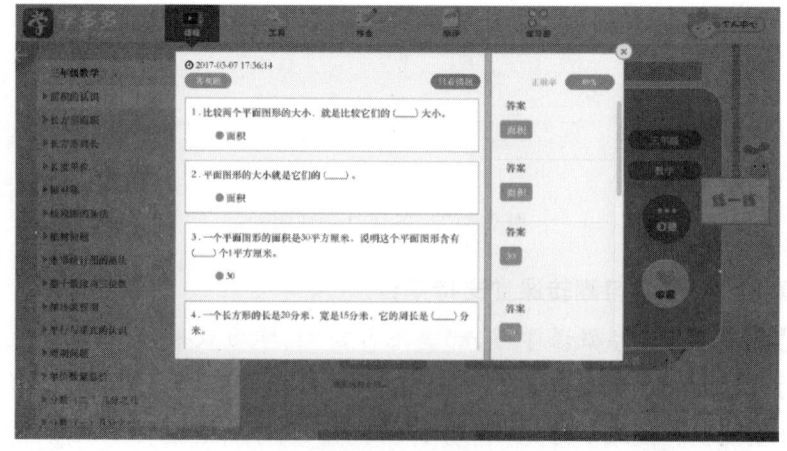

图 7-25　配套学习前测界面

学习效果诊断：学生微课学习、练习前测等学习情况都可通过云平台进行数据记录及分析，帮助学生更好地了解自身的学习状况，做到查漏补缺。

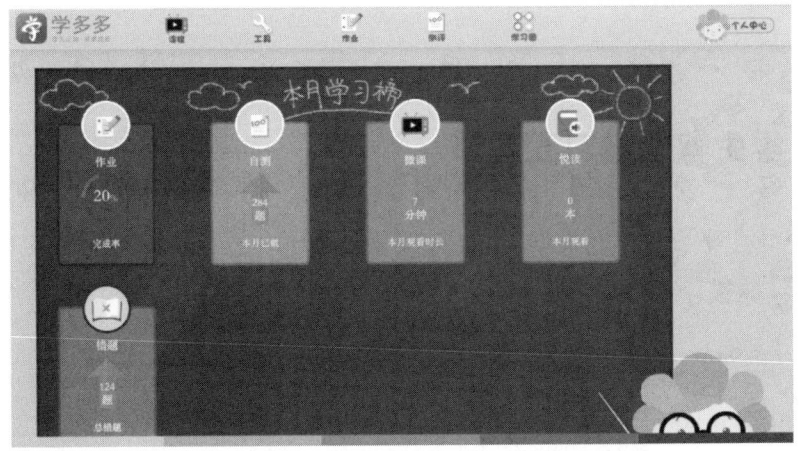

图 7-26 学习效果诊断界面

在线交流互动："翻转课堂"对学生的学习过程进行重构。学生通过自主学习微课及前测练习完成"信息传递"的过程，而教师在线辅导及同学之间的在线讨论交流更有助于学生对知识的吸收及内化过程。

图 7-27 在线交流互动界面

第四节　自适应学习提升学习品质

一、学生智慧学习五环节

从学生学习这个角度来看,自适应学习系统大致包括"学前评(定位)—学什么(课程)—怎么学(教学)—怎么测(测评)—学后导(导航)"五个环节。

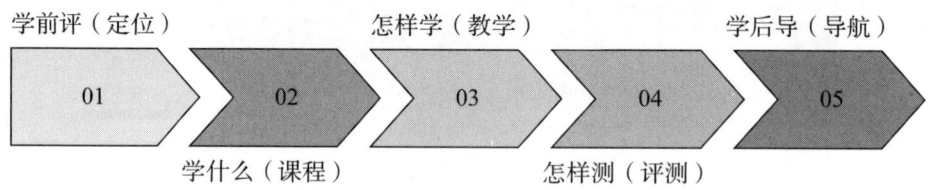

图 7-28　学生学习视角下自适应学习系统的示意图

二、基于学习五环节的自适应学习技术攻关

与基于学生学习的五个环节,自适应学习技术需要攻关以下内容,见表 7-2。

表 7-2　基于学习五环节的自适应学习技术攻关

学习五环节	主攻内容	主攻技术列举	教育原理依据
学前评（定位）	1. 综合素养评估 2. 学业基础评估 3. 道德成长评估 4. 学习风格评估	1. 多元智能 A 定位与分析 2. 多元智能 B 定位与分析 3. 多元智能 C 定位与分析	谢夫勒的潜能开发三个途径
学什么（课程）	1. 国家课程移动化 2. 校本课程定制化 3. 特色课程专题化	1. AR、VR 课程定制 2. 生本个性化课程推送	加德纳的多元智能课程建构

(续表)

学习五环节	主攻内容	主攻技术列举	教育原理依据
怎么学（教学）	1. 课前的主体预习 2. 课中的有效学习 3. 课后的提升学习	1. 翻转课堂 2. 经典微课 3. 中考、高考移动题库 4. 自适应学习 5. 体验式学习	杜威的天才儿童五步教学
怎么测（测评）	1. 学业测试 2. 综合素养表现性评价	1. 知识与认知双向细目测试 2. 综合素养全方位移动测评	布卢姆的认知六层进阶
学后导（导航）	1. 知识结构化学习延伸与递进 2. 主题模块化学习选择与推进 3. 探究式、创客化学习推荐与演进	1. 个性化课程推荐 2. 因材施教策略选择 3. 个性化学习方法指导 4. 创新拔尖素养识别与培育 5. 未来职业倾向指导	兰祖利的资优儿童培养模式

三、个案列举

基于学生学习的五个环节，自适应学习技术方面也已拥有成功案例。绘本课程森林和慧测评是其中的佼佼者。其中绘本课程森林侧重于学生学习五环节中的"学什么""怎么学"，而慧测评则侧重于"怎么测"。

案例1 绘本课程森林

绘本课程森林是移动交互式绘本阅读平台，帮助小朋友培养阅读素养，帮助老师探索阅读评价，同时鼓励家长陪伴孩子阅读，参与测评，激发小朋友阅读兴趣，培养小朋友阅读习惯。

（1）优质资源：经典的绘本故事，美妙的音频配乐，给孩子最好的绘本阅读体验。

（2）互动评价：读、听、演、画、编、评、配音……创意互动环节，多样阅读评价，激发多元智能。

（3）阅读报告：学校、班级、学生多维度呈现阅读报告，让阅读有迹可循。

图 7-29 绘本课程森林个人中心截图

（4）绘本圈：绘本推荐、阅读技巧、作品展示……畅聊阅读绘本。

（5）教学支持：绘本推送，一键管理学生阅读。

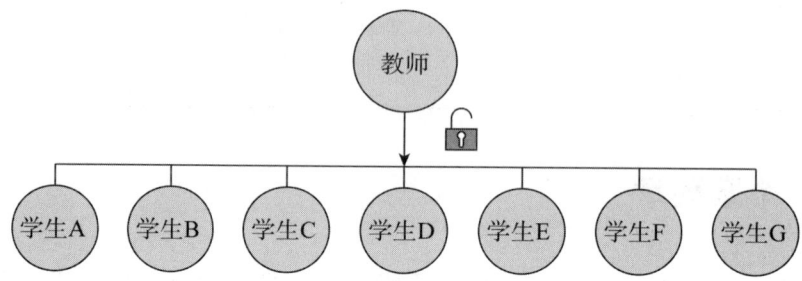

图 7-30 绘本课程森林教师一键管理学生示意图

案例 2　中小学智慧测评平台

慧测评是智能化测试平台，适用于小学低学段阶段式测评、期末测评、招生测评等移动端智慧测评。该产品结合等第制评价，以游戏闯关式、游园式、情景式等多种形式，通过移动平板设备实现在线测评、在线成绩展示。

无纸化的测评过程、多维度的测评内容、多样化的闯关形式、实时化的评价结果，有的放矢地改进教师的教和学生的学。

（1）无纸化的测评过程

整个测评基于移动终端。学生只需带好电子学生证，用平板电脑扫描二维码登录，便可以参与测评，操作方便快捷。

（2）多维度的测评内容

符合学生认知发展规律，将学科素养融入游戏，对学生进行能力测评，在测评过程中，学生的学习认知、逻辑思维、语言表达、审美情趣、科学素养、身体素质以及创造力、想象力等都得以展现。

图7-31 慧测评首页截图

(3) 多样化的闯关形式

新颖的页面设计、多元的题目风格、便捷的应用操作,学生带着新奇的体验,在一点、一触、一滑中即可完成测评。闯关形式互动性强,符合小朋友爱玩、爱尝试的天性,使综合素质评价能更好地服务于孩子们的成长。

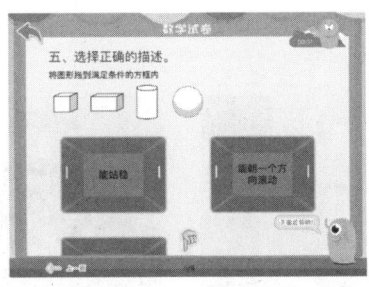

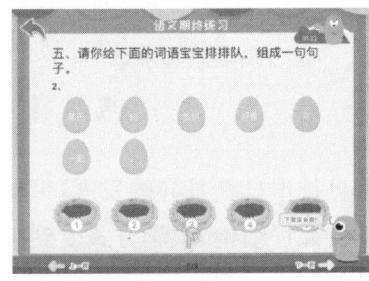

图7-32 慧测评练习页面截图

（4）实时化的评价结果

评价结果实时呈现，并记录于后台，教师可以实时在线查看学生测评情况，分学科、分知识点对学生、班级、年级等多维度的测评结果进行对比分析，便于教师动态掌握学生的学业水平。

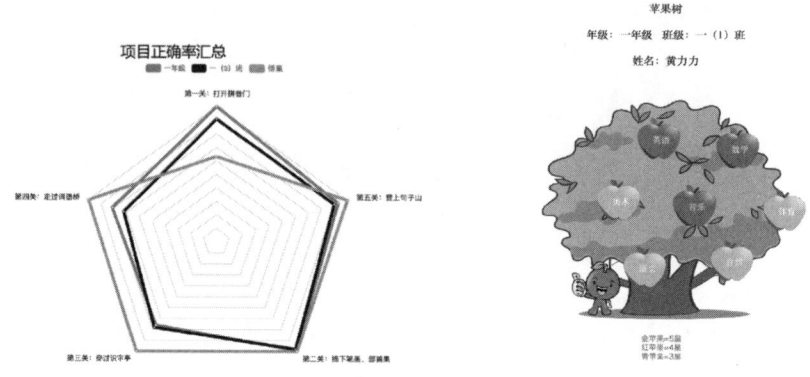

图7-33 慧测评评价页面截图

（5）成功案例

上海市已有多所学校在期中期末及日常测试中采用了这种趣味测试模式，其中包括浦东新区第二中心小学、洋泾实验小学、平凉路第四小学、新世界实验小学、华师大一附中实验小学、南桥小学、奉贤区教师进修学院附属实验小学、联建小学等。

洋泾实验小学

新世界实验小学

图7-34 使用慧测评现场

信息技术日新月异的发展，带动了大规模在线学习课程的出现，使得原有的学校课程结构、教学方式受到很大冲击，平板电脑等新的学习载体在学校领域的广泛使用与智能终端的推进普及使得课堂教学发生很大变化，为教育流程再造奠定了基础。

自适应学习系统的出现与加入,为学生创造了人性化的培养空间,消除了影响他们主动发展的外在束缚条件,能够让他们在主动参与中实现自我发展,培养学生的上进心和自主发展能力得到不断的、全面的发展,使他们成长为基础扎实、勇于创新、善于实践的人才。[1]

可见,自适应学习系统与教育变革是相辅相成的关系,二者缺一不可。通过自适应学习技术推动教育事业发展,回归教育本质,真正实现因材施教和个性化学习,让学习变得更加有效率、有乐趣只是发展的第一步,相信未来还有更多的教育新技术等待人们去探索、发掘!

---

[1] 任微.信息化教育与创新人才的培养[J].电化教育研究,2003(12):9-12.

参 考 文 献

1. 张治,李永智. 迈进学校 3.0 时代:未来学校进化的趋势及动力探析[J]. 开放教育研究,2017,23(4):40-49.

2. 朱哲. 以教育信息化支撑引领教育现代化:教育部科技司雷朝滋司长解读"教育信息化 2.0"[J]. 中小学数字化教学,2018(3).

3. 杜占元. 人工智能与未来教育变革[J]. 中国国情国力,2018(1):6-8.

4. 杜占元. 以教育信息化的新作为开启教育现代化的新征程[J]. 中小学数字化教学,2018(1).

5. 徐红彩,潘中淑. 中国最早的电化教育专业创建始末:前江苏省立教育学院与国立社会教育学院创办电教专业的历史与总结[J]. 电化教育研究,2007(11):90-94.

6. 项国雄,魏丹丹. 教育技术的资源观:对教育技术资源内涵的重新审视[J]. 中国电化教育,2005(1):68-71.

7. 高辉,程罡,余胜泉,等. 泛在学习资源在移动终端上的自适应呈现模型设计[J]. 中国电化教育,2012(4):122-128.

8. 黄荣怀,马丁,郑兰琴,等. 基于混合式学习的课程设计理论[J]. 电化教育研究,2009(1):9-14.

9. 肖川. 论学习方式的变革[J]. 教育理论与实践,2002(3):41-44.

10. 张京敏,董红斌. 基于中介 Agent 的强化学习优化协商模型[J]. 计算机科学,2017,44(1):53-59.

11. 李彬语,王卓玉. 开放教育资源激增对新兴学习模式的影响:以"BYOD"学习与"自适应学习"为例[J]. 亚太教育,2016(21):276.

12. 郭朝晖,王楠,刘建设.国内外自适应学习平台的现状分析研究[J].电化教育研究,2016(4):55-61.

13. 方海光,罗金萍,陈俊达,等.基于教育大数据的量化自我MOOC自适应学习系统研究[J].电化教育研究,2016(11):38-42,92.

14. 吴南中.论在线学习范式的变迁:从自主学习到自适应学习[J].现代远距离教育,2016(2):42-48.

15. 白雪.基于社会化标签的学习资源管理系统设计与开发[J].中国教育技术装备,2016(24):68-70.

16. M. Nussbaum and A. Diaz. Classroom logistics: Integrating digital and non-digital resources [J]. Computers & Education, 2013, 69(4): 493-495.

17. 林明.资源服务商:教育出版社的转型之道[J].出版发行研究,2016(5):32-34.

18. 白娟.基于学习者视角的MOOC学习比较研究:以"英语写作"课程为例[J].中国信息技术教育,2016(9):99-102.

19. 吴昌涛.教育的"四大支柱"和学校体育教学[J].机械职业教育,2011(6):16-17.

20. 祝智庭,管珏琪."网络学习空间人人通"建设框架[J].中国电化教育,2013(10):1-7.

21. N. S. Chen, C. E. Teng, C. H. Lee, et al. Augmenting paper-based reading activity with direct access to digital materials and scaffolded questioning [J]. Computers & Education, 2011, 57(2), 1705-1715.

22. A. W. Wiseman and E. Anderson. ICT-integrated education and national innovation systems in the Gulf Cooperation Council (GCC) countries [J]. Computers & Education, 2012, 59(2), 607-618.

23. E. Allegra, R.D.Pietro, M.L.Noce, et al. Cross-border co-operation and education in digital investigations: A European perspective [J]. Digital Investigation. 2012, 8(2), 106-113(2011).

24. 上海市政府.上海市中长期教育改革和发展规划纲要(2010—2020年)[EB/OL]. http://old.moe.gov.cn/publicfiles/business/htmlfiles/moe/s4604/201010/110458.html, 2010-03-30.

25. A.Loveless, J.Underwood. Learning in digital worlds: A view from CAL09 [J]. Computers & Education, 2010, 54(3), 611-612.

26. P.Thompson. The digital natives as learners: Technology use patterns and approaches to learning [J]. Computers & Education, 65(1), 2013, 65(7): 12-33.

27. 何克抗.我国数字化学习资源建设的现状及其对策[J].电化教育研究,2009(10):52-54.

28. 荆永君,李昕.区域基础教育信息资源建设共同体模式实践研究[J].中国电化教育,2011(01):83-86.

29. 周成纲."互联网+"背景下自适应学习系统的研究[J].计算机教育,2016(3):78-80,84.

30. 吴举宏.中小学教师教学研究存在的问题及其分析[J].中小学教师培训,2012(6):33-35.

31. X.Fu, K.Wu, X.Z.Gong, et al. On Data Integration, Warehousing and software reuse in the construction of digital campus: A review on performance [J]. Procedia Engineering, 2011, 15. 3109-3113.

32. H.Tohidi. Human resources management main role in information technology project management [J]. Procedia Computer Science, 2011, 3(1):925-929

33. D.Petko. Teachers' pedagogical beliefs and their use of digital media in classrooms: Sharpening the focus of the "will, skill, tool" model and integrating teachers' constructivist orientations [J]. Computers & Education, 2012, 58(4): 1351-1359.

34. B.Hunter. The effect of digital publishing on technical services in university libraries [J]. The Journal of Academic Librarianship, 2013, 39(1):84-93.

35. K.Kreijns, et al. What stimulates teachers to integrate ICT in their pedagogical practices? The use of digital learning materials in education [J]. Computers in Human Behavior, 2013, 29(1):217-225.

36. C.Anderson. The long tail: Why the future of business is selling less of more [M]. Hyperion, 2006, 24(3): 274-276.

37. J.M. Wing. Computational thinking[J]. Communications of ACM, 2006, 49(3): 33-35.

38. R.M. Karp. Understanding science through the computational lens[J]. Journal of Computer Science & Technology, 2011, 26(4): 569-577.

39. 郭朝晖,王楠,刘建设.国内外自适应学习平台的现状分析研究[J].电化教育研究,2016(4):55-61.

40. 俞敏洪.教育本质的变革[J].人民周刊,2016(2):61.

41. 施久铭.改革需要战略思维[J].人民教育,2013(8):26.

42. 姜强,赵蔚,王朋娇,等.基于大数据的个性化自适应在线学习分析模型及实现[J].中国电化教育,2015(1):85-92.

43. 杨宗凯.大数据驱动教育变革与创新[J].大数据时代,2017(5).

后　　记

百年大计，教育为本。每当一个民族图腾遇到困惑时，总有人反思教育。每当我们遇到重大历史关口时，我们也一样要反思教育。对于教育理念的现代化，我们可以高谈阔论，但对于教育技术的现代化，却必须真抓实干。"互联网＋教育"到底会产生哪些化学反应？这需要我们所有教育人的想象，更需要我们的态度。

在这个技术快速迭代、社会加速转型的时代，教育理念的现代化离不开教育技术的现代化。现代教育既架构在现代技术之上，又会被现代信息和传媒技术所深深影响。人类每一次技术创新，都有人想到如何在教育领域的应用。从甲骨文到活字印刷，从电影到互联网。电化教育从 20 世纪 30 年代的电影时代，走到今天的数据时代，并进一步走进基于互联网的智能时代。上海市电化教育馆的发展历程，投射出教育技术的进化路径，对上海电教事业发展历史的梳理，既是对过去几十年教育技术进化的回望与反思，也为上海的教育现代化之路提供新的注脚。教育技术的未来就是教育的未来，教育技术的现代化是教育现代化的核心需求。上海的教育现代化，必须面对智能时代，必须从 2035 年后上海和国家人才需求来考虑。从教育的供给侧、教育的环境、动力机制、智能程度和治理转型等方面综合施策，没有教育技术的信息化和现代化，教育现代化就只能架构在昨日的平台上，因此，电教馆将在未来教育现代化进程中担当越来越重要的角色。

"上海市的教育技术发展历程还没有系统梳理，希望你能从教育技术现代化的视角为上海教育丛书填补这个空白"在上海市教育学会尹后庆会长的鼓励下，我们开始了对上海电化教育的梳理，从电教的装备时代，到资源时代，从数据时代到智能时代，把目光聚焦到了自适应学习，觉得这可能是

后记

未来20年内电教事业发展的最重要的着眼点和着力点。电化教育事业必须回归课堂，回归学校，促进教学变革和学习改进。自适应学习不仅仅是一套智能化的教育技术，更是从环境到资源，从学习手段到教育范式的革命。我们期望自适应学习技术能早日变成现实，借助日渐普及的大数据、云计算和物联网等技术，结合知识图谱的广泛开发，真正实现有教无类的大同世界，真正让大规模因材施教成为可能，也真正让个性化学习和卓越发展的教育理念惠及每一个学生。

本书的撰写主要由张治、黄勇和韩亚成完成，张治总体策划和统稿，并负责第一章、第三章，第四章及第七章部分节的撰稿；黄勇负责第二章及第六章的撰稿，韩亚成负责第五章，第四章及第七章部分节的初稿撰写。

一路走来，我们得到很多教育界德高望重的前辈们的无私帮助，上海市教育委员会原副主任张民生同志拿出他多年前的手稿，并在电话中和我分析电化教育馆的发展历程，上海市电化教育馆原馆长王民同志、上海市教育委员会副主任倪闽景同志给予了大力支持，市教育委员会李永智副主任、贾炜副主任给予了巨大的鼓励，上海开放大学王宏副校长、上海市电化教育馆原副馆长陈家虎和馆内其他同志、上海教育丛书办公室宋旭辉老师、上海教育出版社张志筠同志提供了很多富有创意的建议和帮助，在此，一并致谢。当然，自适应学习还是一个我们正在探索的领域，我们的整理还有很多不完备、不恰当之处，我们更多希望本书能引发大家对智能时代教育技术的广泛思考，对书中的不妥之处希望能得到大家的指正。

期盼未来的电化教育事业能逐渐走进教育综合改革的核心，期盼借助自适应学习的广泛应用能开创电化教育馆服务教育发展的新时代。

张 治

2018年8月22日

上海教育丛书

反映先进教育思想和实践经验　　传播教育教学智慧
体现上海教育改革发展的成果　　引领教育教学改革

1994 年

上海普通教育史(1949—1989)　　　　　　　　　　　　17.20 元
　　吕型伟　主编
为了未来——我的教育观　　　　　　　　　　　　　　17.00 元
　　吕型伟　著

1995 年

耕耘散记　　　　　　　　　　　　　　　　　　　　　10.00 元
　　方仁工　著
语文教学新探——"双分"教学的理论与实践　　　　　　9.00 元
　　陆继椿　著
听力残疾儿童的语言教学　　　　　　　　　　　　　　12.00 元
　　银春铭　编著
班主任日记　　　　　　　　　　　　　　　　　　　　7.90 元
　　黄静华　著

1996 年

和校长教师谈教学　　　　　　　　　　　　　　　　　9.00 元
　　陆善涛　著
语文教学与智力发展　　　　　　　　　　　　　　　　7.50 元
　　周寿仁　著
幼儿心理素质教育　　　　　　　　　　　　　　　　　9.50 元
　　高志方　著
小学生心理辅导札记　　　　　　　　　　　　　　　　10.00 元
　　毛蓓蕾　著

1997 年

我和愉快教育　　　　　　　　　　　　　　　　　　　10.00 元
　　倪谷音　著

| 以物讲理和见物思理——谈谈中学物理的教与学 | 12.60元 |

　　唐一鸣　著

语文教学谈艺录　　　　　　　　　　　　　　　　　　10.80元

　　于　漪　著

青春期教育的实施　　　　　　　　　　　　　　　　　11.80元

　　姚佩宽　著

幼教改革新探——"幼儿园综合性主题教育"探微　　　　9.80元

　　倪冰如　赵　赫　著

学校家长工作　　　　　　　　　　　　　　　　　　　9.30元

　　高　峰　著

沿着未知的道路漫游——上海的OM活动　　　　　　　9.00元

　　陈伟新　陈玲菊　著

中学化学教与学的优化　　　　　　　　　　　　　　　10.50元

　　何吉飞　著

少先队的自动化　　　　　　　　　　　　　　　　　　14.70元

　　段　镇　沈功玲　著

我教化学课　　　　　　　　　　　　　　　　　　　　13.30元

　　黄有诚　著

1998年

走进幼儿绘画世界　　　　　　　　　　　　　　　　　9.50元

　　李慰宜　著

文言文的教与学　　　　　　　　　　　　　　　　　　12.50元

　　卢　元　著

家庭教育心理　　　　　　　　　　　　　　　　　　　11.00元

　　吴锦骠　郭德峰　著

开发潜能　发展个性　　　　　　　　　　　　　　　　10.80元

　　恽昭世　著

注重方法　自我发展——谈谈物理尖子学生的培养　　　13.50元

　　张大同　曹德群　著

情系操场　　　　　　　　　　　　　　　　　　　　　12.70元

　　李华丰　著

物理实验创造技法和实验研究	11.50 元
冯容士　陈燮荣　著	
探索中学英语教学成功之路	8.80 元
陈少敏　著	
思想品德课教学原则与方法	9.30 元
顾志鸣　张振芝　著	
培养数学思维能力的探索	17.90 元
陈振宣　著	
爱的奉献——工读耕耘手记	8.85 元
周长根　著	
集体的组织与培养——少先队工作回忆笔记	9.60 元
刘元璋　著	
献给孩子们的歌	8.00 元
严金萱　著	
中学历史课堂教学方法研究	14.00 元
朱光明　著	

1999 年

幼儿园"生存"课程的研究	12.70 元
姜　勇　徐　刚　著	
育人之路二十载——大同中学教改纪实	9.30 元
王世虎　陈德生　张浩良　徐志雄　著	
心与心的交流——走进小学语文教学的艺术殿堂	8.50 元
张平南　著	
中学数学思想方法的教学	13.00 元
戴丽萍　著	
跳跃的音符——唱游教学	10.50 元
陈蓓蕾　著	
和青年教师谈语文教学	11.00 元
钱梦龙　著	
让思想政治课充满活力	8.30 元
浦以安　著	

中、外幼儿教育的比较与实践　　　　　　　　　　　10.40 元
　　钱　文　封莉容　主编
数学教师札记　　　　　　　　　　　　　　　　　　12.50 元
　　胡松林　著
青浦实验启示录　　　　　　　　　　　　　　　　　11.00 元
　　顾泠沅　郑润洲　李秀铃　编
学会参与　走向未来　　　　　　　　　　　　　　　14.00 元
　　张雪龙　著
感悟生命——谈中学生物的教与学　　　　　　　　　7.10 元
　　王璪玛　著

2000 年

农村教育综合改革与燎原计划　　　　　　　　　　　12.70 元
　　俞恭庆　著
小学科技活动课探索　　　　　　　　　　　　　　　9.50 元
　　刘炳生　著
面向市场　主动适应——上海市竖河职校办学之路　　9.30 元
　　黄应义　著
绿色教育——中学环境教育的实践与认识　　　　　　12.40 元
　　周大来　著

2002 年

为了未来——我的教育观(续集)　　　　　　　　　26.00 元
　　吕型伟　著
校舍建设 50 载　　　　　　　　　　　　　　　　　25.00 元
　　刘期泽　著

2003 年

小班化教育　　　　　　　　　　　　　　　　　　　16.00 元
　　毛　放　著
幼儿园"生存"课程的实践　　　　　　　　　　　　14.00 元
　　吴荷芬　主编
岁月如歌——上海世界外国语小学的成长故事　　　　20.00 元
　　王小平　钱佩红　著

从第二课堂走来——尚文中学教改纪实 　　　　　　　13.00元
　　毛懿飞　管彦丰　吴端辉　著

2004年
课堂,走向儿童——上海市实验小学开放教育再探 　　　　16.00元
　　杨　荣　等著

2005年
残障儿童心理生理教育干预案例研究 　　　　　　　　　14.00元
　　何金娣　贺　莉　编著
继承传统　直面挑战——上海市省吾中学德育工作纪实 　　15.00元
　　陆雪琴　陈佩云　陈炳福　胡侣元　编著

2006年
理想与现实——我的教育实践 　　　　　　　　　　　　12.00元
　　李汉云　著
情理相融创和谐——我当校长20年 　　　　　　　　　15.00元
　　李首民　著

2007年
把德育过程还给学生——黄浦区德育工作纪实 　　　　　16.00元
　　曹跟林　李　峻　毛裕介　著
学校课程领导与教师群体发展——上海市长宁区初级职业技术
　　学校的研究与实践 　　　　　　　　　　　　　　17.00元
　　夏　峰　沈　立　编著
女校·女生 　　　　　　　　　　　　　　　　　　　25.00元
　　徐永初　主编
探究学习与教师行为改善 　　　　　　　　　　　　　29.50元
　　吴子健　编著
当好大队辅导员 　　　　　　　　　　　　　　　　　21.00元
　　洪雨露　著

2008年
有效教研——基础教育教研工作导论 　　　　　　　　49.00元
　　赵才欣　著
现代学校解读与建构 　　　　　　　　　　　　　　　42.00元
　　赵连根　等著

2009 年

语文名篇诵读 　　　　　　　　　　　　　　　　　　46.00 元
　　唐婷婷　著

用现在竞争将来——上海市南湖职业学校围绕市场办学的实践　　40.00 元
　　张云生　等著

搏动的讲台——我教思想政治课 　　　　　　　　　　35.00 元
　　秦璞　著

资优生教育——乐育菁英的追求 　　　　　　　　　　52.00 元
　　唐盛昌　著

2010 年

未成年学生不良行为的发现与教育调适 　　　　　　　30.00 元
　　杨永明　等著

园长的故事——幼儿园领导与管理案例 　　　　　　　48.00 元
　　何幼华　郭宗莉　黄铮　编著

视障教育——上海盲校百年印证 　　　　　　　　　　57.00 元
　　徐洪妹　编著

愉快学习　有效课堂——愉快教育学科学习设计的实践　47.00 元
　　徐承博　等著

让每个学生在创造实践中成长 　　　　　　　　　　　44.00 元
　　芮仁杰　丁姗　著

走进游戏　走近幼儿 　　　　　　　　　　　　　　　49.00 元
　　徐则民　洪晓琴　编著

我的语文修炼 　　　　　　　　　　　　　　　　　　35.00 元
　　王雅琴　著

2011 年

有效教学——金山区课堂教学实践写实 　　　　　　　38.00 元
　　徐虹　等著

教学生活得像个"人"——我的大语文教学 　　　　　52.00 元
　　黄玉峰　著

寻找适合每个学生发展的教育之路——徐汇教育优质均衡发展
　　改革纪实 　　　　　　　　　　　　　　　　　　33.00 元
　　王懋功　等著

志高者能远行   50.00 元
　　鲍贤俊　著

满足儿童需要　成就幸福童年   35.00 元
　　郭宗莉　著

学校体育之心语   37.00 元
　　徐阿根　著

2012 年

陈鹤琴与上海教育   49.00 元
　　上海市陈鹤琴教育思想研究会　著

腾飞于沃土   39.00 元
　　任淑秋　刘夏亮　朱　瑛　编著

语文教学谈艺录（修订本）   36.00 元
　　于　漪　著

科技星星在这里闪烁   36.00 元
　　卢晓明　著

舞蹈追梦   57.00 元
　　胡蕴琪　著

治一校若烹小鲜   49.00 元
　　卞松泉　著

后"茶馆式"教学   43.00 元
　　张人利　著

2013 年

缔造未来   60.00 元
　　陈白桦　等著

家庭教育精选百例   35.00 元
　　仲立新　唐洪平　编著

段力佩与育才中学   34.00 元
　　陈青云　编著

"人之为人"的教育追求——我的育人思想与办学实践   46.00 元
　　仇忠海　著

赵宪初与南洋模范   37.00 元
　　高　屹　李雄豪　等编著

见证变革——站在上海基础教育转折点上　　　　　　　54.00 元
　　尹后庆　著

2014 年

重规范　强实践　求创新——上海市全面实施中小幼见习教师
　规范化培训纪实　　　　　　　　　　　　　　　　48.00 元
　　上海市见习教师规范化培训项目组　编著

陶行知与上海教育　　　　　　　　　　　　　　　　52.00 元
　　屠　棠　编著

口述教改——地区实验或研究纪事　　　　　　　　　38.00 元
　　顾泠沅　著

走向新优质——"新优质学校推进"项目指导手册　　　45.00 元
　　胡兴宏　主编

墙外开花墙内香——委托管理与成功教育　　　　　　40.00 元
　　刘京海　著

生态寻梦——崇明县生态教育写真　　　　　　　　　39.00 元
　　黄　强　主编

2015 年

激发成长自觉——"中和位育"引领的求索之路　　　　48.00 元
　　张建中　主编

2016 年

师道　匠心——特级教师给学生、家长和教师的 60 堂公开课　72.00 元
　　上海市特级教师联谊会　上海教育杂志社　编著

上海课程改革 25 年(1988—2013)　　　　　　　　　49.00 元
　　孙元清　徐淀芳　张福生　赵才欣　著

空间引发的学习变革——上海市市西中学"思维广场"解码　38.00 元
　　董君武　方秀红　等著

中学化学教学设计　　　　　　　　　　　　　　　　54.00 元
　　叶佩玉　著

2017 年

让孩子表现自己　让教师发现孩子——以幼儿自主学习为
　核心的低结构活动探索　　　　　　　　　　　　　52.00 元
　　郑惠萍　编著

宝宝心语 39.80元
    茅红美　主编
让每个学生创意翱翔——头脑奥林匹克活动30年 49.00元
    陈伟新　叶品元　等著
教育剧场——女中的创新课程 36.00元
    徐永初　主编
上海教研素描——转型中的基础教育教研工作探讨 34.00元
    陆伯鸿　著
让每一个孩子成为与众不同的自己 40.00元
    徐　红　著
名师之路——上海市"双名工程"的探索与实践 68.00元
    上海市教师专业发展工程领导小组　著
在玩中与科技结缘——科技幼儿园的办园追求与实践 45.00元
    高一敏　著
特色之路——上海民办中小学发展历程 36.00元
    胡　卫　主编

2018年

行进在上海数学课程改革路上 35.00元
    邱万作　著
修炼(上)——百位特级谈教师专业成长 54.00元
    上海市特级教师特级校长联谊会　上海教育杂志社　编
修炼(下)——百位特级谈教师专业成长 54.00元
    上海市特级教师特级校长联谊会　上海教育杂志社　编
教育信息化——走进自适应学习时代 46.00元
    张治　等著

图书在版编目（CIP）数据

教育信息化：走进自适应学习时代 / 张治, 黄勇, 韩亚成著.
— 上海：上海教育出版社, 2018.8（2019.12重印）
（上海教育丛书）
ISBN 978-7-5444-8726-9

Ⅰ.①教… Ⅱ.①张… ②黄… ③韩… Ⅲ.①教育工作-信息化-研究 Ⅳ.①G43

中国版本图书馆CIP数据核字(2018)第194200号

责任编辑　沈明玥
封面设计　陆　弦

（上海教育丛书）
教育信息化——走进自适应学习时代
张　治　黄　勇　韩亚成　著

出版发行　上海教育出版社有限公司
官　　网　www.seph.com.cn
地　　址　上海市永福路123号
邮　　编　200031
印　　刷　上海昌鑫龙印务有限公司
开　　本　700×1000　1/16　印张 18.25　插页 3
字　　数　290千字
版　　次　2018年10月第1版
印　　次　2019年12月第3次印刷
书　　号　ISBN 978-7-5444-8726-9/G·7228
定　　价　59.80 元

如发现质量问题，读者可向本社调换　电话：021-64377165